中亚五国史研究

塔吉克斯坦卷

蓝琪 著

商务印书馆

图书在版编目（CIP）数据

中亚五国史研究. 塔吉克斯坦卷 / 蓝琪著. — 北京：商务印书馆，2024
ISBN 978-7-100-21141-3

Ⅰ.①中… Ⅱ.①蓝… Ⅲ.①塔吉克－历史－研究 Ⅳ.①K360.7

中国版本图书馆CIP数据核字（2022）第077882号

权利保留，侵权必究。

责任编辑：程景楠
版式设计：智善天下
封面设计：武守友

中亚五国史研究

塔吉克斯坦卷

蓝琪 著

商 务 印 书 馆 出 版
（北京王府井大街36号 邮政编码 100710）
商 务 印 书 馆 发 行
三河市尚艺印装有限公司印刷
ISBN 978-7-100-21141-3

2024年5月第1版　开本 880×1240　1/32
2024年5月第1次印刷　印张 10
定价：66.00元

前　言[*]

近四十年来，笔者一直致力于中亚通史的构建。2012年，在完成了六卷本《中亚史》（始于石器时代，终于苏联解体）的撰写后，笔者的研究目标自然转向了独立以后的中亚五国史的研究。

本书主要论述塔吉克斯坦独立后二十七年（1991—2017）的历史。为了让读者有一个全面的了解，本书上编对塔吉克斯坦的地理，以及1991年以前的历史文化做了一个概述。与六卷本《中亚史》致力于中亚地区共性的研究不同，笔者在概述中强调的是塔吉克斯坦地理、历史和文化的个性：介绍了塔吉克斯坦的地势、地貌和交通特征；梳理了塔吉克斯坦历史文化发展的基本线索，追溯了巴克特里亚人、突厥人、塔吉克人、蒙古人、乌兹别克人在其上的统治；探讨了塔吉克族的形成和塔吉克斯坦国土的形成过程。

本书在上编中提出了一些重要观点。在论述原始文化之时，笔者指出：今塔吉克斯坦境内是原始人类最早的活动地区之一，中亚最重要的旧石器时代早期文化遗址大多分布在塔吉克斯坦南部地区，这些遗址有较为清楚的地层次序，为考古学提供了重要的材料。在介绍塔吉克斯坦地势和地貌时，笔者指出：帕米尔高原东段山区的气候和草场适合于牧羊，塔吉克人在此往返迁徙的同时，还在山区进行着垂直方向的季节性迁徙，即夏季把牲畜赶到吉萨尔、

---

[*] 本书为国家社科基金西部项目"中亚五国史研究"（批准号：14XSS001）最终成果。

达尔瓦兹和卡拉捷金等地的高山，冬季又返回到瓦赫什河流域和卡菲尔尼甘河谷度冬。在追溯塔吉克族形成之时，笔者指出：在中亚五个主要民族中，塔吉克族是最早形成的；从公元7世纪起，塔吉克人就开始了部族之间的融合，9世纪中叶，塔吉克人以泽拉夫善河流域为中心建立了幅员辽阔、国力强盛的萨曼王朝；正是在萨曼王朝的统治下，塔吉克各部族之间加速融合，一个文化、宗教的共同体逐渐形成。

在论述独立的塔吉克斯坦历史时，本书以2003年为界将其分为两个阶段：第一阶段（中编）主要论述独立国家的创建。在此时期（1991—2003），塔吉克斯坦经历了内战，内战结束以后政府对内着手国家政权机构的建设和经济转型，对外寻求国家的边界安全。第二阶段（下编）主要论述塔吉克斯坦走向巩固和发展的历程。在此时期（2003—2017），塔吉克斯坦对内继续进行政治、经济和社会改革，对外寻求国际社会的经济支持。

在中编中，本书论述了塔吉克斯坦在独立过程中出现的政治斗争和塔吉克斯坦内战，以及内战结束以后市场经济体系的构建和意识形态的重构；探讨了塔吉克斯坦在转型过程中出现的民族、宗教和社会问题。

塔吉克斯坦各派在走向独立的过程中发生了权力之争。1991年8月29日，塔吉克最高苏维埃主席阿斯拉洛夫以代总统的身份主持工作，31日，塔吉克最高苏维埃决定将塔吉克苏维埃社会主义共和国改名为"塔吉克斯坦共和国"，由此拉开了独立进程的序幕。9月21日，在塔吉克共产党召开的第22次非常代表大会上，决定将塔吉克共产党改名为"塔吉克社会党"，继续掌握国家权力；由此引发了反对派的不满，他们要求塔共下台。代总统阿斯拉洛夫赶到现场表示接受反对派提出的要求，他的表态遭到了塔共的反对；

此后，两派之间的对峙演变成了同室操戈的内战。笔者指出：独立初期，塔吉克斯坦于1994年颁布的宪法确立了塔吉克斯坦走"民主的、法制的、非宗教的单一制国家"的道路，并实施立法、行政、司法三权分立的政治制度；然而，由于内战爆发，建设民主和法制国家的历程没有实质性的进展，政治体制改革的各项措施也无法落实。

本编着重论述了塔吉克斯坦从武装对抗到民族和解的过程。在以联合国为首的国际社会的关注和支持下，塔内战双方于1997年6月27日在莫斯科签署了《民族和解总协定》，其中的一项内容是：在塔吉克斯坦各级政府权力机构中向反对派提供30%的席位。笔者指出：双方的妥协是塔吉克斯坦走上民族和解之路的关键。总协定签订以后，1999年8月初，反对派首领宣布解散武装，8月12日，塔最高法院宣布解除伊斯兰复兴党、塔吉克斯坦民主党等反对派政党活动的禁令，赋予它们参与国家政治生活的合法地位。此后的历史证明，塔吉克斯坦各方十分珍惜这一来之不易的和平，这一共识有利于塔吉克斯坦的政权建设和经济改革。

本编探讨了塔吉克斯坦的政党制度。独立前夕，在戈尔巴乔夫的政治改革中，受政治多元化形势影响，塔吉克斯坦已相继出现了以伊斯兰复兴党为首的大大小小的政党。独立以后的首部宪法（1994年宪法）规定公民享有结社权；有权参加组建政党、工会和其他社会团体。当时，在共和国内注册登记的政党和社团大约有300多个，内战以后，1999年宪法修正案允许在塔吉克斯坦建立宗教性质的政党。笔者指出：在独立的中亚五国中，只有塔吉克斯坦是允许建立宗教性质政党的国家。尽管这一规定对国家世俗性原则有潜在的威胁，但是，从塔吉克斯坦的具体情况来看，这一规定产生了积极作用；势力强大的伊斯兰复兴党在取得合法性以后，极力与激进的伊斯兰运动划清界限，开始在合法性的保护下走上了议会道路。

本编论述了塔吉克斯坦的经济转型。独立初期，塔吉克斯坦确立了从计划经济向市场经济体制的转型，1995年出台的《1995—2000年经济改革纲要》明确了塔吉克斯坦建立多种所有制经济体制的目标。笔者指出：由于内战，塔私有化步伐十分缓慢，截至1995年底，完成私有化的商业企业和工业企业占其总数的8.7%，农业企业只占7%；直到21世纪初，多种所有制才基本形成。

在经济转型中，本编着重论述了塔吉克斯坦农村的所有制改造。笔者指出：农村所有制改造的内容主要是土地所有权的改造。塔吉克斯坦按照独立初期颁布的《土地改革法》，把大部分山坡土地转让给了私营部门；1997年根据总统签发的命令，将原来集体农庄和国营农场改造成私人农场、合作社、合作农场。土地私有化不仅调动了农民的生产积极性，而且使农业生产与市场更好地结合起来。

在经济结构调整中，塔吉克斯坦为了解决粮食短缺的问题，采取了减少棉花播种面积和扩大粮食播种面积的措施；在此思想的指导下，粮食播种面积从1991年的23万公顷迅速增加到1998年的41万公顷，以后基本上维持在40万公顷左右。笔者指出：以上调整仍未解决塔吉克斯坦的粮食问题，到2003年，粮食自足问题仍未解决。在工业领域的调整中，塔政府将能源、采矿确立为优先发展方向，能源发展倚重水力发电。总的来说，由于资金短缺，结构调整的任务在这一时期无法完成。

独立初期，塔吉克斯坦面临着培植人们对新兴独立国家认同的任务。与其他中亚国家不同，塔吉克斯坦因独立之初的内战削弱了政府强化国家权威的能力，国家认同一度处于危机之中。笔者指出：塔吉克族是一个宗教情结浓厚的民族，尽管历经了苏联近70年的无神论教育，但宗教意识仍然很强，独立初期，政府以传统的伊斯兰教为国家的主流意识形态；随着伊斯兰教在意识形态领域占据主导地位，一些激进的伊斯兰教组织超越了宗教范畴，逐渐提出了政治诉求，这些组织与政府在"建立世俗国家还是政教合一国家"的问题上发生了冲突。最初，塔政府对这些组织采取强硬措施，1993年政府宣布取缔伊斯兰复兴党，1994年宪法规定禁止成立宗教性质的政党。经历五年的内战以后，塔政府认识到，在构建国家认同之时，必须正确对待伊斯兰教，于是，1999年宪法取消了国家禁止成立宗教性质政党的规定；在承认伊斯兰宗教党派参与政治活动的同时，政府将传统文化和民族精神注入国家意识的重构之中，一大批宣扬雅利安人精神和波斯文化的著作问世。通过以上途径，在"塔吉克人"认同的基础上，国家认同和主流意识形态随之建立起来。

　　本编论述了塔吉克斯坦在独立以后出现的民族问题。塔吉克斯坦是一个多民族国家；塔吉克族是国家的主体民族，人口居第二和第三位的族群分别是乌兹别克族和俄罗斯族。独立初期，由于主体民族地位的提升导致了塔吉克族与俄罗斯族、乌兹别克族之间的矛盾，因此，处理塔俄两族和塔乌两族关系是政府面临的主要民族问题。苏联时期，以俄罗斯族为主的欧洲移民与塔吉克族之间的冲突时有发生，但两族基本上保持着和睦相处的关系；独立以后，塔吉克斯坦以宪法等法律形式规定了塔吉克族在国家和社会生活中的优越地位，如《国家语言法》规定塔吉克语是国语，俄语被定位为族际交际语，此外，塔政府实行的干部政策也引起了俄罗斯族的不满。笔者指出：塔政府及时地调整了民族政策，1995年，塔俄两国签署了双重国籍协议，在塔的俄罗斯族可以拥有双重国籍；此外，为提高俄语地位，2011年，塔吉克斯坦恢复了俄语的官方语言地位。塔俄两国之间的友好交往也是维系塔俄两族关系的保证，俄罗斯一直是塔吉克斯坦的安全伙伴。

除塔俄两族关系外，塔乌两族的关系也是塔吉克斯坦要面对的主要民族问题。1992—1997年内战致使塔乌两族关系恶化，居索格特州的乌兹别克族支持亲政府的民主战线，而大多数塔吉克族支持反政府的伊斯兰复兴党势力，派别之争加深了塔乌两族的矛盾，两族之间甚至发生大规模械斗。笔者指出：塔乌两族之间的根本冲突是社会经济因素造成的。在乌兹别克族占主导地位的索格特州是塔经济最发达的北方地区，居民生活也比较富裕；塔吉克族主要居住在塔南部山区，这里以往多以游牧和农业经济为主，经济上长期处于从属地位，居民的生活状况也差一些；经济差异又决定了塔乌两族在政权中的地位。

本编论述了塔吉克斯坦在政治、经济转型中出现的社会问题。在政治、经济转型中，利益在不同人群中分配，塔吉克斯坦经历了两极分化。政治上处于无权、经济上处于弱势的人群不断涌现，沦为贫困阶层；在改革中掌握权力的政治和经济精英获得改革的好处，成为富裕阶层。社会分化导致了诸如贫困、失业、腐败和吸毒等社会现象，它们成为塔政府迫切需要解决的社会问题。在考察了塔吉克斯坦的基尼系数之后，笔者指出：塔吉克斯坦两极分化的速度和贫富差距程度在中亚国家中是最低的，1999年，塔吉克斯坦20%最富裕人口的收入是20%最贫困人口的收入的五倍，而吉尔吉斯斯坦在1993年的这一数字达到了22.7；其原因主要是塔经济增长滞后和工资水平普遍偏低，按贫困理论的观点，由于没有更多的社会资源可以参与分配，因而大家处于"共同贫穷"的状况。

本编着重论述了塔吉克斯坦面临的最大社会问题——贫困。

据世界银行公布的数据，1989年苏联的贫困率为11%，而塔吉克共和国的贫困率却高达51%；独立以后，中亚五国有三分之二以上的居民沦为贫困阶层，而塔吉克斯坦的贫困人口超过了90%。本编论述了塔政府为减少贫困而做出的努力。内战结束以后，塔政府致力于发展经济，1997年经济走出低谷，呈现恢复性增长；从2000年起，政府逐年提高了对民生资金的投入；2002年，政府出台了国家减贫战略，成立了由总统直接领导的总统办公厅直属减贫战略监测办公室。笔者认为：塔政府的减贫是有成效的，1999年，83%的居民生活在贫困线以下，2009年这一数字降到47.2%。尽管塔吉克斯坦还属于贫困率高的国家，但对于底子薄、资金缺乏的塔吉克斯坦来说，成效还是可观的。

本编着重论述了塔吉克斯坦面临的毒品走私问题。塔吉克斯坦与毒品生产大国阿富汗毗邻，阿富汗每年有65%的毒品经中亚国家运往俄罗斯或西欧，其中，塔吉克斯坦是阿富汗毒品向北运输的主要通道；在塔阿边境上，每公斤鸦片只卖到100—150美元，而经塔运往吉尔吉斯斯坦南部以后，其价格升到每公斤800美元。笔者在分析毒品走私屡禁不止的原因时指出：塔吉克斯坦经济滞后是导致地区居民参与贩毒的主要因素之一；此外，政府机构如海关、边防和安全执法部门的一些官员接受毒贩的行贿，甚至参与毒品贸易也是毒品走私难禁的原因之一。

在下编中，本书从宪法角度论述了塔吉克斯坦巩固国家政权的过程。笔者指出：在两次（2003、2016）宪法修正案中，塔吉克斯坦坚持了民主、法制和世俗原则。埃·拉赫莫诺夫总统在2003年修宪后说："如果1999年第一次修宪使塔吉克斯坦恢复了和平与稳定的话，那么2003年的第二次修宪将使塔吉克斯坦的民主生活进程不断加深。"笔者认为：与1999年宪法相比，在2003年宪法修正案中没有发现对民主进程推动的实质性条款。

本编重点论述了塔吉克斯坦国家的世俗性原则。笔者指出：截至 2016 年，塔吉克斯坦对第一部宪法（1994 年宪法）做了三次修改（1999、2003、2016），1999 年的修正案取消了禁止任何宗教性质政党活动的禁令，在 2003 年和 2016 年的宪法修正案中对此未做任何改动。可以说，塔吉克斯坦能够坚持国家的世俗性原则是当局妥协的结果。笔者认为，塔吉克斯坦的世俗性原则仍存在一些不确定的因素。从外部因素来看，在伊斯兰激进势力"回归"中亚的大环境下，伊斯兰教信仰在塔吉克斯坦掀起了新的热潮，在阿富汗塔利班武装的压力下，乌兹别克斯坦的伊斯兰运动开始了"战略性转移"，一些"乌伊运"成员进入塔东部地区；从内部因素来看，由于大多数居民生活贫困，通过宗教寻求公正仍是贫困者寻求解脱的一种途径，伊斯兰化氛围在塔境内仍然十分浓厚。此外，伊斯兰复兴党采取了一系列与执政党争夺民心的社会帮扶计划，伊斯兰复兴党仍有较强的基础，已经成为继执政的人民民主党后的第二大社会政治组织，拥有 45 万党员。笔者认为：塔吉克斯坦民主化和世俗化的稳定主要取决于发展经济和消除贫困的政策；此外，塔政府在当局与反对派之间寻求平衡，也是塔吉克斯坦在民主化和世俗化道路上顺利前行的保证。

本编论述了塔吉克斯坦继续推进的经济改革。2003 年以后，塔吉克斯坦制定了经济发展的中长期目标，拟分三个阶段完成：2001—2005 年的任务是防止经济衰退和走出危机；2006—2010 年的任务是稳定发展，将国内生产总值（GDP）的增速定在不低于 10%；2011—2015 年的任务最初定在 GDP 的增速不低于 10%，以后下调为不低于 7%。笔者指出：第一阶段的目标基本实现，经济呈现稳定增长；第二阶段的目标因受国际金融危机的冲击未能实现；第三阶段在前三年（2011、2012、2013）达到了 7% 增长率的目标，后两年未能达到。总的来说，2003 年以后，塔吉克斯坦经济处于稳定增长时期。

在经济形势较为平稳的前提下，塔吉克斯坦继续进行所有制改造，其重点转向了大中型企业。到 2006 年底，塔吉克斯坦 80% 的国有企业已经完成了私有化改造。2003 年以后，塔吉克斯坦在中长期经济规划中提出调整产业结构。2004 年出台的塔吉克斯坦《2015 年前经济发展纲要》提出了能源、交通和粮食安全三大发展战略。从 2005 年起，塔吉克斯坦原油开始恢复性开采；2007 年至 2013 年，政府投入 120 亿索莫尼（somoni）用于能源领域的发展。原油的开采没有多大起色，塔吉克斯坦每年 95% 以上的石油产品及天然气依赖进口，大力发展的电力到 2014 年仍需要进口弥补；在粮食安全方面取得一定成效，政府采取了鼓励开荒的国策，在 2004 年至 2013 年间开垦种植地 5 万公顷。笔者认为：除粮食安全外，塔吉克斯坦经济结构的调整没有大的进展，产业结构单一的状况仍然存在，以铝为首的采掘业在工业领域的比重仍然很大。

本编论述了塔吉克斯坦的社会保障。独立初期，塔吉克斯坦继续实施苏联时期的养老、医疗、教育保障以保证社会的安定；由于内战的发生和经济不景气，塔在社会保障方面的投入不足，直到 2008 年，塔才开始着手构建新的社会保障制度；新的社会保障制度拟改变以往社会保障资金完全依赖国家预算的做法，采取国家、企业和个人共同承担的方式。笔者指出：与中亚其他国家相比，塔吉克斯坦的社会保障制度仍未摆脱苏联时期的影响，社会领域方面的开支仍主要从国家预算中支出，以社会保险为主要内容的社会保障体系还未建立起来。

本编论述了塔吉克斯坦的对外关系。独立以后，塔吉克斯坦在对外关系上首先与中亚国家发展建设性的合作关系，共同应对地区威胁；与俄罗斯建立和发展战略合作伙伴关系，以保证边界安全；与美国等西方国家建立合作关系，以落实外交多元化原则；与中国发展互利关系是其亚洲外交的支点。笔者指出：塔吉克斯坦推行的多元平衡外交政策保证了塔吉克斯坦在独立建国道路上稳步前行。在发展国家之间关系的同时，塔吉克斯坦积极加入国际或区域性组织，先后加入了联合国、欧洲安全与合作组织、独立国家联合体、上海合作组织、经济合作组织、欧亚经济共同体等 30 多个国际和地区性组织。塔吉克斯坦在联合国、欧洲安全与合作组织、独立国家联合体、上海合作组织中发挥了积极作用。

蓝　琪

2019 年 1 月 18 日

目 录

上编 悠久的历史文化

第一章 自然地理与原始文化 ... 3
 第一节 高山之国 ... 3
 第二节 具有考古学意义的原始文化 ... 8
 第三节 丝绸之路中道和南道的交通 ... 14

第二章 塔吉克斯坦古代史 ... 20
 第一节 印欧种人的国家 ... 20
 第二节 塔吉克人的政权 ... 29
 第三节 突厥人和蒙古人的政权 ... 33
 第四节 乌兹别克人的地方政权 ... 39

第三章 塔吉克族的形成 ... 47
 第一节 族名与族源 ... 47
 第二节 塔吉克族形成的决定因素 ... 53

第四章 塔吉克斯坦近现代史 ... 59
 第一节 沙俄的殖民统治 ... 59
 第二节 塔吉克共和国的兴衰 ... 63
 第三节 塔吉克共和国的成就 ... 70

第五章　国土的形成 78
第一节　塔吉克人的聚居区 78
第二节　国土的形成 81

中编　独立国家的创建

第六章　走向独立 89
第一节　独立的历史背景 89
第二节　充满斗争的独立进程 94

第七章　独立国家的创建 100
第一节　突出民族文化的国家标志 100
第二节　国体与政体的构建 104
第三节　从武装对抗走向民族和解的进程 110
第四节　形式上的多党制度 117
第五节　从零起步的军队建设 121

第八章　经济体制改革 124
第一节　市场经济的建设 124
第二节　产业结构的调整 130
第三节　外向型经济的起步 135

第九章　意识形态与宗教、文化 140
第一节　意识形态的构建 140
第二节　以伊斯兰复兴党为核心的伊斯兰政党 147
第三节　复兴中的塔吉克族文化与教育 152

第十章　民族问题与民族政策 157
第一节　相对和谐的塔俄两族关系 157
第二节　紧张的塔乌、塔吉民族关系 161

第十一章　社会问题 168
第一节　市场经济下的两极分化 168
第二节　内战中的极贫问题 173
第三节　经济下滑中的失业问题 178
第四节　权钱交易的腐败问题 182
第五节　走私严重的毒品问题 186

下编　步入稳定时期

第十二章　在世俗和民主化道路上前行 195
第一节　三次宪法修订的重点 195
第二节　评说不一的安全稳定措施 201
第三节　政绩显著的拉赫蒙政权 207

第十三章　平稳发展的经济 214
第一节　平稳发展中的经济改革 214
第二节　能源的开发与利用 219
第三节　以铝加工为主的矿产业 225
第四节　摆脱"死胡同"的交通建设 228
第五节　棉花的种植与加工 232
第六节　继续开放的对外经济 236

第十四章　社会改革与社会保障 241
第一节　建设中的社会保障制度 241
第二节　以促进就业为主的劳动保障制度 245
第三节　以自费为主的医疗制度 249
第四节　有待改善的教育保障制度 253

第十五章　对外关系与外交活动 257
第一节　对话形式的中亚国家关系 257

第二节　外交优先的塔俄关系 264
　　第三节　多元化安全保障的塔美关系 270
　　第四节　强调安全的塔欧关系 275

第十六章　国际组织与国际地位 280
　　第一节　积极配合联合国、欧安组织的活动 280
　　第二节　积极参与独联体的活动 286
　　第三节　积极支持上合组织的活动 292

参考书目 298
后　　记 301

上编
悠久的历史文化

  塔吉克斯坦地处中亚东南部,国土的东、北、西三面由帕米尔-阿赖山系环绕,只有南部边界由河流构成,东南边界是瓦罕河和喷赤河,西南边界是瓦赫什河与喷赤河合流后的阿姆河。考古发现,今塔吉克斯坦所在地是原始人类最早的活动区之一,中亚旧石器时代早期文化的典型遗址在南塔吉克斯坦;此后,在这片土地上发现的原始文化遗址连续不断。公元前 7 世纪,在阿姆河南岸建立的巴克特里亚奴隶制国家统治了今塔吉克斯坦的一些地区;公元 9 世纪至 10 世纪,塔吉克人建立了自己的大一统政权萨曼王朝,正是在萨曼王朝统治时期,塔吉克人完成了民族形成过程。在历史长河中,今塔吉克斯坦所在地区相继接受过波斯、希腊、贵霜、嚈哒、突厥、阿拉伯、蒙古等政权的统治;19 世纪下半叶,沙皇俄国在此建立了殖民统治;20 世纪 20 年代末,苏联中央政府在此组建了塔吉克族的民族国家。

第一章
自然地理与原始文化

　　塔吉克斯坦以山脉和高原为主。欧亚大陆板块与印度-澳大利亚板块相撞形成的帕米尔高原是周边巨大山脉的汇集中心，俗称山结，该山结位于塔吉克斯坦境内。在山结周边，东有天山，东南有昆仑山、喀喇昆仑山和喜马拉雅山，西有兴都库什山。塔吉克斯坦是中亚原始人类最早活动的地区之一。在南塔吉克斯坦旧石器时代早期文化的典型遗址上出土了石片和石核；在旧石器时代中期文化遗址上发现了人类居住过的洞穴，从几米深的炉灰可知，此时的原始人不仅知道使用火，而且能够控制火；在阿姆河支流瓦赫什河岸发现了旧石器时代晚期文化遗址，其代表性器物是细长石叶制作的端刮器；新石器时代文化遗址在今塔吉克斯坦境内多个地点被发现，这一时期的遗迹反映，人们从靠采集为生过渡到从事原始农业生产；在今塔吉克斯坦的片治肯特城附近发现了青铜文化遗址，青铜文化遗址中最具特征的是彩陶，它的装饰图案与今土库曼斯坦吉奥克修尔的陶饰相同；铁器时代初期，在今塔吉克斯坦境内出现了大型灌溉系统和城堡建筑。

第一节　高山之国

　　塔吉克斯坦地处中亚东南部，与吉尔吉斯斯坦一样是内陆高山国家，境内的山脉和高原占据国土面积的 93%，海拔 3000 米以上的高山占国土面积的一半，这些山脉几乎都属于号称"世界屋脊"的帕米尔山系。根据《苏联大百科全书》，"帕米尔位于中亚东南的高山地区，北以外阿赖山脉[1]为界，东以喀什噶尔山脉为界，南以兴都库什山麓为界，西以阿姆河上游的喷赤河谷为界，西北包括穆克苏河和奥比兴沟河河谷的上游部分"。[2] 根据曾问吾先生的《中国经营西域史》，帕米尔纵约 300 千米，横约 460 千米[3]，面积约 14.8 万平方千米。以萨雷阔勒岭为界，帕米尔分为东西两部，东帕米尔是中国领土，西帕米尔是塔吉克斯坦的领土；东帕米尔的相对高度不大，剥蚀高原和垅岗地形占优势，并徐缓地向西帕米尔山间谷地倾斜。

帕米尔高原北缘的两座平行高山——阿赖山和外阿赖山在今塔吉克斯坦北部。阿赖山从吉尔吉斯斯坦西南进入塔吉克斯坦，阿赖山的支脉突厥斯坦山东西绵亘 320 千米，从塔吉克斯坦北部进入乌兹别克斯坦，成为塔乌两国的界山。

塔吉克斯坦北部有塔最高峰索莫尼峰（原斯大林峰、共产主义峰，1998 年后改为此名）和塔第二高峰列宁峰。索莫尼峰地处帕米尔高原西北，海拔 7495 米。山坡上大部覆盖厚层冰雪，周围被巨大的冰川围绕，其中有帕米尔高原上最长的冰河费振科冰川，长达 71.2 千米。列宁峰地处吉尔吉斯斯坦与塔吉克斯坦的边界上，海拔

---

1 阿赖山因地处天山山脉南部，且与天山关系密切，有人将其纳入天山山系；更多的情况是将它纳入帕米尔山系，以帕米尔-阿赖称之。也有人认为阿赖山属天山西段，故帕米尔的阿赖山又被称为外阿赖山。

2 《苏联大百科全书》第 31 卷，莫斯科，1955 年，第 620—623 页，转引自甘肃师范大学历史系编：《帕米尔资料汇编》，甘肃师范大学历史系，1978 年，第 4 页。

3 曾问吾：《中国经营西域史》，《民国丛书》第 1 编，上海书店出版社，1989 年，第 477 页。

7134 米。列宁峰于 1871 年被发现，当时以俄国突厥斯坦总督区首任总督考夫曼之名命名为考夫曼山；1928 年，苏联政府将其改名为列宁峰，2006 年塔吉克斯坦将其更名为伊斯基克洛尔独立峰（简称"独立峰"）。在吉尔吉斯斯坦仍以列宁峰称之。

塔吉克斯坦中部有与突厥斯坦山平行的泽拉夫善山。泽拉夫善山是阿赖山的支脉，东西绵亘逾 370 千米，将塔吉克斯坦分为南北两部。泽拉夫善山由东向西倾斜，最终消失在撒马尔罕绿洲附近的荒漠中。

塔吉克斯坦南部是帕米尔高原南缘的吉萨尔山。吉萨尔谷地以南是兴都库什山和被视为是帕米尔高原南缘边界的瓦罕山。帕米尔高原三面高山环抱，只有西南角的吉萨尔谷地、瓦赫什谷地和喷赤河谷地的地势逐渐降低，缓缓伸入吐火罗盆地。

在北端阿赖山和南端兴都库什山之间，塔吉克斯坦还有达尔瓦兹山、罗善山、雅兹古列山、舒格南山、南阿尔楚山、北阿尔楚山、瓦罕山。

帕米尔高原上冰川很多，在塔吉克斯坦境内的就多达 1000 多座，其中世界中低纬最长的冰川费琴科冰川源自独立峰冰原，向北流容纳了 127 条冰川，全长 77 千米，面积 907 平方千米。这些冰川为塔吉克斯坦境内阿姆河水系和泽拉夫善河水系提供了水源。

塔吉克斯坦河流分属阿姆河、泽拉夫善河和锡尔河三大水系。除锡尔河外，阿姆河和泽拉夫善河河水都源于帕米尔高原；其中，阿姆河的支流喷赤河汇集了帕米尔高原东部的大部分水源；阿姆河的另一条支流瓦赫什河汇集了帕米尔高原中部的所有水源。

喷赤河一名来源于波斯语，意为汇集五条支流的河，如果细算起来，汇入喷赤河的不止五条。最早汇入喷赤河的是瓦罕河。瓦罕河源自帕米尔高原东南部海拔 4900 米的冰川，其上游是瓦罕基尔河，在卡勒尼亚兹贝格村附近从北面接纳萨雷库里湖西岸流出的帕米尔河，此后名为瓦罕河。瓦罕河继续向西流，自转弯处之后被称为喷赤河。

贡特河是喷赤河的一个支流。贡特河是叶什勒池湖向西流出的一条河，它在今霍罗格一带注入了喷赤河。叶什勒池湖将贡特河分为上、下游，上游处于北阿尔楚山脉与南阿尔楚山之间，名为阿尔楚河。阿尔楚河河道宽阔，向西注入叶什勒池，叶什勒池湖水向西流出成为贡特河。就帕米尔高原流入喷赤河的河流来说，贡特河的长度和流域面积仅次于穆尔加布河下游的巴尔唐河。

穆尔加布河也是喷赤河的支流之一。发源于帕米尔萨雷阔勒岭西坡的郎库里河，在流出后不久就遇到了源自瓦罕走廊并顺着萨雷阔勒岭北上的阿克苏河。两条河相汇后名为穆尔加布河。穆尔加布河收集了萨雷阔勒岭西部地区的淡水，它的下游名为巴尔唐河，巴尔唐河最终注入喷赤河。故穆尔加布河又称穆尔加布-巴尔唐河。塔吉克斯坦冰川丰富的科学院山的东坡冰川融水也是经巴尔唐河注入喷赤河的；而科学院山的西坡冰川融水直接流入喷赤河谷。

阿姆河的另一条主要支流是瓦赫什河。瓦赫什河发源于塔吉克斯坦中部的达乌穆鲁克山，由东北向西南流，全长524千米，流域面积3.91万平方千米。瓦赫什河主要由融雪和冰川补给，主要收集科学院山北坡的水流；上游流经深山峡谷，最后150千米的河谷开阔，与喷赤河汇合后，始称阿姆河。瓦赫什河与喷赤河的合流处被视为阿姆河的起点，以此计算，阿姆河全长1415千米，它构成了塔吉克斯坦与阿富汗的边界。

泽拉夫善河源自阿赖山支脉突厥斯坦山，全长877千米，流经塔吉克斯坦和乌兹别克斯坦东南部，最终渗入查尔朱以北沙漠。

锡尔河有两个大源头，北源来自吉尔吉斯斯坦东部，自东向西流入费尔干纳盆地，南源来自吉尔吉斯斯坦费尔干纳山西南麓，两支在费尔干纳盆地汇合后称锡尔河。出费尔干纳盆地后流入塔吉克斯坦，然后从塔西北方流入乌兹别克斯坦。

帕米尔高原的冰雪为塔吉克斯坦提供了众多的湖泊，湖泊总面积大约1005平方千米，约占国土总面积的1%。著名的湖泊有：喀拉库姆湖、萨雷兹湖、萨雷库里湖（又名佐库里湖）、叶什勒池等。

喀拉库姆湖位于塔吉克斯坦东北角，又名喀拉湖或塔吉克海，是塔吉克斯坦最大的湖泊。喀拉库姆湖面积达380平方千米，海拔3965米，是海拔较高的内陆盐湖之一。[1]

在穆尔加布河的下游，有一个湖水面积仅次于喀拉湖的中继湖——萨雷兹湖。萨雷兹湖在海拔3263米的帕米尔高原上，地处穆尔加布河下游，湖最深处超过505米，长度达55.8千米。萨雷兹湖是1911年因地震山体滑坡形成的堰塞湖。

位于帕米尔高原的萨雷库里湖东西长25千米，它是塔与阿富汗的界湖，湖北岸一片无人居住区如今成为塔的佐库里自然保护区。从该湖流出的帕米尔河构成了塔与阿富汗的边界。

叶什勒池原名伊西洱库尔淖尔，是位于帕米尔群山中的一个高原湖泊，在塔吉克斯坦的穆尔加布区西南部。叶什勒池面积36.1平方千米，海拔3734米，最深处50米。阿尔楚河自东流入此湖，贡特河由湖西流出。

帕米尔高原的河流和湖泊周围，形成八块河谷草原，俗称八帕米尔（"帕米尔"意为高山间的平地）。除塔克敦巴什帕米尔和瓦罕帕米尔外，其余六帕均在塔吉克斯坦境内。

沿萨雷阔勒岭从北至南有地处喀拉湖地区的和什库珠克帕米

---

[1] 刘启芸编著：《塔吉克斯坦》，社会科学文献出版社，2006年，第17页。

尔，它沿萨雷阔勒岭西侧向南延伸；在和什库珠克帕米尔南面是郎库里帕米尔，郎库里河谷是它的核心；再往南是小帕米尔，它位于阿克苏河上游，靠瓦罕走廊的地区是它的核心；在小帕米尔的西南是大帕米尔，北侧为南阿尔楚山，南侧为瓦罕岭，大帕米尔河从中流过。此外，在穆尔加布河下游的萨雷兹湖一带有萨雷兹帕米尔；在贡特河上游的阿尔楚河和叶什勒池一带是阿尔楚帕米尔，阿尔楚帕米尔地处南、北阿尔楚山之间，是一条开阔的谷地。

塔吉克斯坦西部地势较低，不乏平原。其中，北部是费尔干纳盆地的西缘，西南部有瓦赫什谷地、吉萨尔谷地和喷赤河谷地。高原腹地和盆地之间，有大片缓冲的坡地。

塔吉克斯坦全境属典型的大陆性气候，春冬两季雨雪较多，夏秋两季干燥少雨，年降水量150—250毫米，高山区随海拔高度增加大陆性气候加剧，南北温差较大。这里虽然环境恶劣，但仍是早期原始人类生活的地方。

第二节　具有考古学意义的原始文化

今塔吉克斯坦是中亚原始人类最早活动的地区之一。帕米尔高原东段山区的气候和牧场适合于牧羊，牧民在此往返迁徙，如从西费尔干纳谷地向帕米尔-阿赖山的迁移。此外，在山区游牧带还有垂直方向的季节性迁徙，夏季牧民把牲畜赶到吉萨尔、达尔瓦兹和卡拉捷金地区的山麓，冬季回到瓦赫什河流域和卡菲尔尼甘河谷度冬。[1]

中亚最重要的旧石器时代早期文化遗址地处塔阿（阿富汗）边

---

[1]〔俄〕娜塔丽娅·Г.戈尔布诺娃：《游牧民族传统大迁徙和季节性流动对中亚地区古代商路形成的作用》，姚朔民译，《西域研究》1996年第3期。

界。在南塔吉克斯坦境内发现了属于旧石器时代早期的拉胡迪、卡拉套、库尔达拉和奥格泽基奇克四个遗址，它们有较为清晰的地层次序，为考古学提供了重要的材料。

拉胡迪一号遗址位于阿姆河上游，遗址面积有 216 平方米。在距今 30 万年的第五地层中发现了 1100 件石器，石器类型为石片和石核。其中石片的数量不多，以刮削器为主，大部分石器呈不规则形状，有船底形石器和凹面形石器。[1] 在距今约 37 万至 24 万年的地层中，发现了一些形状隐约可辨的盘状形或矩形石核。

卡拉套遗址位于拉胡迪遗址以西 250 千米，遗址面积约 500 平方米。在离地表 64 米以下的第六地层中发现了石器，据热释光断代，文化层年代的上下界分别为距今 210000±36000 年和距今 194000±32000 年。卡拉套遗址出土石制品 200 余件，石材是变质岩（即沉积岩或火成岩），石器类型有石片和石核。石片有各种形状的斧子、少量砍砸器、边缘不规则的刮削器、各种小型刮削器、制作粗糙的小型尖状器，还有粗大的单面砍斫器。这些工具是极端不规则的，显示出旧石器时代中期石器技术的特征。有学者认为卡拉套文化遗物与中国黄土地区旧石器时代早期器物有着某些相似性[2]，但现在还难以做出更多的推论。

库尔达拉遗址位于南塔吉克斯坦的哈瓦陵地区，在第十一地层和十二地层中出土石器 40 件，经热发光测时法测定，年代大约在 80000 至 75000 年以前。库尔达拉石器类型为石片和石核，石片的特点是器型较小，通常小于 5 厘米；石器类型有小型刮削器，其中包括有细锯齿的长刮削器。库尔达拉石器仍然采用砾石文化中的石

---

1 〔巴基斯坦〕A. H. 丹尼、〔俄〕V. M. 马松主编：《中亚文明史》第 1 卷，芮传明译，中国对外翻译出版公司，2002 年，第 22 页。

2 这是苏联学者 V. A. 拉诺夫的观点，见同上书，第 23 页。

块劈裂技术，因此，尽管它的地质时间较晚，仍然属于旧石器时代早期文化遗址。

从南塔吉克斯坦出土文物推断：原始人类大约在200万年前就已经在此活动了。拉胡迪一号遗址与卡拉套一号遗址出土的石器见于垂直与水平方向的各个地层中，土层的厚度一般在2.3米至2.7米之间，由此可以推断，原始人类在此停留的时间较长，他们可能已经生活在有一定凝聚力的群落之中。拉胡迪遗址虽然有属于旧石器时代早期的地层，但它是典型的旧石器时代中期文化遗址。在地表下的黄土层中发现了从预制石核上打制的石器。

奥格泽基奇克遗址地处塔吉克斯坦瓦赫什山南麓山谷，在一座石灰石悬岩下、今已干涸的一股泉水附近。该遗址出土的石器制品一万件，其中，有加工过的石核和修整过的石片。石器的制作与泽拉夫善河流域的捷希克塔什遗址相似，不过，制作石器的石材产自本地。在奥格泽基奇克遗址上还发现了龟、野马、红鹿、犀牛和山羊等动物残骸，遗址上到处可见被人类折断的动物骨骼残片。

与旧石器时代早期遗址相比，塔吉克斯坦旧石器时代中期人类所居住过的洞穴出现了真正的文化土层，发现了生活居所和炉灶遗迹；在炉灶遗迹中残存着龟的遗骸，它是连壳一起烘烤的。从几米深的炉灰推知，该地的原始人不仅知道使用火，而且还能够控制火。在遗址上发现了一个用石块堆成的宽约1.5米的椭圆形设置，在其一端摆放着两只野山羊角。学者们认定此椭圆形设置是一个神坛，说明当时的人类可能萌发了宗教意识。以上种种迹象表明，旧石器时代中期的这些原始居地不只是临时的狩猎营地，而是较长期的定居地。

目前，中亚发现了大约50处旧石器时代晚期遗址，其中包括塔吉克斯坦的舒格诺（Shugnou）遗址。该遗址地处阿姆河上游瓦赫什河南岸，发掘面积 500 平方米。发现了五个地层，除表层属于中石器时代外，下面四层属于旧石器时代晚期。出土石制工具大约 4700 件。在遗址表层下的第一层发现的石器以较小且弯曲的石叶为特色，最引人注目的工具类型是一种前端突出部可辨别的石核刮削器，与之一起出土的还有尖端和边缘都经过细致修整的石叶刮削器。表层下的第二层发现的器物最多，大部分是厚重的石叶，其外形类似于中期的莫斯特型，器物分为刮削器、尖状器；其中圆形刮削器的全部盘状圆周都做过修整，尖状器中有一边或两边修整得十分锋利的石锥，以及钝边的钻孔尖状器。旧石器时代晚期文化的典型器物是细长石叶制作的端刮器，它们或者用厚实的细长石叶制成，或者用宽阔的截头石叶制成。再往下的第三、第四层的出土物很少，其中大部分属于旧石器时代中期的莫斯特文化，但由于第三层中出土的椭圆形石核具有旧石器时代晚期风格，因此也将它们归属于旧石器时代晚期。

新石器时代文化遗址在塔吉克斯坦的中心地区、南部和西部的吉萨尔都有，它们以村落遗迹的形式出现。从遗迹来看，这一时期的人们从靠采集为生过渡到从事原始农业生产。

塔吉克斯坦有代表性的青铜文化是位于今片治肯特城附近的撒拉兹姆遗址，其时间大约在公元前 3000 年至公元前 2000 年间。在撒拉兹姆遗址上发现了青铜器、金器和银器等金属制品。遗址上的建筑是土坯房屋，房屋中央有一个神殿，神殿中间置放椭圆形祭台，墙壁上画有彩色图画。除了青铜器外，在撒拉兹姆遗址上出土了彩陶，陶器为轮制，有多色的十字形和半十字形装饰图案，与吉奥克修尔陶器的装饰图案相同。由此推测，它与周边地区有密切的联系。不过，撒拉兹姆文化仍然保留着自己的一些特征，如在一个墓葬中发现了一件海贝手镯，它不属于南土库曼斯坦风格。

公元前 2 千纪中叶，南塔吉克斯坦的卡菲尔尼甘河下游、瓦赫什河与克齐尔河下游出现了牧人墓地，其中汤迪留尔（Tandyriul）、努雷克（Nurek）、贝希肯特（Beshkent）、达希列（Dashly）是典型的牧人墓地遗址。汤迪留尔遗址位于阿姆河上游北岸的吉萨尔谷地，在此发掘了 34 座墓，墓内有丰富的随葬品。随葬品中以陶器最多，器形主要有壶、瓶、盆；除少部分模制陶器外，大多数陶器是轮制；陶器制作的质量很高，施以白色陶衣。在墓中还发现了金属器，其代表物是青铜刀和圆柱形珠，此外还发现了具有安德罗诺沃文化风格的铃形耳垂。

努雷克墓地也坐落在阿姆河上游北岸的吉萨尔谷地中，它的时间比汤迪留尔墓地要晚。在其中的一块墓地上发掘了 16 座墓，墓的结构是在地面上挖出一个土坑，表面覆以若干石块。在墓地中发现了一把刀尖向后弯曲的青铜刀残片，以及一条金头箍，头箍上有 5 个突节，其中一个突节嵌着一颗绿松石。陶器多为手制，大部分陶壶为双头锥形。[1]

在卡菲尔尼甘河下游的贝希肯特谷地，发现了被统称为贝希肯特文化的青铜时代墓地，其中典型墓地有图尔哈（Tulkhar）和阿鲁克陶（Aruktau）。

图尔哈墓地是贝希肯特文化中最大的一块墓地，时间较早，据推测大约处于公元前 14 世纪至公元前 8 世纪之间。在图尔哈墓地上发掘墓葬 75 座，它们的建筑结构几乎完全相同：墓坑呈矩形或圆形，坑内填黄土，在大多数情况下，墓坑的长轴线呈东西方向；墓坑建有朝向各不相同的斜坡或竖穴墓道通向地面，在上面用石块

---

1 〔巴基斯坦〕A. H. 丹尼、〔俄〕V. M. 马松主编：《中亚文明史》第 1 卷，芮传明译，第 295 页。

覆盖，从外表看来仿佛是一个石块堆。墓穴大多为单人葬，异性合葬的不多，其中有的是同时入葬的，有的是不同时期入葬的。在配偶墓中，男女死者的头部均向东，而妇女始终背朝入口，面对男子。此外，在贝希肯特文化中出现了具有草原牧人特征的火葬方式，在早期图尔哈遗址中发现了9座火葬墓，墓穴为浅坑结构，呈南北向，坑南的底部有一椭圆形凹穴，上面覆盖着扁平的石板或细长的石块，坑内石块有的组成卍形，或有4根辐条的圆圈，偶然会见到一些模制的烧制质量很差的陶器碎片。

一些图尔哈墓随葬品丰富，大多数是陶器、金属制品。陶器中70%为手制日常用具；金属制品有薄叶刀、短剑、剃刀、锛、侧柄圆镜、别针等。薄叶刀的端部通常向外弯曲，有时还有一道中脉。从随葬品和葬式来看，贝希肯特文化与草原文化有着联系。在筑有斜坡墓道的早期图尔哈墓坑中，发现了一把东哈萨克草原常见的短剑和两把类似于木樟墓出土的刀，这是北方部落进入贝希肯特谷地的证据，说明青铜时代的畜牧部落参与了贝希肯特文化的创造。

在瓦赫什河与克齐尔河下游沿岸也发现了青铜文化晚期的古墓。20世纪60年代，苏联考古学家李特文斯基率领的考古队对这些墓地进行了发掘，并对其中的5个遗址进行了全面或部分的研究：瓦赫什一号遗址上有50座墓，发掘了40座；提格鲁瓦雅巴尔卡（Tigrovaya Balka）遗址上有130座墓，发掘了116座；欧库尔（Oikul）遗址上的52座墓全部被发掘；瓦赫什河下游的贾拉库尔（Jara-Kul）遗址上有80座墓，发掘了13座；克齐尔河下游的马坎伊马尔（Makan-i Mar）遗址上有40座墓，发掘了12座。[1] 从总共

---

1 〔巴基斯坦〕A. H. 丹尼、〔俄〕V. M. 马松主编：《中亚文明史》第1卷，芮传明译，第289—290页。

发掘的 233 座古墓[1]来看，它们采用了统一的土葬形式，随葬品也大体相同，因此，这些墓地被统称为瓦赫什文化。瓦赫什文化的时间大约在公元前 2 千纪的最后一个世纪。

在瓦赫什文化的墓中，金属随葬品占少数，只有 14 座墓出土了青铜短剑、镜子和小刀，它们反映出该文化与农业文化的金属器类型有一定联系。大多数随葬品是陶器，陶器多为手制，与轮制的外形相同，甚至尺寸也一样，它们与阿富汗定居农业居民制作的陶器相仿。墓中还发现了许多羊骨，它们是家养的。

塔吉克斯坦境内出现的丰富的青铜文化可以说明这一地区进入文明的时间较早。到公元前 7 世纪，塔吉克斯坦境内出现了巴克特里亚[2]奴隶制国家。

第三节　丝绸之路中道和南道的交通

今塔吉克斯坦不仅是原始人类生活之地，还是东西、南北文明交往的十字路口，帕米尔高原上的河谷便利了东西的交通。

在今哈萨克斯坦境内的天山支脉卡拉套山是游牧文化与农业文明的一条分水岭。卡拉套山从西北向东南延伸，从北方或东方来的旅行者越过此山，来到了锡尔河中下游右岸平原，溯锡尔河南下可抵达赭时（唐代石国，今乌兹别克斯坦首都塔什干）。古代赭时是中亚交通的三岔路口，从此北上连草原之路，向西连接泽拉夫善河流域，向东连接费尔干纳盆地。赭时东南行千余里至怖捍，来到了

1　〔巴基斯坦〕A. H. 丹尼、〔俄〕V. M. 马松主编：《中亚文明史》第 1 卷，芮传明译，第 287 页。
2　巴克特里亚的称呼最早可能出现在公元前 4 世纪成书的琐罗亚斯德教经典《阿维斯陀》中，该书将此地称作"巴赫地"或"巴赫特里什"。

今塔吉克斯坦境内，在此可与丝绸之路中道相接。

从东西交通来看，丝绸之路中道和南道经塔吉克斯坦。中道从中国新疆喀什噶尔西行，翻越天山的吐尔尕特山口，可以沿克孜勒苏河进入与之相邻的、发源于费尔干纳山西坡的卡拉河上游河谷，沿卡拉河谷进入费尔干纳盆地南面的奥什（在今吉尔吉斯斯坦境内），然后西行至忽毡（今塔吉克斯坦苦盏）。由此有两种选择：一是沿瓦赫什河南下，进入巴克特里亚（后称吐火罗斯坦）；另一路线是从忽毡西行至泽拉夫善河流域的撒马尔罕，再南下至巴克特里亚。可见，忽毡是古丝绸之路中道的贸易枢纽。

忽毡城始建于公元 7 世纪，城内至今保存着中世纪的城堡和清真寺。如今的苦盏城仍然是塔吉克斯坦通往北面的交通要道。此外，片治肯特古城也是丝绸之路上的重镇，遗址在塔吉克斯坦片治肯特市西北侧，距市区大约 7 千米。在其公元 5 世纪的遗址上发现了富丽堂皇的宫殿和庙宇，其中还有一条商贸街，考古专家在此发现了钱币、陶瓷、宝剑、刀鞘等文物，它们证实此地曾与波斯、希腊、中国和阿拉伯国家进行过贸易交往，其中，从中国进口的货物有丝绸、瓷器、马鞍等。

丝绸之路南道穿越了帕米尔高原南缘和兴都库什山以北之间。其中往来频繁的是地处帕米尔高原南缘的瓦罕走廊。瓦罕走廊今属阿富汗，它北依帕米尔高原南缘（与塔吉克斯坦相邻），南傍兴都库什山，东西长约 300 千米，南北最窄处仅 15 千米，最宽处约 75 千米。丝绸之路南道从中国境内的塔什库尔干石头城向南沿塔什库尔干河到明铁盖山口，经瓦罕走廊，可抵达巴克特里亚。

丝绸之路南道经过帕米尔高原南缘的有两条：一条由新疆莎车向西北行，经过依耐、无雷，至占据巴克特里亚的大月氏，其中，无雷在塔吉克斯坦境内；另一条由新疆疏勒西北行，经捐毒[1]、休循、桃槐，至占据费尔干纳盆地的大宛，其中，捐毒和休循在塔吉克斯坦境内，桃槐是游牧于瓦罕山、阿尔楚山一带的部落。

丝绸之路南道在塔吉克斯坦境内的重要枢纽是喷赤河东岸的霍罗格。从中国的塔什库尔干西行，翻越帕米尔高原后来到霍罗格。从霍罗格向西可达杜尚别，向北可经忽毡与丝绸之路中道相连，向南渡喷赤河即进入瓦罕走廊。

有史记载最早经帕米尔高原南缘旅行的是马其顿人。公元1世纪，马其顿商人马厄斯·梯加奴司派人了解丝绸之路的情况，这些人从叙利亚首府安条克城出发，来到帕米尔谷地的"拘迷陀山麓"（地处卡菲尔尼甘河与瓦赫什河上游），这里有一座石塔，从西方来的商人与"赛里斯"（中国）商人在此交换货物。从此地经瓦赫什河谷、卡拉捷金，然后东去中国。

东晋僧人法显在西行天竺取佛经时也从塔吉克斯坦境内经过，他记录了地处今塔吉克斯坦的几个盛行佛教的古国。公元5世纪以后，丝绸之路南道成为中西交通的重要通道之一，经此道南下印度的人日益增多。

唐代高僧玄奘西行求法从印度回国时途经塔吉克斯坦境。据他记："波谜罗川中有大龙池，东西三百余里，南北五十余里，据大葱岭内，当赡部洲中，其地最高也。……池西派一大流，西至达摩悉铁帝国东界，与缚刍河合而西流，故此已右，水皆西流。"[2] 学界一致认定"波谜罗川"即大帕米尔，对大龙池却存在着不同看法。目前的考古认为，塔吉克斯坦的佐库里湖与玄奘记的大龙池比较符

---

1 捐毒国在今新疆喀什以西至吉尔吉斯斯坦与塔吉克斯坦的连接地带。
2 （唐）玄奘、辩机撰，季羡林等校注：《大唐西域记校注》，中华书局，2000年，第981—982页。

合。佐库里湖位于大帕米尔,而且"其地最高",处于山地的凹地中,池西有帕米尔河流出,汇入玄奘所说的缚刍河(阿姆河)中。

玄奘记录了他所经过的尸弃尼国(今舒格南):"尸弃尼国周二千余里。国大都城周五六里。山川连属,沙石遍野。多宿麦,少谷稼。林树稀疏,花果寡少。气序寒烈,风俗犷勇,忍于杀戮,务于盗窃,不知礼义,不识善恶,迷未来祸福,惧现世灾殃。形貌鄙陋,皮褐为服。文字同覩货罗国,语言有异。"[1]此处所记的尸弃尼国在中国史籍中记为位于喷赤河西岸的识匿国(今舒格南)。"识匿"一词由波斯语而来,意思是泥泞,相传亚历山大大帝东征至此,天降大雨,道路变得泥泞不堪,大帝用波斯语嘀咕了一句,识匿便由此得名。这一带有六个部落,除其中一个归护密国外,其余五个都在今塔吉克斯坦境内,合称五识匿国。

一百多年后的751年,安西副都护高仙芝为行营节度使往讨小勃律,经安西都护府出发经疏勒来到播密川,从播密川沿着贡特河西行大约160千米抵达特勒满川。在以上所列地名中,播密川指帕米尔高原,贡特河流经今塔吉克斯坦的戈尔诺-巴达赫尚自治州首府霍罗格后注入喷赤河,特勒满川在识匿国附近。五识匿国是大唐的属国,唐军到此,补充给养,五识匿国国王五跌失迦延还引本国人马加入高仙芝的队伍,一同征讨小勃律。

又过了几十年,唐僧悟空(法号"法界")途经丝绸之路南道回国。悟空于751年随使臣张韬光出使罽宾国(地在今克什米尔),因病滞留北印度,他的求法事迹被唐僧释圆照记录下来,名为《悟空入竺记》。据此书记,法界后来途经拘蜜支国、惹瑟知国、式匿

---

[1] (唐)玄奘、辩机撰,季羡林等校注:《大唐西域记校注》,第978—979页。

国（即识匿国）回国。[1] 其中，惹瑟知国在今塔吉克斯坦的罗善（或鲁珊）一带，式匿国地处今塔吉克斯坦的舒格南附近。

近代以来，西方人对帕米尔高原的记载表明，帕米尔高原南缘的东西交通是便利的。1838 年，英国海军大尉伍德到帕米尔高原南部萨雷库里湖一带；1871 年，俄国地理学家费德琴柯来到帕米尔高原边缘的阿赖山。此后，俄英两帝国的旅行者频繁来到帕米尔高原，他们发现这是一处易于通行的地带。俄国人格鲁姆勃切夫斯基的记载说："我走遍了帕米尔的四面八方，……各帕米尔的通道很方便，只要把山口稍事修缮，修几个上下坡，甚至马拉炮都可以通行。高达一万五千尺以上的山口也不会阻止部队的前进，因为通往山口的漫坡延伸几十俄里，而且这些山口高出周围的地面只不过二至三千尺。"[2] 英国旅行者的当地向导如是说："全帕米尔到处都有路，有一千条，只要有向导……，你哪里都可以去。"[3]

在今天塔吉克斯坦境内帕米尔高原的交通中，最为重要的干线是由北部喀拉湖盆地切入，向南延伸至阿尔楚河谷后转向东，经贡特河谷进入喷赤河谷，在帕米尔高原转了一圈后，于高原西北部出喷赤河谷，与沿瓦赫什河谷进入吐火罗盆地的路线相接。

从以上交通来看，直接进入喀拉湖流域的山口是乌孜别里山口，翻越此山口后，顺着河谷行走可抵达喀拉湖盆地。离开喀拉湖盆地继续向南，抵达郎库里河；沿郎库里河再往南可抵阿克苏河

1　（唐）圆照：《悟空入竺记》，录于《大藏经·史传部》（编号 2089）和《大藏经续正藏·佛说十力经》。790 年，法界回到长安，被安置在章敬寺，并正式赐法号为悟空。

2　格鲁姆勃切夫斯基：《我们在帕米尔的利益》，1891 年，第 21—22 页，转引自苏北海：《关于帕米尔的历史问题》，《中国地理历史论丛》1996 年第 3 期。

3　T. E. Gordon, *The Roof of the World: Being the Narrative of a Journey over the High Plateau of Tibet to the Russian Frontier and the Oxus Sources on Pamir*, Edmonston & Douglas, 1876.

谷。沿宽阔的阿克苏河谷南可达瓦罕走廊，西可达阿尔楚河谷，东经阔勒买山口可达塔什库尔干。

2016年，上海博物馆启动了"交通中西"的"一带一路"系列讲座，邀请来自十余个国家的专家学者发掘与讲述丝绸之路的文化价值。塔吉克斯坦科学院历史学、考古学与人类学研究所所长萨义穆洛德·波波穆洛耶夫（Saidmurod Bobomulloev）教授讲授了丝绸之路与塔吉克斯坦——古代世界的十字路口。在讲座中，他谈到曾经遍布塔吉克斯坦的商队驿站，绝大多数是粟特人建立的。与其他地区不同，粟特人在此建立的驿站也是坚固的城堡，以抵挡游牧民的劫掠与攻击，并有效保护商队和财物。这些城堡一般建立在地势较高的地方，同时确保周边有充足的水源。堡内有相当充足的食物、草料与储水，可以为商队提供充分的补给；还有酒馆和浴室等服务设施，使商人与旅行者能够获得充分的休息；城堡周边的居民也经常会组织起来，专门为商队提供保护。这些驿站与周边地区有效结合在一起，组成一个完善的系统。[1]

---

[1] https://www.sohu.com/a/127481033_501362.

第二章

塔吉克斯坦古代史

大约在公元前20世纪中期，生活在欧亚草原上的畜牧者开始向外迁徙；公元前10世纪初，迁到阿姆河中上游地区的这些畜牧者被称为巴克特里亚人。巴克特里亚人在公元前8世纪至公元前7世纪期间建立了巴克特里亚王国，统治了包括帕米尔高原在内的阿姆河中上游地区；公元前3世纪，巴克特里亚人建立了大夏国；公元5世纪，阿姆河中上游地区形成了昭武国家；9世纪至10世纪，塔吉克人建立了自己的政权萨曼王朝。在两千多年的历史中，塔吉克人先后接受了波斯人、希腊人、大月氏人、嚈哒人、突厥人、唐王朝、阿拉伯人、蒙古人、乌兹别克人的统治；事实上，在外族统治的大多数时间里，地方王公在这一地区行使了独立统治。

第一节 印欧种人的国家

在公元前10世纪至公元前3世纪间，古希腊史书将兴都库什山以北的阿姆河中上游地区称为巴克特里亚。从巴克特里亚的大型灌溉系统和带城堡的城市来看，在公元前2千纪最后250年和公元前1千纪初，塔吉克人先民在巴克特里亚建立了国家形式的政权。考古发现，在公元前10世纪至公元前8世纪期间，在巴克特里亚绿洲的一些大聚落内出现了大型城堡。大多数城堡建筑在生砖砌成的几米高的平台上，四周有围墙环绕，围墙内有密集建筑物。这些遗迹反映了阿姆河中上游地区在波斯统治之前可能存在着政权较为集中的国家。

公元前6世纪至公元前3世纪，包括塔吉克先民在内的巴克特里亚人接受了波斯和希腊人的统治。公元前6世纪中叶，波斯帝国征服并统治了巴克特里亚，巴克特里亚成为帝国治下的一大行省，统治中心是巴克特拉城。巴克特拉城遗址在今阿富汗巴尔赫城附近；今塔吉克斯坦并非行省中心，在此期间，这里出现了城市建筑。在距苦盏市西南方向约80千米的伊斯塔拉夫尚（今乌拉秋别），发现了占地约16公顷的城市华塔克，遗址上发现了城堡遗迹，城堡四周有防御设施，城南有一堵建于公元前6世纪至公元前5世纪的城墙，有8米厚。

公元前332年亚历山大东征波斯帝国，国王大流士三世逃往巴克特里亚，被当地太守柏萨斯废黜。公元前329年初，柏萨斯获悉希腊军队逼近巴克特里亚，便烧毁粮食，破坏道路、桥梁，率军渡阿姆河逃往粟特。亚历山大不战而取巴克特里亚，任命波斯人阿塔巴扎斯为巴克特里亚总督。

亚历山大渡阿姆河来到粟特地区，攻下玛拉坎达城后，继续向东进军。希腊军队在苏对沙那（故址在今塔吉克斯坦苦盏与撒马尔罕之间）遭到当地居民的阻拦，当地居民利用崎岖陡峭的地势与希腊军队进行了殊死搏斗。结果，苏对沙那城失守，大多数人跳崖自杀，苏对沙那三万居民中只剩下八千人。亚历山大在费尔干纳盆地的出口处，即在今苦盏城一带建筑了城墙周长6千米的"极东亚历山大里亚城"，在此安置了退役的希腊老兵和希腊雇佣兵。

亚历山大病逝（前323）后，其部将塞琉古之子安条克成为阿姆河中上游地区的总督，他在此任命希腊总督，增建定居村庄和城镇，屯垦、殖民，组织希腊人移居这些村庄和城镇。与此同时，他重建了亚历山大建筑的极东亚历山大里亚城，改名为安条克城。尽管如此，安条克的统治与亚历山大一样，止步于费尔干纳盆地入口处。

公元前261年，巴克特里亚的希腊总督摆脱塞琉古独立，他的政权被称为希腊-巴克特里亚王国，在中国史籍中名为"大夏国"（前246—前135）。[1] 公元前206年，大夏国占据了费尔干纳盆地以南地区（今塔吉克斯坦西北部），在此按希腊方式修建了坞堡。据希腊地理学家斯特拉波记，希腊人在费尔干纳盆地的统治向东拓展到丝国（即中国）。

公元前2世纪，塞克人来到费尔干纳盆地以南地区。据中国史书记，塞克人原居于乌孙（今吉尔吉斯斯坦伊塞克湖附近），公元前176年，大月氏攻占乌孙牧地，逼迫塞克人部落南迁。据历史学家庞培乌斯·特罗古斯记，公元前160年左右，大夏国在费尔干纳盆地的统治受到塞克人部落的冲击。公元前135年，塞克人与当地居民一起建立了大宛国，都城在贵山城。[2] 有学者认为，大宛中的"宛"字出自古印度巴利语的耶婆那（Yavana），指中亚希腊人。

公元前128年，中国汉代使臣张骞来到大宛国，当时的大宛国已经拥有高度的城市文明：有大小属邑七十余城，人口数十万，农业和畜牧业兴盛，且以出汗血马著称。汉武帝闻大宛贰师城（今吉尔吉斯斯坦的奥什）有良马，欲求不成，出兵攻打，败退敦煌。汉武帝增兵围大宛都城四十余天，后来，大宛贵族杀大宛王毋寡[3] 求

1　学界另一说认为，大夏国是大月氏人南下时期，名为吐火罗的游牧部落所建。
2　贵山城遗址一说在今乌兹别克斯坦的卡萨，另一说在今塔吉克斯坦的苦盏。
3　有学者认为"毋寡"之名是塞语中的常用之名 Mauakes 转译而来。

和，李广利获良马后拥立亲汉贵族昧蔡为大宛王而归。从此，大宛服属于汉，遣子为质。以上是塔吉克斯坦北部费尔干纳地区的情况。

与此同时，在今塔吉克斯坦帕米尔高原上也有塞克人的国家，这些国家在名义上臣属于中国汉朝。在萨雷阔勒岭以西的帕米尔高原上有休循、捐毒和无雷。据《汉书》记，休循国在今帕米尔高原北缘阿赖山谷萨雷塔什一带，国都在鸟飞谷，休循国的西北可至大宛国，西可至大月氏，"民俗衣服类乌孙，因畜随水草，本故塞种也"。休循国在中国两汉时期先后属西域都护和西域长使，在三国时期归魏国，属疏勒管辖。捐毒国在今吉尔吉斯斯坦和塔吉克斯坦连接地带，据《汉书》记，其统治中心衍敦谷在休循都鸟飞谷之东南。衍敦谷西行可达休循，西北行至大宛，北与乌孙接，"衣服类乌孙，随水草，依葱岭，本塞种也"。捐毒国之南有无雷国，地处外阿赖山之南、萨雷阔勒岭之西，都城是无雷城。"衣服类乌孙，俗与子合国同"，子合国是丝路南道上羌族的一个游牧行国。

公元前2世纪，塔吉克斯坦南部地区遭到大月氏人的入侵。大月氏人在乌孙攻击下先来到阿姆河以北地区，公元前125年左右，来到阿姆河南岸的希腊-巴克特里亚王国（大夏国）。据斯特拉波记，大月氏中一支名为吐火罗的游牧部落占据了巴克特里亚，在此建立政权。此后，吐火罗由部落名变成了地域名吐火罗斯坦，取代了原来的巴克特里亚一名；今塔吉克斯坦的南部地区包括在吐火罗斯坦内。

以后，巴克特里亚被大月氏人的五个部落统治。据学者们考证，休密部统治了今瓦罕谷地的萨里克-高盘地区；贵霜部统治了瓦罕西部喷赤河左岸。从以上两部统治地区来看，大月氏人对塔吉克斯坦实施过统治。大约在公元44年，贵霜部酋丘就却灭亡其他四部，在此基础上建立起贵霜帝国。贵霜帝国的统治从公元44年一直延续到公元5世纪中叶。公元2世纪，塔吉克斯坦北部的大宛国接受了贵霜帝国的统治。

贵霜帝国在塔吉克斯坦北部不仅修复和扩建了灌溉系统，而且还新建了许多灌溉工程。波斯帝国时期引瓦赫什河水的灌溉工程博尔代渠曾经被废弃，贵霜帝国时期得到修复并扩建。在公元2世纪至3世纪，贵霜统治者在瓦赫什河上新建了祖伊巴尔渠，将河水引入库尔干秋别地区；又建了卡拉兰格和拉格曼两条支渠，灌溉科尔霍扎巴德和乌尔塔博兹高地以西的土地。此外，在博尔代渠与祖伊巴尔渠之间新建了卡翁渠和扎尔加尔渠。如今，在乌尔塔博兹仍然可以看到一条宽18米、高2.5米、长12千米的堤岸。这些灌溉渠的修建使瓦赫什下游地区成为灌溉农业区，瓦赫什河下游流域逐渐发展成一大片绿洲。

贵霜帝国时期在卡菲尔尼甘河中游修建的灌溉渠使吉萨尔盆地成为大灌溉区，还有一条水渠将水引入米干支山村，使得西米干支峡谷成为灌溉农业区；在卡菲尔尼甘河下游建筑的灌溉渠形成了科巴迪安那和萨尔杜兹农业区；在卡菲尔尼甘河下游与比什肯特河谷连接的狭窄地段，考古学家发现了一条长达3千米的暗渠，它用来调节两河的水资源，主要是将卡菲尔尼甘河河水调入比什肯特河，以补充比什肯特河的灌溉用水。

贵霜帝国统治时期，塔吉克斯坦北部开始使用贵霜帝国铸造的钱币，出现了以货币为媒介的商业贸易。

公元3世纪中期，贵霜帝国在新兴波斯萨珊王朝的打击下衰弱，大宛国重新获得独立。到4世纪末或5世纪初，大宛国被嚈哒灭亡，大宛一名不再见于史册。公元5世纪，嚈哒人在原贵霜帝国的领地上建立了汗国。嚈哒汗国强大时期，疆域东北至天山，东达葱岭，西界波斯萨珊，北及锡尔河以北草原，南及中印度。嚈哒是一支游牧民族，他们在建立汗国后仍然保持着"居无城郭"、"以毡为屋，随逐水草"的生活方式；他们在统治地区实施"游军而治"和"受诸国贡献"的统治方式。在嚈哒汗国统治期间，塔吉克族先民在阿姆河中上游地区建立了以昭武九姓著称的城邦国家。

其中，在塔吉克斯坦境内的米国，《大唐西域记》中记为弭秣贺国："弭秣贺国周四五百里。据川中。东西狭南北长，土宜风俗同飒秣建国。"据学者考证，米国都城钵息德城遗址在今片治肯特东南 1.5 千米。1946 年，苏联学者开始对该城遗址进行发掘，初步认定，城始建于 5 世纪，繁荣于七八世纪之交。城市可划分为内城、城堡、郊区、墓地四个部分。内城面积约 14 公顷，35% 的建筑为住宅区，以平房为主，也有少数双层楼，街区店铺密集，城中心立神祠两座，还有一个大粮仓，内城四周建筑了城墙；城堡与内城的围墙相接，面积大约 1 公顷，其中有居室和碉堡；郊区在内城的东面和东南面，面积比内城大两倍；墓地在内城的南面和西南面，占地面积大约 10 公顷，目前发现了 50 多座墓，每座占地 4 至 5 平方米，呈单穴或双穴，存放陶质骨瓮。[1] 米国在公元 6 世纪末至 7 世纪初时还没有自己的统治者，康国国王派其支庶作为城主统治。东曹国在苦盏与撒马尔罕之间。据《新唐书》记："东曹国或曰率都沙那、苏对沙那、劫布呾那、苏都识匿。"沙俄统治时期，苏对沙那名为乌拉秋别。

唐朝高僧玄奘西行时，途经国家有赤鄂衍那、忽露摩、愉漫、鞠和衍那、镬沙、珂咄罗（胡塔梁）、拘迷陀（俱蜜）。除赤鄂衍那在乌兹别克斯坦境内外，其他六国均在今塔吉克斯坦境内。

---

[1] 蔡鸿生：《唐代九姓胡与突厥文化》，中华书局，1998 年，第 4 页。

忽露摩国地处塔吉克斯坦卡菲尔尼甘河上游，故址在今杜尚别附近；忽露摩与愉漫组成一国："东西百余里，南北三百余里。国大都城周十余里。"[1] 鞠和衍那国在卡菲尔尼甘河下游，今米高扬格勒附近，1877年在此发现了举世震惊的被称为"阿姆河宝藏"的窖藏，其中金银器有170多件，大多数为波斯帝国时期贵族世家和当地神庙的遗物。镬沙国在今塔吉克斯坦镬沙河（瓦赫什河）平原，在库尔干秋别以西10千米处。珂咄罗国地处瓦赫什河以东至喷赤河之间，所辖城市有波赫利霍赫（今帕尔哈尔）、葛逻犍（今胡利布克，在库利亚布附近），多良马、赤豹，出乌盐。拘迷陀国在《新唐书》中名为俱蜜[2]，位于吐火罗东北，南临黑河（喷赤河）；由于拘迷陀与大月氏五部中的休密读音相近，有学者认为拘迷陀是原休密部所在地。

在今塔吉克斯坦境内的诸政权认为自己是完全独立的，国王各有独特的称号：费尔干纳盆地统治者自称伊赫希德，苏对沙那（伊斯塔拉夫尚）统治者自称阿弗欣，珂咄罗统治者自称沙赫。

5世纪中叶以后，昭武国家先后接受了突厥人、唐王朝的宗主权。6世纪中叶以后，阿姆河中上游的昭武城邦国家虽画野区分，但总役属突厥，突厥统治者派驻此地区的官员称吐火罗叶护。7世纪中叶，唐朝在此建立了府州。658年，唐高宗以米国之地为南谧州，米国国君昭武开拙被任命为南谧州刺史；661年，唐在今塔吉克斯坦境内设置了拔州都督府、天马都督府、王庭州都督府和高附州都督府。其中，拔州都督府在达尔瓦兹山脉与阿姆河之间，管理

---

1 〔法〕沙畹：《西突厥史料》，冯承钧译，中华书局，2004年，第175页。
2 《大唐西域记》的记载有误，玄奘是在回国途中才经过塔吉克斯坦南部的俱蜜国的。

俱蜜国褚瑟城；天马都督府在今塔吉克斯坦的卡菲尔尼甘河盆地，府治数瞒城，下辖落那与束离两州；王庭州都督府在今塔吉克斯坦卡菲尔尼甘河与瓦赫什河之间，府治步师城在今塔吉克斯坦西南库巴的安；高附州都督府在今塔吉克斯坦与阿富汗边界上。唐朝在以上州府实施羁縻统治，真正的统治者或是原昭武九姓国国王或是以突厥人代理统治。

8世纪初，今塔吉克斯坦境内的独立、半独立国家开始面临阿拉伯人的入侵，珂咄罗国是最早起来抵抗的。据塔巴里记，珂咄罗国国王萨巴尔的侄子背叛了自己的民族，他去阿拉伯总督扎营处（今沙赫里夏勃兹附近），唆使阿拉伯人进军胡塔梁（珂咄罗国）。总督接受了他的建议并出兵。两军在胡塔梁边界扎营，萨巴尔的侄子单独在另一地扎营。晚上，胡塔梁士兵用阿拉伯语喊叫着袭击了萨巴尔侄子的营帐，俘虏并处死了他。据说，萨巴尔之侄的母亲派人对萨巴尔的母亲说："在萨巴尔杀死自己的侄儿以后，你怎能指望保全自己儿子的性命呢？要知道被杀死的人还有七个兄弟，而你却只有一个儿子！"萨巴尔的母亲回答说："在母狮那里幼狮少。在母猪那里猪仔多。"此次侵袭以后，阿拉伯军队连续五年没有来犯。

706年，库泰拔率领的阿拉伯人再次来犯。710年，库泰拔进军数瞒，数瞒王在一次激烈的会战中被杀，库泰拔洗劫了这个城市。725年，呼罗珊总督阿萨德·伊本·阿勃达拉赫的阿拉伯军来到胡塔梁，当地居民团结起来打败了入侵者，迫使阿萨德撤军。当地居民用塔吉克语编了一首歌谣嘲笑他，其中一句是：你从胡塔梁回来，名誉扫地而归！

除胡塔梁外，苏对沙那居民的反抗也十分惨烈。721年，阿拉伯军队入侵河中地区，该地的粟特居民撤退到泽拉夫善河上游的阿巴尔加尔城堡（今穆格山城堡[1]）。穆格山城堡遗址位于今塔吉克斯坦片治肯特城以东六十余千米的泽拉夫善河与其支流库马河汇合处，"穆格"在塔吉克语中为"王"的意思，城堡的主人是片治肯特王公德瓦什提奇。在阿拉伯军队逼近之时，粟特人走出城堡，在离城堡六七千米的库姆村附近峡谷中与敌人交战，结果战败，以德瓦什提奇为首的反抗者向阿拉伯人投降。阿姆河中上游地区居民进行了英勇的抵抗，斗争最终被阿拉伯军队镇压下去了，德瓦什提奇被钉在十字架上，他的头颅被送往倭马亚王朝哈里发处。阿拉伯人在此进行大肆掠夺，在每个农民的脖子上都打上烙印，以便向其征收人丁税。

然而，此后在阿姆河中上游地区实施统治的并非阿拉伯人而是葛逻禄人。葛逻禄是铁勒人的一支，8世纪30年代，他们在帕米尔高原西部活动。[2] 据中国史书记，一些昭武国家的统治者已经是葛逻禄人，如地处今塔吉克斯坦北部的曹国，其国王已经不再是康国国王乌勒伽之后裔。742年曹国国王哥逻仆罗[3]、石国国王特勤并遣使献马及方物。9世纪中叶以后，今塔吉克斯坦迎来了本族政权——萨曼王朝的统治。

1　穆格山城堡在撒马尔罕以东约140千米的穆格山（Mug），1933年，在城堡废墟中发现了一批8世纪粟特文书，被通称为"穆格山文书"。1947年，开始对遗址进行发掘。

2　W. Barthold, *Die alttürkischen Inschriften und die arabischen Quellen* (with reference to W. Radloff, *Die alttürkischen Inschriften der Mongolei*, second series, St. Petersburg, 1899), p. 27, note 1.

3　哥逻仆罗可能是葛逻禄的另一种译法。

第二节 塔吉克人的政权

9世纪初至10世纪末的两百年间,塔吉克人在中亚建立了塔希尔(821—873)、萨法尔(861—911)和萨曼(872—999)三个王朝;其中,塔希尔和萨法尔两个王朝的统治中心在今土库曼斯坦境内,萨曼王朝的统治中心在今乌兹别克斯坦境内。

塔希尔王朝建立之初,河中地区和费尔干纳盆地归属于塔希尔王朝。822年,塔希尔王朝表现出独立倾向时,哈里发将河中地区和费尔干纳盆地作为一个独立单位直接归于阿拔斯王朝。据史书记,822年,当塔希尔的死讯传到巴格达,麦蒙立即派大臣阿赫默德·本·阿布·卡利德率军来到河中地区。阿赫默德进入地处今塔吉克斯坦的苏对沙那时,该城统治者阿弗欣·卡乌斯已经停止向阿拔斯王朝缴税。阿赫默德军队在费尔干纳盆地驱逐了"信仰的敌人",加强了阿拔斯王朝与河中地区和费尔干纳盆地的直接联系,这种情况一直延续到萨曼王朝建立。

萨曼王朝是由巴里黑城显赫的萨曼家族以河中地区为中心建立的政权。7世纪初,先祖萨曼曾在此城附近建萨曼村,并担任村长,被称为萨曼·护达。[1] 7世纪下半叶,当阿拉伯人在吐火罗斯坦进行掠夺和征服活动之时,萨曼家族在当地的政治斗争中失败。萨曼先祖从巴里黑到谋尔夫求助,呼罗珊总督阿萨德出兵帮助萨曼打败了敌人。此后,萨曼给其长子取名阿萨德,以表对总督的感激之情。9世纪初期,阿萨德的四个儿子被任命为中亚地区的地方长官,萨

---

1 据俄国学者巴托尔德说,萨曼村位于巴尔赫省区;此说得到了美国学者 J. 桑德尔斯(J. J. Saunders)的赞同。苏联学者 A. 谢苗诺夫(A. A. Semenov)认为,萨曼家族来自帖尔穆兹,即东经67°、北纬37°附近的一个村子,见许序雅:《中亚萨曼王朝史研究》,贵州教育出版社,2000年,第19页。

曼家族从祖居的阿姆河南岸迁到阿姆河北岸。

萨曼王朝时期，费尔干纳盆地的管辖者不再是阿拔斯王朝，而是萨曼家族。萨曼王朝的统治中心在河中地区，但王朝在费尔干纳盆地驻有军队，并且可以任意调遣。纳斯尔在位期间（914—943）的939年9月至940年8月，当出访萨曼王朝的中国使团抵达费尔干纳时，纳斯尔命令拔汗那长官热情接待，并要他们把拔汗那的正规军和志愿兵全部集合起来，随中国使团前往布哈拉城。与此同时，纳斯尔写信给苏对沙那、柘析、白水城、法拉卜等城官员，命令他们派士兵骑马到布哈拉城。使团进入布哈拉城的那天，从泰瓦维斯村到布哈拉城之间大约44千米的道路两旁排列着迎接使团的骑兵和步兵，他们全部佩有镀金的胸甲和头盔，高级军官还有镀金的马鞍和五彩缤纷的铠甲。

萨曼王朝时期，阿姆河上游地区实际上由地区独立王朝统治。阿姆河上游右岸恰甘尼安公国的穆赫塔吉家族和胡塔梁公国的班尼居尔家族，在承认萨曼王朝宗主权下实施统治。这些家族为土著居民（即东伊朗人）或迁到当地的阿拉伯人。史书对萨曼王朝时期塔吉克斯坦境内的地区政权没有更多的记载，这似乎表明，萨曼王朝的中央集权程度较高，地方政权的作用不大。史书对这一时期阿姆河中上游地区经济情况的记载较多，特别记载了今塔吉克斯坦境内的采矿业。

在塔吉克斯坦北部的费尔干纳盆地，开采了铁、锡、银、水银、铜、铅矿藏。据阿拉伯地理学家伊本·豪卡尔记，在伊斯塔拉夫尚近郊有两处地方，即马尔斯曼达和明克，出产铁。这些矿的产量很丰富，不仅供应费尔干纳，而且输往呼罗珊和伊拉克。《世界境域志》一书说，马尔斯曼达每年举行集市，向周围地区推销当地的铁制品。另外，在忽毡地区的卡拉马扎尔开采白银，在达尔瓦兹、罗善、舒格南、巴达赫尚等地有开采金、银和红宝石、天青石的露天矿。

当时采矿使用"火攻法",即在矿内工作面下设置火堆,长时间燃烧的火堆把岩石烧红,往岩石上泼水,反复多次,以使矿石裂开,便于开采。火攻法的遗迹随处可见,有外表烧坏和熏黑的壁面,有烧焦了的木头,有存放和搬运燃煤的容器,有打岩石用的铁锤、鹤嘴锄、带柄或无柄的丁字镐和铲。

考古学家和地质学家们展现了9世纪至10世纪塔吉克斯坦山区采矿技术。塔吉克人在探矿时积累了大量经验,能够巧妙地勘探矿床,并建设竖井、斜井、水平坑道的开采场所。据记载,塔吉克斯坦中世纪的矿井深度超过150米,当时人们已经制成有弹性的坑架支撑。此外,塔吉克人还有往地下坑洞输送空气的技术,如在有风的地方安装往下反送空气的装置等。

阿拉伯地理学家伊本·胡尔达兹比赫(820—912)记录了胡塔梁之地的采金:"它(瓦哈德村)的居民们……来到贾伊洪河边,他们在岸上把山羊皮毛朝外铺开,牢固地系在周围的木桩上,他们中一人下到岸边的水中,不停地朝那些羊皮上浇水。其他人则搅和水与泼出水。水是那么浑浊和沉重。当他们看到皮上毛的根部充满沙和金时,就取下羊皮,放在地上晒干,然后他们拿起羊皮抖动,把羊毛中的沙和金抖落到铺在一边的皮垫子上,再从垫子上挑选出金子。巴耳赫城民说这些是纯净足赤的好金子。"[1]

萨曼王朝时期,阿姆河上游的贸易也被记录下来。据记载:"外面的商人们从胡塔梁城前往近郊……在离胡塔梁1法尔萨赫(1

---

1 〔苏联〕Б. Г. 加富罗夫:《中亚塔吉克史》,肖之兴译,中国社会科学出版社,1985年,第117页。

法尔萨赫等于6.24千米)的地方。然后,商人们来到这条大河边的山上。除惯于在这山中旅行的土著人外,谁也不能登上此山。当商人们在他们那里停歇下来时,就雇用这些人搬运货物和商品上山顶。他们往山上爬,……每人负荷三十曼重的货物。他们在山顶停留的时候,根据预先和舒格南居民商量好的规定,设置双方都能瞧得见的标志。当舒格南人瞧见这些标志,他们就知道商人们已到达山顶。他们所走的道路只有一个人的足迹那么宽。商人们到达那里以后,土著们就背着东西,带领他们从山顶下到紧靠河边的地方。当土著们迎接商人时,他们总带着受过渡河训练的骆驼和卫队一起骑骆驼过河。他们同商人缔结协议,签订书面合同,把商人们的商品和货物满载在骆驼背上,运过河去,然后每个商人各走各的路。一个商人前往中国方面,其余商人则前往木尔坦。"[1]

萨曼王朝后期,突厥军事首领与埃米尔的关系紧张起来,叛乱频繁发生。922年,伊尔亚斯在费尔干纳一带煽动叛乱,叛军人数达3万人,撒马尔罕总督阿布·阿木尔·穆罕默德·本·阿萨德率2500人的军队以少胜多地平定了叛乱。内部斗争削弱了萨曼王朝统治者的力量,拥兵自重的突厥将领开始颠覆萨曼政权,外部势力趁机进入。其中,在今吉尔吉斯斯坦境内建立政权的喀喇汗王朝于980年占领了白水城;991年底,喀喇汗王朝博格拉汗哈桑率部入侵河中地区;999年,喀喇汗王朝俘虏了萨曼家族王室成员,萨曼王朝灭亡。

在今阿富汗的伽色尼王朝与锡尔河以北的喀喇汗王朝瓜分了萨曼王朝的领土:阿姆河以南地区为伽色尼王朝所有;河北之地成为喀喇汗王朝领土。今塔吉克斯坦大部分地区属于喀喇汗王朝。塔吉

---

[1]〔苏联〕Б. Г. 加富罗夫:《中亚塔吉克史》,肖之兴译,第176—177页。

克人退出了河中地区和费尔干纳盆地的政治舞台。

10世纪后期,阿富汗的伽色尼王朝强盛起来,阿姆河上游地区的统治者承认了伽色尼王朝的宗主地位。胡塔梁公国和恰甘尼安公国所在的阿姆河上游山谷牧草丰美,山间牧场饲养的马匹大多数出口,胡塔梁马和巴克特里亚骆驼(双峰驼)被作为礼物献给伽色尼素丹。11世纪30年代,两个公国是伽色尼王朝对付塞尔柱人和喀喇汗人的前哨阵地。当时,穆赫塔吉家族的法克尔·道剌·阿赫默德是恰甘尼安公国的埃米尔,他后来成为伽色尼素丹马苏德的女婿,双方之间一直保持着友好关系。两个公国国王都曾参与伽色尼王朝与塞尔柱人在谋尔夫绿洲上的丹丹坎战争(1040)。1059年以后,这些小公国陆续承认了塞尔柱帝国的宗主权。

第三节 突厥人和蒙古人的政权

最早在塔吉克斯坦实施统治的突厥政权是西突厥汗国。552年,突厥人在锡尔河流域建立了汗国;581年,突厥汗国分裂为东、西两部。西突厥汗国的统治范围:东扼葱岭,西接波剌斯,南临大雪山(指兴都库什山),北据铁门。包括塔吉克斯坦在内的吐火罗斯坦承认了西突厥人的宗主地位,西突厥统治者派出名为叶护的官员监督昭武九姓国家的统治者。西突厥人的统治没有给包括阿姆河上游在内的吐火罗斯坦带来文化和种族上的变化。

一百年后,唐朝灭西突厥汗国,对昭武九姓国实施了羁縻统治。751年,唐朝与阿拉伯人在今吉尔吉斯斯坦的怛逻斯发生战争。唐朝高仙芝所率劲旅是葛逻禄军队,双方相持五日,关键时刻葛逻禄部众叛,与阿拉伯人夹攻唐军,唐军失败。此后,阿拉伯人放任葛逻禄人的扩张。葛逻禄的势力范围进入了西部天山南麓地区,至迟在8世纪末，费尔干纳盆地纳入葛逻禄汗国版图。

816年，阿拉伯军队攻占锡尔河畔的葛逻禄城市讹答剌，俘虏了葛逻禄叶护的妻儿，叶护本人向北逃入基马克人地区，葛逻禄汗国瓦解。一部分葛逻禄人迁至吐火罗斯坦，据10世纪成书的《世界境域志》记："吐火罗斯坦是一个多山的美好省份。它的草原上生活着葛逻禄突厥人。"[1] 还有一部分葛逻禄人翻越兴都库什山，来到加兹尼，如今阿富汗普什图人中的吉尔查伊部祖先中就有葛逻禄人的血统。

继葛逻禄统治阿姆河中上游地区的突厥政权是喀喇汗王朝。11世纪上半叶，喀喇汗王朝推翻萨曼王朝以后，在河中地区建立了统治。1041年，喀喇汗王朝分裂为东、西两个王朝。西部王朝建立者易卜拉欣·本·纳赛尔（又称贝里特勤）早年曾被河中地区统治者关押，后逃至其兄领地讹迹邗（今吉尔吉斯斯坦奥什州的乌兹根），并在塔吉克斯坦南部山区招兵买马，利用这支武装寇掠了镬沙水（阿姆河右岸支流瓦什赫河）地区。贝里特勤势力壮大后，便出兵占领河中地区，将统治中心从讹迹邗移到撒马尔罕城，西喀喇汗国形成。

以后，东、西喀喇汗国订立了边界条约。条约规定以忽章河（锡尔河中游一段）为两个王朝的边界线，沿锡尔河直到忽毡（今苦盏）之地归西喀喇汗王朝，费尔干纳盆地归东喀喇汗王朝。塔吉克斯坦西北地区归西喀喇汗王朝。考古资料反映，喀喇汗王朝钱币在今塔吉克斯坦北部地区流通。

据阿拉伯史书记，贝里特勤在位期间（1041—1068）采取了

1　V. Minorsky translated and explained, *Ḥudūd al-'Ālam*, E. J. W. Gibb Memorial Trust, 1970, p. 108.

促进国内经济发展和物价稳定的一些措施，如推行货币改革和统一币制。他成功地利用了东喀喇汗王朝的内部斗争，于回历451年（1059/1060）出兵占领了费尔干纳盆地，并在此发行新的货币，打击哄抬物价的商人，稳定市场，促进了该地区经济的发展。此外，他确立了在阿姆河上游北部山区的统治，加强了西喀喇汗国与阿富汗的伽色尼王朝接壤地区的防御；利用阿姆河上游北部山区的强悍山民，迫使伽色尼苏丹马苏德把阿姆河上游南岸地区，即包括巴里黑在内的吐火罗斯坦割让给他。阿姆河上游的胡塔梁和恰甘尼安公国成为西喀喇汗国与伽色尼王朝的缓冲地带。

1131—1134年间，东喀喇汗王朝境内的葛逻禄人起来反抗，袭击东喀喇汗的部众和牲畜。1134年初，东喀喇汗伊不拉欣求助于来到其边境上的契丹人耶律大石，并许诺在平叛结束后，将承认契丹人的宗主权。耶律大石进入八拉沙衮，取得了平叛胜利。契丹人曾在中亚东北部建立了西辽国（1124—1218），目前的研究认为，契丹人是一支说蒙古语方言的、具有中国文化的蒙古人[1]；他们的外貌特征是圆脸、短发、髡发。西辽国是最早在塔吉克斯坦实施统治的蒙古政权。

1141年，西辽与西喀喇汗国在撒马尔罕以北的卡特万草原进行了一场战争，此次战争的胜利确立了西辽对西喀喇汗王朝的宗主地位，塔吉克斯坦境内诸小政权承认了西辽的宗主权，甚至阿姆河以南的巴里黑地区也承认了西辽的宗主权。据伊本·阿西尔记，巴里黑统治者每年向河中地区的契丹人送缴哈拉吉（土地税）。[2]

---

1 学界有两种看法，一种认为契丹人是蒙古族，一种认为（以俄国学者巴托尔德为代表）契丹人属于通古斯族，杂有蒙古族成分。在此暂采用前说。

2 1165年，西辽攻下阿姆河南岸的巴里黑城，见 V. V. Barthold, *Turkestan Down to the Mongol Invasion*, Porcupine Press, pp. 335-336。

12世纪末,塔吉克人在今阿富汗的古尔山区(赫拉特与昆都士之间)建立了古尔王朝,古尔王朝多次出兵攻打阿姆河以南地区,西辽出兵抵抗古尔王朝对巴里黑的入侵。1198年4月至5月,西辽军夜袭古尔军营,天亮之后才得知偷袭的不是古尔的主力军,于是回头再战,双方伤亡很大。穆斯林志愿军和古尔王朝的预备队都赶来参与,结果西辽战败,被追逐到阿姆河岸,许多士兵在渡河时淹死。西辽的死亡人数达到1.2万人。[1]由于西辽遭此惨败,巴里黑遂摆脱了西辽的统治,这一举动在阿姆河中上游地区引起了连锁反应,各地纷纷脱离西辽。藩属反叛和人民起义使西辽迅速走向衰落。

此后,帕米尔地区经历了花剌子模帝国的征服和统治。1141年的卡特万战争以后,花剌子模绿洲承认了西辽的宗主权,向西辽缴纳赋税。1193年,花剌子模沙贴乞失以武力将呼罗珊纳入花剌子模版图,势力强大起来。西辽税官们在花剌子模征索无度,甚至暴力征税。1206年,花剌子模沙摆脱西辽的宗主权,并开始扩张势力。到蒙古西征前夕的13世纪初期,瓦罕、伊什卡什姆和舒格南都臣服于花剌子模帝国。

与此同时,成吉思汗统一蒙古诸部落的战争正在蒙古草原进行。1204年,成吉思汗灭了阿尔泰山前地带的乃蛮部。乃蛮部部酋之子屈出律率众西逃,于1208年冬天入西辽,西辽汗直鲁古收留了他,让他为自己效力。1211年秋,直鲁古出猎遭到屈出律的袭击,屈出律掌握了西辽政权,将直鲁古尊为太上皇软禁起来。夺取西辽政权后,屈出律的残酷统治引起人民的普遍不满。此时,来自蒙古高原的蒙古人已经逼近楚河流域,西辽官兵纷纷起义支持蒙古

---

[1] 魏良弢:《西辽史研究》,宁夏人民出版社,1987年,第102页。

人，屈出律被迫南走。1218年，屈出律在蒙古人的追逐下，逃到帕米尔萨雷库里湖一带被杀[1]，西辽灭亡。阿姆河中上游地区接受了成吉思汗的统治。

成吉思汗在征服花剌子模帝国都城撒马尔罕之前，于1219年曾派军队前往费尔干纳盆地进行佯攻，以后，这支蒙古部队的一支5000骑兵由大将哲别率领，从锡尔河上游南下袭扰阿姆河上游地区，据《世界征服者史》记："讹答剌陷落后，朵儿伯、牙撒兀儿和葛答黑率师征镬沙及那带地方。"[2]

1220年秋，在攻克阿姆河北岸的忒耳迷城（今乌兹别克斯坦帖尔穆兹）后，成吉思汗率领的主军经阿姆河北岸的忒耳迷朝东北方向前进，在康格儿忒（今塔吉克斯坦库良布省康古尔特村）和薛蛮（今塔吉克斯坦首都杜尚别）两地过冬。1221年初，成吉思汗率军南渡阿姆河，来到巴里黑城。蒙古军入城纵掠，然后放火烧了这座城市。此后，成吉思汗东进塔里寒（今阿富汗东北部塔利甘堡）。

征服战争结束以后，成吉思汗将中亚的大部分地区分封给次子察合台。察合台的封地（兀鲁思）东起高昌回鹘国，西达阿姆河北岸，南越兴都库什山与北印度相邻，北到巴尔喀什湖以南地区；其中包括了阿姆河中上游地区。察合台汗的统治可能与蒙古帝国一样，将兀鲁思在宗王之间进行再分封，行政组织也是以千户为单位。据志费尼记，自从各国、各族由蒙古人统治以来，蒙古人依照自己习惯的方式，建立户口制度，把每人都编入十户、百户和千户；并要求兵役和驿站设备以及由此而来的费用及刍秣供应——

---

1 另有一说认为，屈出律在色勒库尔（今塔什库尔干）被山区猎人杀掉。
2 〔伊朗〕志费尼：《世界征服者史》（上），何高济译，商务印书馆，2004年，第47页。镬沙即今阿姆河右岸支流，在今塔吉克斯坦境内，见同上书第49页注15。

这还不包括普通的赋税；除此之外，他们还征索忽卜绰儿税。[1]察合台汗国时期，蒙古部落札拉亦儿人的牧地在忽毡，卡乌钦人的牧地在阿姆河上游流域，弗拉特人的牧地在巴里黑地区。

继察合台汗国之后统治塔吉克斯坦的是帖木儿帝国。1370年，帖木儿夺取西察合台汗国的统治权，在河中地区确立了自己的统治。帖木儿帝国以塔拉斯河为界与东察合台汗国毗邻。塔吉克斯坦被一分为二，北部归东察合台汗国，南部阿姆河中上游地区归帖木儿帝国。帖木儿家族成员统治费尔干纳盆地；而塔吉克斯坦南部山区却一直在当地政权的统治之下，这种状况一直持续到15世纪后期。

15世纪中叶，费尔干纳的统治者是帖木儿后裔乌马尔·谢赫·米尔咱，他的统治中心在浩罕东北和安集延西北的阿赫昔。1494年，帖木儿帝国在费尔干纳的统治者乌马尔·谢赫去世，他年仅12岁的儿子巴布尔继承了费尔干纳的王位。以后，巴布尔利用地区政权之间的斗争，从堂兄拜孙哈尔手中夺取了撒马尔罕城，并移居此城。1500—1502年，巴布尔被昔班尼赶出了撒马尔罕，而他在费尔干纳的领地又被速檀·阿黑麻·檀巴勒占领，于是，他投靠了在赫拉特城的帖木儿王朝统治者忽辛·拜哈拉。然而，帖木儿帝国在这些地区的统治如一盘散沙。

15世纪上半叶，统治着今塔吉克斯坦东部和阿富汗东北部地区的巴达赫尚统治者巴哈鲁丁企图摆脱帖木儿帝国的控制，结果非但没有成功，反而遭到帖木儿帝国军队的镇压。1467年，巴达赫尚统治者速檀·穆罕默德被处决，帖木儿帝国开始在此建立直接统治。帖木儿汗卜赛因在位期间，卜赛因的兄弟速檀·马哈穆德在巴达赫

---

[1]〔伊朗〕志费尼：《世界征服者史》（上），何高济译，第32页。

尚和库拉伯建立了独立统治。[1]16世纪，乌兹别克人在今塔吉克斯坦建立了政权。

第四节 乌兹别克人的地方政权

1500年，成吉思汗后裔昔班尼率乌兹别克人南下，在河中地区建立了布哈拉汗国。1503年，昔班尼攻入吉萨尔（在今塔吉克斯坦境内），塔吉克斯坦北部地区接受了布哈拉汗国的统治。1510年，昔班尼在波斯战死，帖木儿王子巴布尔的军队与波斯军队共同占领了吉萨尔。在波斯军队撤离以后，帖木儿军队无力坚守，放弃吉萨尔返回印度。奥贝都剌任布哈拉汗时期，收复了阿姆河上游地区，布哈拉汗国在此实施统治两百年。在此期间，塔吉克斯坦实际分为南、北两部分；北部地区以后建立了独立于布哈拉汗国的政权——浩罕汗国，南部基本上由地区政权实施独立统治。

塔吉克斯坦北部地区，即忽毡、乌拉秋别、片治肯特和乌尔古特，以及泽拉夫善上游的一些山区，于16世纪初被纳入布哈拉汗国。布哈拉汗国在此统治了一百多年，在此期间，乌兹别克人陆续迁移到费尔干纳盆地。这些地区在17世纪末之前一直保持着对布哈拉汗国的臣属地位。17世纪末，由于中央集权的衰落，费尔干纳地区统治者名义上效忠布哈拉汗国，实际上统治权被宗教界的大和卓家族瓜分，这些家族利用宗教势力占据大地产，积累财富，势力很大。1709年，乌兹别克明格部首领、昔班家族后裔沙鲁赫在察拉克城推翻了宗教上层的统治，在纳曼干、马尔吉兰、坎德·巴达

---

[1] M. Th. Houtsma et al., eds., *The Encuclopedia of Islam: A Dictionary of the Geography, Ethnography and Biography of the Muhammadan Peoples*, E. J. Brill, 1913-1938, "Badakhshān", pp. 552-554.

姆、伊斯法拉等城建立统治，他所创建的王朝被称为明格王朝。

明格王朝在沙鲁赫之子阿卜都尔热依姆统治时期（1721—1733）开始向外扩张，先后征服了忽毡、吉扎克、卡塔库尔干、安集延。以后，他把忽毡城作为封地分给他的弟弟阿卜都尔噶里木，在身患重病之时，他来到忽毡养病，在此被自己的亲信杀害。阿卜都尔噶里木在忽毡城登上王位（1733—1750年在位）。后来，阿卜都尔噶里木将都城迁往费尔干纳盆地西部、索赫河下游河畔的浩罕城，故后世学者将明格王朝称为浩罕汗国（1709—1876）。[1]

浩罕汗国承认布哈拉汗国的宗主权。在额尔德尼统治时期（1751—1769），准噶尔人进攻浩罕汗国，一度夺取了奥什、马尔吉兰、安集延，甚至逼近浩罕城。1757年，中国清王朝灭亡了准噶尔汗国，1758年，浩罕汗国承认了清王朝的宗主权。爱里木伯克（1799—1810年在位）以强硬手段镇压割据势力，反对者或被杀，或被驱逐，在较短的时间内统一了费尔干纳盆地；1805年，爱里木伯克称汗。

布哈拉汗国一直想把费尔干纳重新统一在汗国内，一有机会就在双方边境地区发动战争。为争夺乌拉秋别城，爱里木与布哈拉汗国进行了大小战争15次。在爱里木统治后期，浩罕汗国的领地西北抵达锡尔河下游，东北到了伊塞克湖，南部抵达帕米尔高原。其

---

[1] 在沙鲁赫及其子阿卜都尔热依姆统治时期，王朝首府是马尔格朗城（今马吉兰），史料记载明格王朝的第三位统治者阿卜都尔噶里木曾筑新城浩罕，并将统治中心从他的封地忽毡迁到浩罕城。浩罕汗国统治者世系：沙鲁赫（1709—1721）、阿卜都尔热依姆（1721—1733）、阿卜都尔噶里木（1733—1750）、巴巴伯克（1750—1751）、额尔德尼（1751—1769）、绥拉满伯克（3个月）、那尔巴图（1769—1799）、爱里木（1799—1810）、爱玛尔（1811—1822）、玛达里（1822—1841）、速檀·马木特（1841—1842）、希尔·阿里（1842—1845）、木拉特（1845）、胡达雅尔（第一期：1845—1858）、迈里（1858—1862）、沙木拉特（1862—1864）、阿林沽（1864—1865）、胡达雅尔（第二期：1865—1875）、纳斯鲁丁（1875—1876）。

中，东北方的巴尔喀什湖及伊塞克湖的部分地区属中国清朝的统治范围。

爱里木之弟爱玛尔统治时期（1811—1822）是浩罕汗国的强盛时期。在乌兹别克明格部贵族和以和卓家族等为代表的宗教上层人物的支持下，爱玛尔构建了一套从中央到地方较完备的统治机构，当时汗的国库供养着4万人，这些人大多是官员和军人，大封建主和宗教上层人物在国家政权中掌握着重要职务。[1] 爱玛尔汗继续着前统治者的对外政策，与布哈拉汗争夺对乌拉秋别和吉扎克城的统治权；继续承认清朝的宗主国地位。1821—1830年期间，浩罕汗国的疆域东及东北部在鄂什（奥什）、克特缅退帕附近与清朝新疆接壤，西南在乌拉退帕附近与布哈拉对峙，西北最远抵锡尔河下游阿克-美切克附近与哈萨克对峙，南面不过阿赖山，成为当时中亚强大的汗国之一。[2]

在爱玛尔之子玛达里（又译为迈买底里）统治时期（1822—1841），浩罕汗国脱离了与清朝的藩属关系，在1822—1876年的半个多世纪中政权独立。19世纪40年代，浩罕汗国的势力发展到塔吉克斯坦南部地区，使舒格南、鲁善和达尔瓦兹臣属；不过浩罕汗国在占领区的地位是不稳固的。

在胡达雅尔汗统治期间，1873—1874年，浩罕汗国爆发了人民起义。1874年，逃亡到突厥斯坦的浩罕人向俄国提出政治避难。浩罕汗国的混乱形势给俄国提供了兼并的机会，1876年，俄国出兵征服浩罕汗国，其领土被纳入沙俄版图。

当费尔干纳盆地被纳入布哈拉汗国的统治之时，16世纪初，塔

---

[1]〔苏联〕帕·彼·伊凡诺夫：《中亚史纲》，《中亚史丛刊》1983年第1期，第102页。

[2] 潘志平：《浩罕国与西域政治》，新疆人民出版社，2006年，第48页。

吉克斯坦南部地区由巴达赫尚、达尔瓦兹、舒格南的地区王朝统治。当时，巴达赫尚国处于帖木儿系王公米尔咱汗的统治之下。米尔咱汗对外投靠了喀布尔统治者巴布尔，对内获取地区首领祖拜尔·阿格希的支持。1506年，布哈拉汗国军队进入巴达赫尚，遭到穆扎法里部首领穆巴拉克·沙赫的顽强抵抗，未能在此立足。1519年，叶尔羌汗萨亦德入侵巴达赫尚，与米尔咱汗争夺瓦罕走廊。1520年，米尔咱汗去世，巴布尔之子胡马雍和兴达尔夺取巴达赫尚，在此建立统治（1520—1529）。后来，巴达赫尚国的统治权又回到米尔咱家族手中，米尔咱汗之子素莱曼掌握了政权（1529—1575年在位）。在他统治之初（1529—1530），叶尔羌汗萨亦德再次对巴达赫尚发起攻击，但始终未能成功。

1575年，素莱曼的孙子沙赫鲁克驱逐祖父，夺取了巴达赫尚国的统治权（1575—1584年在位）。1584年，布哈拉汗国军队把沙赫鲁克赶出巴达赫尚，巴达赫尚被纳入布哈拉汗国版图。当时，印度莫卧儿皇帝阿克巴接受了以兴都库什山作为印度和布哈拉汗国边界的事实，承认了巴达赫尚归属于布哈拉汗国。此后，虽然莫卧儿皇帝沙贾汉曾于1646年率军越过兴都库什山占领了巴达赫尚和巴里黑，但始终未能在此立足，巴达赫尚一直是布哈拉汗国的属地。

在布哈拉汗苏布罕·库里统治（1680—1702）之初，乌兹别克首领巴雅特在吉萨尔山区发动了历时达7年之久的叛乱，巴里黑的统治者马哈穆德比曾8次出兵镇压，将叛乱平息下去。此后，巴达赫尚由布哈拉地方官员马哈穆德比统治。1687年，马哈穆德比派米尔·牙尔·伯克去管理巴达赫尚，不久米尔·牙尔表现出独立倾向，截取了来自巴达赫尚宝石矿的税款。1691年至1692年，马哈穆德比出兵讨伐，米尔·牙尔被迫补缴了两年税款，马哈穆德比让他继续统治巴达赫尚。据白哈鲁丁·库什哈基提供的资料，此后巴达赫尚一直在米尔·牙尔家族的统治之下，统治者依次是：素莱曼·伯克、米尔咱·卡兰一世、米尔·伯哈努丁、米尔咱·卡兰二世、米尔·阿赫马德、米尔咱·卡兰三世和沙赫·匝曼。[1]在沙赫·匝曼统治末期，卡塔加人一度推翻了米尔·牙尔家族的统治。一年以后，卡塔加人遭遇巴达赫尚居民的强烈反抗，与米尔·牙尔家族讲和，米尔·牙尔家族重新掌握了巴达赫尚的政权。

巴达赫尚经济呈现出多样性。由于低降雨量，该地区只能实施灌溉农业，农作物依靠由融雪补充水源的河流灌溉；畜牧业以马、骆驼和羊为重要牧种；手工业以铸铁技术著称，该地生产的铁器出口到河中地区。巴达赫尚蕴藏着丰富的天青石矿，据阿拉伯作家伊斯塔赫里报道："巴达赫尚地区很早就以产红宝石和天青石著名，在喀喇汗王朝开矿相当普遍，甚至在帕米尔的深山中也有矿坑。"巴达赫尚的天青石远销西亚。此外，舒格南山区出产的红宝石也经巴达赫尚出口到其他国家，此项贸易为巴达赫尚带来一定利润。

地处达尔瓦兹山与阿姆河之间的达尔瓦兹交通困难，与世隔绝，地区王朝一直保持着独立。据说，布哈拉汗国于1584年南征巴达赫尚之时，达尔瓦兹曾表示对布哈拉汗国的归顺。对此，俄国学者巴托尔德提出了不同的意见，他认为难以抵达的达尔瓦兹和卡拉捷金地区仍然独立于布哈拉汗国的统治。[2]巴托尔德认为，达尔瓦兹的主要城镇卡莱·忽姆布的忽塔兰堡在回历1047年（1637/1638）才臣服于乌兹别克人。是年，达尔瓦兹统治者沙赫·加里布被杀，其首级被送往布哈拉城；他的弟弟沙赫·奇尔吉

1　Chabryar Adle, Irfan Habib, eds., *History of Civilizations of Central Asia*, Vol. 5, UNESCO Publishing, 2003, p. 232.

2　〔俄〕巴托尔德：《七河史》第2卷，第1部分，1927年，第251页，转引自〔法〕恰赫里亚尔·阿德尔主编：《中亚文明史》第6卷，吴强、许勤华译，中国对外翻译出版公司，2013年，第83页。

兹成为达尔瓦兹统治者。

沙赫·奇尔吉兹是达尔瓦兹最杰出的统治者。沙赫·奇尔吉兹自幼生活在乌兹别克人统治的巴里黑宫中,他的统治可能是乌兹别克人任命的。达尔瓦兹正是在他统治时期(1637—?)才显现了重要性。统治之初,卡拉捷金、瓦赫什和瓦罕的统治者都臣属于他,舒格南和罗善的塔吉克族政权也臣属于他。有人认为达尔瓦兹新都卡莱·忽姆布是他修建。他的侄儿马哈穆德·沙赫以后继承了他的王位。马哈穆德·沙赫依靠浩罕汗国的支持维系着统治,每年给浩罕汗进贡。在他统治期间,巴达赫尚、瓦罕和舒格南从达尔瓦兹分离出去,分别由自称沙赫的地区统治者统治。

19世纪初期,达尔瓦兹仍然被认为是一个相对强大的国家。19世纪20年代至30年代,达尔瓦兹统治者统一了卡拉捷金。据利特威诺夫记,巴达赫尚统治者穆拉德·伯克在19世纪30年代征服达尔瓦兹的企图没有实现,反而引起了达尔瓦兹的多次攻击。[1]与邻国的弱小军队相比,可以说,达尔瓦兹维持着一支相当规模的军队。[2]1839年,浩罕汗国入侵达尔瓦兹,达尔瓦兹承认了浩罕汗国的宗主权。不过,达尔瓦兹很快恢复了独立。据记载,在伊斯玛仪沙统治期间(1845—1863),卡拉捷金和舒格南成为达尔瓦兹的保护国,库拉伯和吉萨尔两地区统治者在短时间内也向达尔瓦兹进贡。[3]在达尔瓦兹最后一位统治者沙赫·斯拉居丁统治时期,这些地区的大部分被布哈拉汗国占领,他只统治着卡莱·忽姆布、万什、雅兹忽兰和喷赤河左岸的一些地区。

1 Chabryar Adle, Irfan Habib, eds., *History of Civilizations of Central Asia*, Vol. 5, p. 229.
2 Ibid.
3 Ibid.

巴达赫尚国东面有舒格南和罗善两个小山国，其领土从喷赤河向东伸展到帕米尔河。罗善和舒格南本地的统治者自称是亚历山大大帝的后裔。在《新唐书》中，舒格南被记为识匿、尸弃尼或瑟匿。据该书记，舒格南"东南直京师九千里，东五百里距葱岭守捉所，南三百里属护蜜（瓦汉），西北五百里抵俱蜜（卡拉捷金）。初治苦汗城，后散居山谷。有大谷五，酋长自为治，谓之五识匿。地二千里，无五谷。人喜攻剽，劫商贾"。《新唐书》还记载了646年舒格南遣使入朝之事，及724年以禁卫军军官官衔赐封该地国君之事。

根据有关帕米尔的传说，1581年，四兄弟从伊斯法罕经巴达赫尚来到了舒格南，其中一位名叫赛义德·沙赫·哈姆希的人在舒格南传播伊斯玛仪派教义，并在此结婚生子。以后，他的儿子沙赫·库达建立了地区王朝，都城在喷赤河左岸的潘加堡[1]，该王朝的统治持续了三百多年（1581—1883）。在此期间，除了短时期的分裂外，舒格南、罗善、瓦罕和伊什卡什姆的版图连成了一片。[2]强制性的统一仅仅维持了很短的时间就分崩离析了，舒格南、罗善、瓦罕和伊什卡什姆的统治者是血缘亲属，然而，他们之间仍然经常发生领土纠纷和战争。17世纪末，舒格南或者向巴达赫尚，或者向达尔瓦兹进贡。

18世纪中叶以后，帕米尔山区的塔吉克人接受了中国清朝、俄国和英国的统治。1759年，中国清朝军队翻越帕米尔来到舒格南，舒格南及罗善从清朝那里接受了一笔同付给锡里科尔、坎巨提和瓦

---

1 潘加堡位于喷赤河（阿姆河上游）左岸，在舒格南和瓦罕之间，大约在东经72°35′，北纬37°。
2 罗善位于塔吉克斯坦与阿富汗的边界上，在巴塘（Bartang）河与阿姆河汇合处。瓦罕河谷位于阿富汗的东北端，它是中国与阿富汗的边界地段，兴都库什山与帕米尔山在其北部相接。伊什卡什姆位于阿姆河朝北拐之处，在塔吉克斯坦与阿富汗的边界上。

罕的等量的年金，作为保卫国境和保护贸易通道的酬劳。[1]18世纪下半叶，塔吉克人分成了两个人数大致相等的阿富汗部分和中亚部分。从此，他们走上了不同的历史道路：阿富汗的塔吉克人臣服于阿富汗普什图埃米尔，成为阿富汗民族的组成部分；中亚塔吉克人则分属于布哈拉埃米尔国和浩罕汗国。

---

1 T. E. Gordon, *The Roof of the World: Being the Narrative of a Journey over the High Plateau of Tibet to the Russian Frontier and the Oxus Sources on Pamir*, pp. 139-140.

第三章
塔吉克族的形成

塔吉克斯坦是一个多民族国家，目前有86个民族，塔吉克族是塔吉克斯坦的主体民族。目前研究认为，塔吉克人的先祖是欧罗巴人种中说印欧语的一支，即说东伊朗语族的雅利安人。现代塔吉克族的形成经历了漫长的过程。公元7世纪，塔吉克人部落之间出现了融合倾向。9世纪中叶，塔吉克人以泽拉夫善河流域为中心建立了一个幅员辽阔、国力强盛的政权——萨曼王朝，正是在萨曼王朝的统治下，塔吉克人加速了部族之间的融合，一个文化、宗教的共同体逐渐形成。11世纪至13世纪，突厥人和蒙古人陆续涌入塔吉克人聚居地区，促使塔吉克人的分化：一部分塔吉克人与突厥人融合，丧失了古代塔吉克人的一些特征；另一部分塔吉克人离开突厥人占领区，迁往边远的山区，保持了古代塔吉克人的特征。

第一节 族名与族源

"塔吉克"一名是本族人的自称。据相关资料，"塔吉克"这一族名意为"石"，很可能是由一个以石为图腾的部落名演变而来的；又有一说认为，"塔吉克"古称"大食"，而史载大食人是崇拜石的民族。最早记载塔吉克人的是汉代典籍《史记》。《史记》将塔吉音译为"大益"、"大食"，据记载，"大益"是塔吉克人建立的国家，是"宛西小国",其中的"宛"指大宛国。而另有学者认为,塔吉克(Tajik)是大食(古波斯语 tazi 或 taziks)的音译,唐代典籍把阿拉伯称作"大食";中世纪后期,Tajik 在汉籍中被译为"塔吉克",专指塔吉克族。

生活在帕米尔高原和兴都库什山麓的塔吉克人对"塔吉克"一名有自己的解释。他们认为"塔吉克"一名出自"塔吉"一词,意为"王冠"。据波斯诗人菲尔多西记,英雄鲁斯塔姆以其雄狮般的气概战胜了所有残暴、黑暗和卑劣的势力,使人民获得了幸福;此后的几任国王头戴王冠,统治着从西方到东方的大片土地,他们的臣民也仿照王冠,制出种种色彩绚丽的"塔吉"(冠)戴在头上,表示自己是公正国王统治下的幸福臣民。从此,远近各国都将他们称作塔吉克拉(塔吉克人)。[1]

塔吉克人的祖先是印欧种人中的雅利安人。考古发现,在公元前 2000 年至公元前 1500 年,在乌拉尔山脉南部草原上放牧的一些部落开始向东、西、南三个方向迁移,这一迁徙运动持续了几百年。向东迁移的一支来到中国西北部新疆和甘肃一带,史书将他们记为塞种或塞克人;向西迁移的一支在波斯史书上被记为米底人,以及后来的波斯人;向南迁移的一支在公元前 14 世纪左右经伊朗高原进入南亚次大陆,印度古文献将他们记为雅利安人。可以说,塞种和雅利安人是同源的,他们都属于欧罗巴人种,近代语言学的研究将他们的语言归属于印欧语系中的东伊朗语(俗称波斯语)。

公元前 10 世纪至公元前 8 世纪,这些说东伊朗语的部落已经遍布阿姆河流域,甚至抵达阿姆河发源地帕米尔高原南缘,也就是说,他们已经来到了今塔吉克斯坦境内。他们以不同的名称被记录

---

[1] 田雪原主编:《中国民族人口》第 4 集,中国人口出版社,2006 年,第 303 页。

下来：地处咸海沿岸的部落被称为花剌子模人；地处阿姆河与锡尔河之间平原的部落被称为粟特人；地处阿姆河上游，即帕米尔高原南缘山区的部落被称为巴克特里亚人。可以说，巴克特里亚人是生活在今塔吉克斯坦境内的最早居民，是塔吉克人的先民。[1]适应了帕米尔高原山脉和谷地环境的塔吉克先民在高山牧场上牧养绵羊、山羊、牦牛、黄牛、马、驴、骆驼，在低谷中种植青稞、小麦、玉米、豌豆。

在公元前8世纪至公元6世纪的一千多年中，散居在阿姆河中上游、帕米尔高原和兴都库什山的塔吉克先民在阿姆河中上游和帕米尔南缘建立过政权，正是在这些政权的统治下，塔吉克先民广泛地与统治地区内的其他东伊朗语部落融合。

公元前8世纪至公元前7世纪，巴克特里亚人将阿姆河中上游、帕米尔高原南缘以及瓦罕地区，统一在一个政权之下；琐罗亚斯德教经典《阿维斯陀》中提到，当时的巴克特里亚有英武的领袖，统率着众多的军队，管治其地。这些记载表明，在巴克特里亚古国的统治下，帕米尔高原南缘的塔吉克先民已经与巴克特里亚绿洲的巴克特里亚人形成了一个较为稳定的共同体。公元前6世纪至公元前4世纪，塔吉克先民接受了波斯人的统治，这些统治者也是印欧种人，他们的统治没有改变塔吉克先民的人种属性，波斯人与巴克特里亚人之间文化上的差异，也随着时间的推移及相互交换种种文化特征而变小。[2]公元前4世纪至公元前3世纪，希腊人在巴克特里亚建立了统治，许多希腊人、马其顿人移居巴克特里亚，当地居民中

---

1 《新大不列颠百科全书》(Robert McHenry ed.-in-chief, *The New Encyclopedia Britannica*, 15th ed., Encyclopedia Britannica Educational Corp., 1997)，32卷本，第1卷，第779页：塔吉克斯坦的最早居民巴克特里亚人是古代欧罗巴人的一支，所操语言属印欧语系印度-伊朗语族东伊朗语（即波斯语）。

2 〔美〕W. M. 麦高文：《中亚古国史》，章巽中译，中华书局，2004年，第75页。

增加了新的因素。[1] 尽管如此，希腊人也属印欧种的一支，他们也未能改变巴克特里亚人的种族属性。

公元前2世纪，在伊犁河和楚河流域放牧的塞克人被大月氏击败，开始南迁东移；其中，南下帕米尔高原的塞克人很快与当地的塔吉克人融合，共同建立了许多小国家。来到帕米尔高原北缘阿赖山谷的塞克人与当地居民一起建立了大宛国，据《史记·大宛列传》记："自大宛以西至安息，国虽颇异言，然大同俗，相知言。其人皆深眼，多须髯。"来到帕米尔高原西北部的塞克人与当地居民一起建立了休循、捐毒国，据《汉书》记："休循国，王治乌飞谷，在葱岭西……本故塞种也"，"捐毒国，王治衍敦谷……本塞种也"。可以说，塞克人是塔吉克族的主要族源之一。

此后，贵霜帝国和嚈哒汗国先后统治了今塔吉克斯坦所属地区。从史书的记载来看，建立贵霜帝国的大月氏人和建立嚈哒汗国的嚈哒人也属欧罗巴人种，他们的统治没有引起塔吉克人种属性和语言的变化。在嚈哒汗国统治后期，塔吉克人在帕米尔高原上建立了自己的政权，这些政权被称为昭武九姓国。7世纪上半叶，在包括帕米尔高原南缘在内的吐火罗斯坦（原巴克特里亚）建立了20多个小国；其中，在瓦赫什河和阿姆河之间有胡塔梁和数瞒国，胡塔梁多良马、赤豹，有四大盐山，山出乌盐。

公元前8世纪至公元6世纪的一千多年中，在今塔吉克斯坦确立统治的外族人（波斯人、希腊人、大月氏人、嚈哒人）都属于欧罗巴人种，他们的统治没有改变塔吉克人的种族和文化。公元6世纪，蒙古利亚人种的突厥人在昭武九姓国中确立了统治，突厥文化开始进入塔吉克人的生活区域。不过，这一时期来到塔吉克人生活

---

1 王治来：《中亚史纲》，湖南教育出版社，1986年，第61页。

地区的突厥人并不多，因此，没有对塔吉克人的人种和文化产生明显的影响。

公元7世纪，阿拉伯人进入中亚。阿拉伯人在中亚的统治最显著的特征是改变了当地居民的宗教信仰。7世纪至8世纪间，塔吉克人开始接受阿拉伯人的伊斯兰教；9世纪中叶，伊斯兰教在中亚主要城市中确立了主导地位。然而，直到10世纪，伊斯兰教在阿姆河上游的瓦罕、舒格南等地区还未取得全面胜利。作为一种宗教信仰、意识形态和文化体系，伊斯兰教的确立对以后塔吉克斯坦的政治、经济、文化和社会生活产生了重要影响。

9世纪初叶，阿拉伯人在中亚的统治名存实亡，塔吉克人在阿拔斯帝国的名义下建立了自己的王朝。在塔吉克人的聚居区，先后建立了塔希尔王朝、萨法尔王朝和萨曼王朝。塔吉克人统治王朝的建立，特别是萨曼王朝的统治加速了塔吉克民族共同体的形成，粟特人、花剌子模人融入塔吉克人中。到公元10世纪，塔吉克族基本形成。

10世纪末（999年），萨曼王朝被喀喇汗王朝推翻，喀喇汗王朝在塔吉克人生活的广大地区建立了统治。喀喇汗王朝是蒙古利亚人种突厥人建立的王朝，他们最初统治着今吉尔吉斯斯坦北部地区。推翻萨曼王朝以后，突厥人大批涌入了塔吉克人聚居的河中地区、花剌子模绿洲、费尔干纳盆地和吐火罗斯坦。13世纪蒙古人征服中亚，塔吉克人再次处于异族的统治之下。与突厥人一样，蒙古人也属于蒙古利亚人种。在此后的若干世纪中，来到河中地区、花剌子模绿洲、费尔干纳盆地和吐火罗斯坦的突厥游牧民慢慢向定居的农耕过渡，与定居的塔吉克人杂居；12世纪，在塔吉克人聚居的城市中出现了突厥人的街坊区，不愿意与突厥人杂居的塔吉克人陆续退往帕米尔高原山区。16世纪初，乌兹别克人南下，先后建立了布哈拉汗国和浩罕汗国。随着乌兹别克人扩张，塔吉克人继续向乌兹别克人统治薄弱的山区迁移，在费尔干纳地区从事农业生产的部分塔吉克人迁到南部山区。

退往帕米尔和兴都库什山的塔吉克人被后来的史家称为"高山塔吉克人"，他们一直保持着欧罗巴人种的属性，在他们的族源中没有突厥因素。如今外阿赖山以南、喷赤河以东、萨雷阔勒岭以西的高地是高山塔吉克人的聚居区，此地区的塔吉克人又被称为帕米尔人，他们以畜牧业为主，兼营农业，过着半游牧半定居的生活。目前的研究证实，高山塔吉克人与亚美尼亚、格鲁吉亚、希腊等民族的外貌接近，具有金发碧眼的印欧种人外貌特征。帕米尔人的特征是：皮肤洁白，头发多而黄，略卷曲，面部多须，鼻子狭窄高起，有直的、有弯的，体格较常人略高。[1]

不愿放弃已有定居生活方式的塔吉克人继续留在撒马尔罕、布哈拉、赫拉特和费尔干纳盆地等农业区域，从事农业生产。他们受突厥人、蒙古人、突厥化蒙古人、乌兹别克人的影响，越来越多的人能使用本民族语和突厥语两种语言；与此同时，他们的种属也发生了变化；这一过程被称为突厥化。在突厥化的过程中，一部分塔吉克人放弃了伊朗语，改操突厥语，并渐渐融入乌兹别克人之中，失去了塔吉克人的特征；而另一些人虽然吸收了突厥人的某些因素，但仍然保持着东伊朗语，这部分塔吉克人以后被称为"平原塔吉克人"。有学者认为，平原塔吉克人与乌兹别克人之间，除塔吉克人操法尔西语、乌兹别克人操突厥语以外，在文化上没有彼此分化的迹象。目前的研究证实，平原塔吉克人是印欧种人与突厥人混血形成的，他们的外貌特征接近欧化程度较高的突厥人，与阿塞拜

---

[1] 转引自甘肃师范大学历史系编：《帕米尔资料汇编》，第6—7页。

疆族的外貌非常相似：黑发黑眼睛。可以说，平原塔吉克人的族源中包括了蒙古利亚人种因素。

塔吉克人区分为平原塔吉克人和高山塔吉克人是一个自然的过程，这一过程始于 11 世纪，到乌兹别克人统治时期基本完成。19 世纪下半叶，沙俄军队征服中亚之时，塔吉克人的分化迹象明显。如今平原塔吉克人分布在布哈拉、撒马尔罕、苦盏以及阿富汗、伊朗境内；高山塔吉克人大部分居住在帕米尔高原南缘，以及中国新疆西部地区。

第二节 塔吉克族形成的决定因素

塔吉克族是在萨曼王朝统治下，与粟特人、花剌子模人融合形成的。阿拉伯人来到之前，花剌子模人仍占据着阿姆河下游绿洲，粟特人分布在泽拉夫善河谷和苏对沙那，吐火罗人在阿姆河上游及其支流一带建立了政权，大宛人仍占据着费尔干纳（拔汗那）盆地，而在帕米尔高原及其山区活动的是塞克人。

阿拉伯人来到之时，正是花剌子模绿洲和河中地区封建关系发展之时，从塔吉克人诸部落汇合开始，地域、语言和文化方面的共同性逐渐增加，具备了形成统一民族的一切前提。[1] 公元 7 世纪至 8 世纪，随着封建因素的增长，部落以片区的形式集中起来。考古发现，在阿弗里基德王朝（8 世纪上半叶建立）时期的花剌子模绿洲，德赫干们筑成了大大小小的寨堡，寨堡由庄园（科赫）、庄园围墙和围墙内的塔楼（基奥什克）组成。大寨堡一般坐落在控制水源的灌溉渠源头，以维系村社农民对他们的依附关系，因此依附于

---

1 〔苏联〕Б. Г. 加富罗夫：《中亚塔吉克史》，肖之兴译，第 176—177 页。

德赫干的农民在不断增加。[1]与花剌子模绿洲相似,在撒马尔罕,村社内部的财产分化加速,越来越多的村社农民成为德赫干的半依附农民;在布哈拉,最大的土地贵族是布哈拉城统治家族布哈尔·护达,该家族与其他土地贵族一起占有着大地产和水源。大寨堡的修建和土地的集中加速了塔吉克部落之间的合并和重组。而在今塔吉克斯坦境内,村社制度在封建初期仍然保留下来,农民和手工业者还享有某种程度的自由,这一点从苏对沙那古城的考古资料中反映出来。据史书记载,苏对沙那国王(称阿夫申)依靠小德赫干的支持,特别是依靠爱好自由的村社农民的同情与积极斗争,直到8世纪末,阿拉伯人未能进入自己的领土。[2]

阿拉伯人的入侵及其强迫同化的统治政策加速了塔吉克人部落的聚合。在共同抵抗阿拉伯入侵的过程中,人民群众的积极斗争和反对外国压迫的不断起义,赋予塔吉克族的集聚过程以特殊力量。[3]在反抗阿拉伯人统治的过程中,塔吉克人先后建立了塔希尔、萨法尔、萨曼三个本族人的王朝,由于三个王朝都是说波斯语,它们被称为波斯王朝。这些政权的建立,促进了塔吉克族形成过程的完成。中央集权程度较高的萨曼王朝对塔吉克族的形成起到了关键作用。

为了增强实力,萨曼王朝采取了多方面的措施。首先,打击锡尔河北岸的游牧民,使河中地区和费尔干纳盆地免遭游牧民的骚扰。893年春,萨曼王伊斯迈伊尔在所谓"圣战"的名义下,向锡尔河以北草原的突厥人开战,经白水城来到葛逻禄人的大本营怛逻斯城。萨曼军队攻占怛逻斯城以后,俘虏了包括葛逻禄王及王后

---

1 〔苏联〕Б.Г.加富罗夫:《中亚塔吉克史》,肖之兴译,第118页。
2 同上书,第140页。
3 同上书,第177页。

（可敦）在内的一万五千名葛逻禄人，杀死一万人。[1] 此后，萨曼王朝在白水城至怛逻斯城之间的地区建堡设寨，以保证塔吉克人的生命安全和经济繁荣。

其次，萨曼王朝选拔任命一批有能力的政府官员，派往地区进行管辖。在打败游牧民的当年，伊斯迈伊尔废黜了苏对沙那的地区统治王朝，将它纳入萨曼王朝的统治，并开始在苏对沙那铸造钱币。

宗教的一致性是塔吉克族形成的基础之一。在漫长的历史发展过程中，塔吉克族曾信仰过多种宗教。塔吉克族的先民最初的信仰属于鹰、奶、盐等自然崇拜；大约在公元前6世纪至前5世纪，塔吉克人开始信仰袄教（即琐罗亚斯德教）；公元2世纪至3世纪，他们信仰了佛教。7世纪下半叶，阿拉伯人统治时期，伊斯兰教开始进入苏对沙那地区；到9世纪上半叶，伊斯兰教深入到保持琐罗亚斯德教时间最久的地区苏对沙那。9世纪40年代，苏对沙那统治者阿弗申海达尔接受伊斯兰教，成为哈里发穆塔西姆手下最有名的军事长官之一。840年，阿拉伯人对海达尔提出公诉，说他接受伊斯兰教是为了掩盖自己的阴谋，实际上他在苏对沙那为恢复独立的古老宗教进行准备。[2] 海达尔遭到了审讯，此事轰动一时。萨曼王朝时期，塔吉克人接受了伊斯兰教。在塔吉克斯坦山区，即奥布尔顿和库鲁特的村落中，发现属于萨曼王朝时期的木塔，木塔外面的装饰是模拟植物形象的雕刻图案。

塔吉克族大多数人属伊斯兰教逊尼派中的哈乃斐教学法派；而高山地区的塔吉克人信奉伊斯玛仪教派。尽管教派不同，但伊斯兰

1　W. Barthold, *Turkestan Down to the Mongol Invasion*, p. 224, note 1.
2　〔苏联〕Б. Г. 加富罗夫：《中亚塔吉克史》，肖之兴译，第156页。

教在塔吉克族形成过程中起到关键作用。伊斯兰教对塔吉克人的思想道德、社会经济、日常生活都有着深刻的影响。

萨曼王朝的建立使波斯文化在塔吉克人中发扬光大。这一点首先从语言和文字上反映出来。

随着伊斯兰教的传播，阿拉伯语在河中地区流行起来。阿拉伯国家规定阿拉伯语为官方和各地通用的语言，粟特语被阿拉伯语取代。在阿姆河上游及其以南地区，即今塔吉克斯坦的大部和阿富汗北部，8世纪的穆格山城堡遗物反映出居民说的是东伊朗语的贵霜-巴克特里亚语，该语言用希腊字母书写。萨曼王朝时期，吐火罗斯坦与呼罗珊交界地区的一种方言吸收了其他东伊朗语（俗称波斯语）方言的某些成分，形成了达里语（又名达里帕尔西语）；达里语是一种简式的波斯语，没有受到阿拉伯语词汇的影响，在书写方面，摒弃了书写困难的中古波斯巴列维文书。达里语已在古波斯文化继承者的塔吉克人中普遍使用，不仅成为萨曼王朝的官方语言，而且成为塔吉克人的全民语言。[1] 语言的统一是塔吉克族形成的标志之一。

萨曼王朝鼓励用达里语从事文学创作和写作学术著作。9世纪以前，塔吉克人口头流传着各种文学作品，在很长一段时间里，塔吉克人并没有"塔吉克"的意识，在他们的经典作品和语言中，独立的塔吉克语是不存在的。他们将自己的语言和文化与波斯（当时的呼罗珊地区）联系起来，他们的文学作品被作为波斯文学范畴。萨曼王朝统治期间，布哈拉设立了学术中心，吸引并资助学者到那里研究讲学，培养学生。萨曼王朝宫廷专门供养一批诗人，重赏能够写出好的诗作的诗人。随着达里语发展成为书面文学语言，塔吉

---

1 〔苏联〕Б. Г. 加富罗夫：《中亚塔吉克史》，肖之兴译，第176页。

克人用达里语创作出一大批丰富的文学作品，可以说，塔吉克文学是在萨曼王朝时期产生和定型的。[1] 从9世纪起，达里语在中亚、印度北部以及地中海东岸得到推广，产生了一大批著作，它们在东方文学史上占有重要地位。10世纪，塔吉克最伟大的学者伊本·西拿用达里语写下了豪放的四行诗。在一则关于伪君子神学者的诗中，他写道："愿你成为驴，和驴在一起，但是不要暴露自己的真面貌！／你若问蠢驴是怎样的人物，他却说'我伟大！'／然而，他如果连驴耳朵也没有的话，／那么，就驴性来说，他就是不折不扣的异教徒！"[2]

在中亚五个主体民族中，塔吉克族的形成时间最早。可以说，11世纪以后的塔吉克人已经具备了与其他民族不同的民族特征。15世纪末至16世纪初期，巴布尔在谈到费尔干纳地区居民时，只提到两个集团，即居住在安集延及其附近的突厥人和居住在马尔吉兰的塔吉克人。尽管如此，直到19世纪塔吉克人的民族观念都没有形成，当时，他们仍以"萨尔特人"（指生活在城市里的乌兹别克人和塔吉克人）自称。

塔吉克人的民族认同很晚才形成，其原因主要有二：一是主要受塔吉克斯坦多山的自然环境的影响。泽拉夫善山脉将塔吉克斯坦分为南北两部，生活在帕米尔高原的塔吉克人与北方的联系受到了山高路险的阻隔，而居住北方的塔吉克人更多地与泽拉夫善河流域相联系；于是，南北塔吉克人经济联系的困难影响了塔吉克族融为一个整体的发展进程。二是萨曼王朝之后在今塔吉克斯坦境内没有统一政权，政治的分散性使塔吉克人没有国家认同，难以形成一个

---

1 〔苏联〕Б. Г. 加富罗夫:《中亚塔吉克史》，肖之兴译，第184页。
2 同上书，第194—195页。

整体的民族认同。他们往往以地区识别族属，将非本族人看作"其他地方的人"，就是居住在今塔吉克斯坦境内的人也以地域区分为北方人、卡拉捷金人、库利亚布人、吉萨尔人、帕米尔人。甚至到今天，讲东伊朗语帕米尔方言的、信奉伊斯兰教伊斯玛仪教派的帕米尔人还认为自己不是塔吉克族。应该指出，10世纪以习俗、方言和传统塑造的是塔吉克人的部族认同，而非民族认同，他们不是作为一个民族而只是作为一个族群而存在。

16世纪至18世纪，由于乌兹别克等游牧民族在塔吉克领土上争斗不休，因此一定程度上阻碍了处于依附地位的中亚塔吉克民族的聚合过程。[1] 现代塔吉克族最终形成的时间是在20世纪初获得民族自治之时，民族自治促使塔吉克人的民族观念最终形成。

---

[1] 许涛：《中国周边民族国家概况》专题之三《塔吉克斯坦民族宗教概况》，《国际资料信息》2002年第9期。

第四章
塔吉克斯坦近现代史

18世纪末,今塔吉克斯坦的大部分地区分属于浩罕汗国和中国清王朝,南塔吉克斯坦的一些地区由本地政权控制。19世纪初期,浩罕汗国开始扩张,向北抵达伊犁河流域;19世纪下半叶,封建领主伯克各自为政,浩罕汗国被瓜分,出现了若干由伯克统治的伯利克。1865年,沙俄征服浩罕汗国北部地区,将其纳入俄属突厥斯坦总督区的锡尔河州和七河州;1875年,沙俄军队进入浩罕汗国南部地区,将其纳入俄属突厥斯坦总督区的费尔干纳州。至此,沙俄在今塔吉克斯坦全境确立了统治。1917年十月革命以后,苏俄在今塔吉克斯坦境内建立了苏维埃政权;1918—1920年间,苏维埃中央在中亚组建了四个共和国,今塔吉克斯坦分属突厥斯坦苏维埃社会主义自治共和国(1918—1924)和布哈拉苏维埃人民共和国(1920—1924);1924年,苏联在中亚实施民族识别和划界,以此为依据于1929年组建了塔吉克苏维埃社会主义共和国(本书简称"塔吉克共和国"),塔吉克人开始了现代民族国家的建设。

第一节 沙俄的殖民统治

1865年,沙俄军队夺取塔什干。然而,俄军并未一举消灭浩罕汗国,外交上对英国的顾忌成为他们不继续前进的原因。为了不激化与英国的矛盾，沙俄把目标转向布哈拉和希瓦两个汗国。将两个汗国纳入保护国之后，1873 年，沙俄再次把目标转向浩罕汗国。

1874 年，浩罕汗国国内发生夺权政变，政变失败后，在统治上层中展开了大屠杀；1875 年 7 月，费尔干纳盆地大多数城市爆发了人民起义，起义军围困忽毡，并控制了从忽毡通往塔什干和撒马尔罕的道路。1875 年 8 月 29 日，俄国趁机出兵占领浩罕城，费尔干纳盆地上的其他城市纷纷归顺；1876 年 2 月 19 日，俄国沙皇亚历山大二世在他登基 21 周年的那天，签署了浩罕汗国归并于俄国的命令，在浩罕汗国的南部地区成立了属于突厥斯坦总督区管辖的费尔干纳州，首府在浩罕城，斯科别列夫将军被任命为第一任州长。[1]

塔吉克斯坦南部于 19 世纪末被纳入沙俄的统治。帕米尔山区东部的巴达赫尚西部和南部与阿富汗相邻，东部与中国毗连。1584 年，布哈拉军队赶走了巴达赫尚、达尔瓦兹、罗善、舒格南等地的帖木儿宗王，将它们纳入布哈拉汗国。1747 年以后，原波斯王朝军队首领艾哈迈德·沙赫·杜兰尼（1747—1772）占领巴达赫尚，布哈拉汗国退出帕米尔东部山区。

沙俄征服费尔干纳盆地以后，开始把注意力转向帕米尔地区。[2] 当时，帕米尔的大部分地域属中国清朝的国土。1759 年，清政府在帕米尔设卡置守，派官管理，还在帕米尔高原的苏满塔什（今属塔吉克斯坦）建有《平定回部勒铭伊西洱库尔淖尔之碑》。乾隆皇帝在勘定西域之时，"以葱岭为纲，东新疆西属国"，把帕米尔的巴达

---

1 Skrine, F. H., Ross, E. D., *The Heart of Asia: A History of Russian Turkestan and the Central Asian Khanates from the Earliest Times*, Routledge, pp. 259-260.
2 帕米尔由北向南依次分为以下地区：和什库珠克帕米尔、萨雷兹帕米尔、郎库里帕米尔、阿尔楚尔帕米尔、大帕米尔、小帕米尔、塔克敦巴什帕米尔、瓦罕帕米尔。

赫尚、舒克南、鲁善、达尔瓦兹、博罗尔、坎巨提及葱岭东部的瓦罕等土邦小国视为清朝的属国，称之为"新疆藩属"。

1864年，沙俄军队开始入侵中亚南部地区，同年10月7日，俄国强迫清政府签订不平等条约《中俄勘分西北界约记》（又称《塔城议定书》），强行割占中国新疆西部44万平方千米领土，其中就包括今塔吉克斯坦的大部分地区。1884年，俄国强迫清政府签订《中俄续勘喀什噶尔界约》，将中国所属的帕米尔分成三部分：帕米尔东部仍属中国；帕米尔西北部成为俄国领土；中俄界线之间一块45度角的三角形地带成为中俄两国间的"待议地区"。1894年至1895年，"待议地区"被英俄瓜分，从萨雷阔勒湖向东至中国边界画一直线作为南北分界线，界线以南归英国保护国阿富汗所有，界线以北归俄国所管辖。[1] 从清王朝起，中国政府一直坚持对此地拥有主权，但由于无力对它实行有效控制，因此帕米尔东部的大部分领土被纳入沙俄的统治。

从政治上看，沙俄占据塔吉克斯坦以后，可以更加便利地通往中国和印度这两个东方大国；从经济上看，塔吉克斯坦北部经济纳入了俄国的经济体系，表现出殖民地经济的特征，棉花种植业进一步发展，到1900年，棉花种植面积在俄属突厥斯坦的大多数地区已高达耕种地面积的30%—40%[2]；从文化上看，塔吉克传统文化受到遏制，沙俄政府在此确立了俄语的优势地位。俄国的殖民统治对塔吉克斯坦产生了很大的负面影响，这一点应该受到谴责。然而，随着塔吉克斯坦的经济被纳入资本主义体系，其生产力有了明显

1　《英俄帕米尔界约》，霍尔狄奇：《十九世纪的东土耳其斯坦》，伦敦，1959年，第73页，转引自《沙俄侵略中国西北边疆史》，人民出版社，1979年，第338—339页。

2　Chabryar Adle, Irfan Habib, eds., *History of Civilizations of Central Asia*, Vol. 5, p. 379；此处注释提及：大约在1900年时，该地区种植面积的70%—85%已经种植棉花。

提高。

沙俄统治时期，塔吉克斯坦的畜牧业得到一定程度的发展。1916年，塔吉克斯坦境内牛的存栏数是73.9万头，其中，奶牛有26.9万头，羊有193万只。[1]费尔干纳谷地土地丰饶，自从塔什干与俄国本土建立了紧密的贸易联系以后，费尔干纳地区就成了俄国的原料产地，主要是棉花生产基地。1884年，在费尔干纳移植美国棉种获得了成功，植棉地面积1885年占耕地面积的14%，到1915年这一数字猛增至44%，费尔干纳州成为中亚重要的植棉中心，占了俄国所控制中亚植棉地的近74%。[2]

植棉地区的扩大使费尔干纳州成了中亚棉花的加工基地，加工棉花的最初工序都是在费尔干纳完成，此外，与棉花有关的加工业，如纺织和榨油等手工业也发展起来。1880年，中亚引进了美式轧棉机，是年，引入费尔干纳州的轧棉机只有两台，以后逐年增加，到1890年有21台，1901年增加到100台，1914年，该地区已有159家以轧棉机生产棉花的工厂，棉花的生产效率大大提高。棉花加工业为居民提供了大量的就业机会，如棉籽油生产，到1914年，费尔干纳州有19家棉籽油厂。[3]

19世纪90年代以后，在今塔吉克斯坦境内出现了10所培养低级官吏的学校，它们是俄国人创办的，用俄语授课。塔吉克民间文学得到了发展，涌现出不少民间诗人、故事家及叙事诗演唱大师，优秀的著作者有尤苏福·华佛（1882—1945）、博博·尤努斯

---

[1] 马大正、冯锡时主编：《中亚五国史纲》，新疆人民出版社，2005年，第237页。

[2] Edward Allworth, ed., *Central Asia: 130 Years of Russian Dominance, A Historical Overview*, Duke University Press, pp. 274-275.

[3] Ibid., pp. 319-320.

（1885—1945）、希克马特·里佐（生于1826）、萨伊达利华利查迭（生于1900）等。

沙俄在塔吉克斯坦的殖民统治造成了当地居民与俄国移民之间的民族矛盾。暗杀俄国军政官员、抢劫俄国移民的"纳马扎"（劫匪）事件普遍发生。其中，武装起义是反抗沙俄统治的主要斗争形式。从1885年起，费尔干纳州的农民陆续展开了反抗俄国人的斗争，斗争遍及安集延、奥什、马尔吉兰等地。起义很快被俄军镇压，大批起义者被捕或被处死。第一次世界大战使沙俄的经济濒于崩溃，社会各种矛盾激化，人民处于深重的灾难之中，沙皇政府已经无法控制国内秩序。1917年3月15日，沙皇尼古拉二世宣告退位，俄罗斯帝国灭亡。

第二节　塔吉克共和国的兴衰

1917年十月革命胜利后，费尔干纳州于12月20日召开了苏维埃代表大会，由布尔什维克建立的苏维埃掌握了政权。在十月革命的影响下，1918年底，今塔吉克斯坦境内先后建立了苏维埃政权。1918年至1920年间，苏维埃中央政府在中亚先后组建了四个共和国，今塔吉克斯坦分属突厥斯坦苏维埃社会主义自治共和国（1918.4.30—1924）和布哈拉苏维埃人民共和国（1920.10—1924）。塔吉克族是苏联最大的说伊朗语的民族，在苏联有139.7万人，居住在塔吉克共和国的有105.1万人。[1]

突厥斯坦苏维埃社会主义自治共和国建立以后，各级苏维埃成

1　〔美〕贾夫里·魏勒尔：《苏联中亚民族》(*The Peoples of Soviet Central Asia*)，转引自向阳生汉译：《中亚的土地、人民和历史》，《中亚史丛刊》1988年第5期，第279页。

立。不过，当时塔吉克斯坦境内的革命形势是不平衡的：隶属于突厥斯坦苏维埃社会主义自治共和国的北部地区革命形势高涨；隶属于布哈拉汗国的南部地区直到1920年布哈拉汗国灭亡以后才建立起苏维埃政权。

突厥斯坦苏维埃社会主义自治共和国和布哈拉苏维埃人民共和国的建立不仅为中亚各地苏维埃打下了基础，而且对恢复和发展中亚经济也起到了促进作用。

十月革命以后，原沙俄政权中的保皇党，以及自由民主分子、温和社会主义者、民族主义分子结成一股反苏维埃的力量，这股力量得到了英、美、法、日等国的大力支持，在西伯利亚、中亚和远东地区展开活动，中亚地区的"巴斯马奇分子"就是这股势力中的一个组成部分。

1918年至1924年间发生的"巴斯马奇运动"是反苏维埃武装叛乱的一个组成部分，运动的宗旨是在中亚建立脱离苏联中央政权的所谓"伊斯兰共和国"或"大突厥国家"。"巴斯马奇"是突厥语巴斯马克的音译，其意是进攻、突袭。苏俄国内战争时期（1918—1920），塔吉克斯坦境内一度成为巴斯马奇运动的中心。

巴斯马奇运动初期（1918.2—1920.9），费尔干纳州的奥什是巴斯马奇势力强大的地区。受巴斯马奇运动的影响，费尔干纳州的苏维埃政府官员变了节，马尔吉兰城苏维埃民兵队长马达明伯克成为巴斯马奇叛乱的首领。1918年11月，马达明伯克率领的巴斯马奇部队攻击了费尔干纳地区的俄国移民村。在苏维埃实施战时余粮征集制之时，费尔干纳地区的农民组织起来，要求废除国家对粮食的垄断，马达明趁机拉拢农民，以7000人的队伍支持农民。1919年，马达明在奥什建立了临时政府，他本人担任主席和军队司令。此后，这股势力向安集延挺进。在各地红军的援助下，经过两天的激战，将围攻安集延的巴斯马奇分子打退。

1919年10月下旬，巴斯马奇头目在阿伊姆召开会议，英国、布哈拉汗国和突厥斯坦的民族主义集团派代表出席。会上，决定对巴斯马奇分子进行改编，把当时在费尔干纳地区活动的150股巴斯马奇部队合并为四大兵团，分别由马达明伯克、哈里霍加、伊尔尕什和库尔什尔马特指挥。[1]

为了瓦解巴斯马奇队伍，1919年5月7日，苏俄政府对投降的巴斯马奇分子给予赦免，5月9日，发布《告费尔干纳劳动的穆斯林居民书》；8月18日，苏俄政府成立了突厥斯坦方面军，伏龙芝被任命为方面军总司令，指挥围剿巴斯马奇的战斗。[2] 9月，苏维埃军队开到费尔干纳盆地，9月26日，红军占领奥什，苏维埃政权在此重新建立起来。在此形势下，大批巴斯马奇分子投诚，到1920年3月，马达明被迫投降，5月，前线指挥官伏龙芝率红军进入费尔干纳，突厥斯坦苏维埃政府招募3万名当地居民组建了民族红军。[3] 10月，红军转入反攻，巴斯马奇几股大的武装被摧毁。1921年9月，费尔干纳盆地的巴斯马奇运动基本平息。此后，巴斯马奇分子的活动主要集中在花剌子模绿洲和布哈拉苏维埃人民共和国东部山区。

1920年9月，苏俄红军推翻布哈拉汗国后，赛义德阿利姆汗逃到吉萨尔山区，在此组织了巴斯马奇队伍，自己去了阿富汗。1921年9月，这股巴斯马奇势力在"圣战"的口号下企图夺取布哈拉苏

---

1 王智娟：《试析中亚巴斯马奇运动的原因》，《外国问题研究》1991年第4期。

2 〔苏联〕И. К. 加姆布尔格等：《伏龙芝传》，刘俊山等译，中国对外翻译出版公司，1985年，第164页。

3 〔苏联〕伊诺亚多夫：《在反对外国干涉者和内部反革命斗争中的中亚各民族》，莫斯科，1984年，第217、296页，转引自马大正、冯锡时主编：《中亚五国史纲》，第185页。

维埃人民共和国的东部领土。1922年春,大约2万名巴斯马奇武装占据了吉萨尔山区。1923年春,巴斯马奇势力陆续占据了布哈拉苏维埃人民共和国东部的一些城市;同年6月,俄共中央委员会政治局在布哈拉苏维埃人民共和国东部地区组建了以费祖拉·霍德查耶夫为主席的革命军事委员会。同年7月,在红军和当地自卫队的打击下,巴斯马奇势力被击溃;1923年底,布哈拉苏维埃人民共和国境内巴斯马奇人数已不足3000人;1924年上半年,巴斯马奇势力在布哈拉被彻底消灭。[1]

巴斯马奇运动的目的是十分明确的,即推翻苏维埃政权,或者使新生的突厥斯坦苏维埃社会主义自治共和国脱离苏俄,建立所谓"伊斯兰共和国"。不难看出,巴斯马奇运动具有强烈的"泛伊斯兰主义"和"泛突厥主义"的倾向。

塔吉克斯坦地处苏联的南翼边防前哨,战略地位十分重要。对于这一点,苏俄政府在与巴斯马奇势力的斗争中,有了足够的认识。1920年中亚建立四个共和国时,在布哈拉苏维埃人民共和国中央执行委员会下就开始设立处理塔吉克事务的机构,东布哈拉实际上是塔吉克人的自治区。1924年,在对中亚进行"民族划界"之时,苏联中央政府为了反对"泛突厥主义"思潮,产生了组建独立的塔吉克共和国的想法。

1924年6月12日,俄共中央委员会(布)政治局通过的一项决议(《关于中亚地区民族共和国划界》)首次提出了在乌兹别克苏维埃社会主义共和国(本书简称"乌兹别克共和国")内组建塔吉克苏维埃社会主义自治共和国。同年11月,塔吉克革命委员会成立,革命委员会的主要任务是筹建塔吉克苏维埃社会主义自治共

---

[1] 马大正、冯锡时主编:《中亚五国史纲》,第187页。

和国。1929年10月16日，塔吉克苏维埃社会主义自治共和国从乌兹别克共和国中分离出来，正式成立塔吉克苏维埃社会主义共和国（1929.10.16—1991.9.8，本书简称"塔吉克共和国"）。由于注意到塔吉克苏维埃社会主义自治共和国从经济、民族和地理特点上看，是与乌兹别克共和国完全不同的特殊单位，因此，为了使塔吉克斯坦的经济和文化更顺利地发展，提出关于划出塔吉克共和国，并使其作为独立的加盟共和国加入苏联的问题是及时的。[1]

塔吉克共和国领土包括原布哈拉汗国东部、卡拉捷金和费尔干纳盆地西部。根据塔吉克共和国宪法，塔吉克共和国最高权力机构是共和国最高苏维埃，每四年选举一次，代表每年短暂地召开两次会议，会议提出将在各地实施的决议和法案。1929年，在塔吉克苏维埃第三次代表大会上选举了最高权力机构——人民代表大会中央执行委员会（1937年改称最高苏维埃）。塔吉克共和国的最高行政机构是人民委员会（以后改称部长会议），它在形式上对共和国最高苏维埃负责，实际上听从莫斯科行政机构的指挥；地方行政由各州、城市、乡村的行政机构执行，其成员从等额候选人名单中产生，每两年选举一次。共和国最高司法机关是共和国最高法院，下属有戈尔诺-巴达赫尚自治州法院和各州、市法院，法官采用地方行政官员等额候选人的选举办法，每五年选举一次。[2]

塔吉克共产党是塔吉克共和国真正的权力中心。1925年3月，塔吉克共产党组织局成立，负责党组织建设。1927年10月，乌兹别克共产党塔吉克州党委成立。1930年6月6—15日，塔共中央

---

[1] 苏联科学院历史研究所编：《苏联民族-国家建设史》（上），徐桂芬等译，商务印书馆，1997年，第327—328页。

[2] 《塔吉克苏维埃社会主义共和国》，《英国大百科全书长编》第17卷，第985—988页，见《中亚史丛刊》1983年第1期。

第一次代表大会在首都杜尚别召开，大会选出中央委员会，古谢伊诺夫当选为中央第一书记（1930—1937），希林绍·绍捷莫尔当选为第二书记。

据1975年统计，塔吉克共产党党员和候补党员共有9.42万人。然而，塔吉克族党员不是多数。按1962年的统计，占总人口53%的塔吉克人，党员只占塔共总人数的45.5%，而占共和国总人口13.3%的俄罗斯人却占党员总人数的24.2%。[1]

塔吉克共和国加入苏维埃社会主义共和国联盟以后，在政治和经济上受到了苏联的影响。当中亚其他共和国开始土地改革之时，塔吉克共和国也做出了土地改革的决定，但由于巴斯马奇运动，土地改革实际上没有全面铺开。1930—1936年的农业集体化运动期间，巴斯马奇运动又在塔吉克共和国抬头。1933年，塔吉克中央执行委员会主席纳斯拉图拉赫·马克苏姆被苏共中央委员会指责应承担农业失败的责任而遭到批判和罢免。这是斯大林在中亚加盟共和国最高领导层中进行"清洗"的开始。

1934年，塔吉克党政机关进行了"反对资产阶级民族主义分子"的斗争，66%的塔吉克族共产党员被清洗，其中包括党政高级领导人。1937年，塔吉克共和国又一批高级官员成了大清洗的牺牲品。塔吉克共和国人民代表大会中央执行委员会主席肖玛特，人民委员会主席霍贾耶夫、拉克姆巴巴耶夫，原塔吉克共产党中央第一书记古谢伊诺夫被指控为"搞民族分裂"的"托洛茨基分子"而被杀害。经过两次清洗，在共和国党政机关中任职的当地民族干部所剩无几，这种情况直到第二次世界大战以后才得到纠正。一批接受

---

[1]《塔吉克苏维埃社会主义共和国》，《英国大百科全书长编》第17卷，第985—988页，见《中亚史丛刊》1983年第1期。

过苏维埃教育的塔吉克族青年陆续被提拔到党政领导岗位上，他们往往被任命为党的第一书记、部长会议主席、各部部长，而俄罗斯、乌克兰等族的欧洲人担任副职。

在二战中，塔吉克共和国未卷入战争，但国内经济和社会生活被纳入战时需要。共和国政府动员人力物力支持战争，安置战争疏散的人员，接受由西部迁来的工厂。二战结束以后，苏联在意识形态领域展开了一场"批判资产阶级民族主义历史观点"的斗争。在此次斗争中，塔吉克共产党中央第一书记加弗洛夫于1951年7月在报纸上发表文章批判了资产阶级民族主义历史观点。

赫鲁晓夫执政期间，苏共中央开始为在斯大林时期遭到迫害和镇压的无辜者平反，原塔吉克共和国领导人拉克姆巴巴耶夫等人得到平反。在赫鲁晓夫与莫洛托夫、马林科夫、卡冈诺维奇等人的党内斗争中，塔共第一书记乌尔贾巴耶夫支持赫鲁晓夫。

然而，乌尔贾巴耶夫因在棉花收购上搞虚报，"欺骗党和国家"，于1961年4月16日被塔共中央解除了第一书记的职务，并被开除出党。第二书记奥勃诺索夫受到了同样的处分。

勃列日涅夫执政时期，1969年，塔共中央因削弱了无神论的宣传，致使宗教活动活跃起来而遭到苏共中央的批评。塔共中央举行了会议，第一书记拉苏洛夫在会上报告和检查缺点，并制定了改善组织工作和思想工作的具体措施。全会指出，党和苏维埃任务的中心应是宣传无产阶级国际主义和各族人民友好的思想，在发扬民族传统的同时，要更积极地树立各民族间的"全苏传统"。[1]

戈尔巴乔夫执政期间，苏联政治改革的浪潮开始冲击塔吉克共

---

[1] 柯雄编：《苏联国内资本主义复辟纪事（1953—1973）》，生活·读书·新知三联书店，1975年，第427页。

和国。1986年8月3日，塔共书记在一次思想工作会议上指出，塔吉克共和国穆斯林教职人员的反社会行为在增加，接受伊斯兰经学教育的儿童人数在增长，宣传危险思想的印刷品也在增多；封斋、做乃玛孜、听讲《古兰经》，已经成为年轻人的主要活动。[1]1990年6月，苏联伊斯兰复兴党分部在塔吉克共和国成立，共和国最高苏维埃通过决议，禁止伊斯兰复兴党在国内的活动，因此，伊斯兰复兴党当时处于地下活动。随着形势的发展，伊斯兰复兴党的势力很快扩大，成为政府的反对派。

在中亚加盟共和国争取主权的斗争中，塔吉克共和国最高苏维埃于1990年8月24日通过了《国家主权宣言》；在苏联"8·19"事件以后，塔吉克共和国于1991年8月31日召开的最高苏维埃会议上决定将塔吉克苏维埃社会主义共和国改名为"塔吉克斯坦共和国"（简称"塔吉克斯坦"），同年9月9日，塔吉克斯坦发表《独立声明》，"塔吉克苏维埃社会主义共和国"不复存在。

第三节 塔吉克共和国的成就

苏联政府在塔吉克族聚居区建立的民族国家是历史的进步，消除了在塔吉克斯坦建立伊斯兰教神权政治的可能性。尽管民族共和国的建立在政治上产生了人为制造的主体民族和少数民族的差别，在经济上使原来的统一的经济体被肢解，但对塔吉克斯坦社会的发展起到了积极的促进作用。苏联共产党和苏联中央政府为开发塔吉克共和国投入了巨大的人力和财力，使之在不长的时间内赶上并保持了与世界其他地区同步发展的势头。

---

[1] 许涛：《中国周边民族宗教概况》专题之三《塔吉克斯坦民族宗教概况》，《国际资料信息》2002年第9期。

塔吉克共和国的耕地很少，农业发展受到地理因素的制约。在1913 年，塔吉克的谷物播种面积 44 万公顷，产量 20.2 万吨。[1] 在共和国建立的第二年，即 1930 年，政府开始了农业集体化，参加集体化的农户逐年增加。1933 年下半年，联共（布）中央对塔吉克的农业集体化做出指示，允许塔吉克从最简单的形式开始集体化。结果，低级合作的集体农庄增多。到 1937 年，最简单的集体农庄在塔吉克共和国占 67%。[2] 农业集体化以后，塔吉克农业有了较快的发展，到 1937 年，谷物播种面积达到 79 万公顷。[3]

塔吉克共和国畜牧业的发展也受到地理条件的限制。塔吉克共和国建立以后，特别是在农业集体化的过程中，政府曾强使游牧或半游牧民转为定居，以对待富农的剥夺方式对待中农，因此，畜牧业没有得到发展，牲畜存栏数大幅度减少，1929 年，塔吉克共和国有绵羊和山羊 220 万只，1934 年减少到 79.9 万只，牛的数量减少了一半。[4] 这种情况直到 20 世纪 60 年代才开始好转。

苏联时期，塔吉克共和国工业得到了很大的发展。十月革命以前，在塔吉克斯坦境内只有几家不大的棉花加工厂、纺织品加工厂、水果烘干厂、食盐采集厂，以及几个小油田和小煤矿。据 1913 年统计，该地区的原油产量为 9300 吨，原煤产量为 2 万吨，发电量为 10 万千瓦时。[5] 塔吉克共和国的轻工业主要是农产品原料加工工业，棉花加工占据主导地位，1928 年，净棉工业和燃料工业在共

1　刘启芸编著：《塔吉克斯坦》，第 93 页。
2　苏联科学院经济研究所编：《苏联社会主义经济史》第 4 卷，生活·读书·新知三联书店，1982 年，第 455 页。
3　马大正、冯锡时主编：《中亚五国史纲》，第 242 页。
4　Edward Allworth, ed., *Central Asia: 130 Years of Russian Dominance, A Historical Overview*, p. 300.
5　马大正、冯锡时主编：《中亚五国史纲》，第 237 页。

和国的工业总产值中占优势。

1930年1月,在塔共第一次代表大会上,共和国提出了重点发展电力、采矿、能源开发等重工业的新任务。[1] 电力工业,特别是水力发电得到迅速发展。塔吉克境内河流众多,500千米以上河流有4条,100千米以上的有15条。1931年2月25日,总装机容量为25000千瓦的上瓦尔佐布1号开工,这是共和国电力发展史上具有划时代意义的事,从此,共和国利用水力资源发展电力的进程加速发展。到1940年,塔吉克共和国发电量达到了6210万千瓦时。[2]

塔吉克斯坦蕴藏着丰富的煤、石油、天然气、铁、钨、铅、锌、铜、铋、铝、钼、金、铀、锑、汞、萤石、岩盐等70多种矿。到1940年,共和国的石油产量为2.98万吨,天然气产量为220万立方米,煤20.42万吨。[3]

随着工业的发展,塔吉克共和国的城市不断扩大,城市住房有效总面积从1922年的70万平方米到1940年已经达到150万平方米,其中公有住房有70万平方米。[4]

二战期间,作为苏联的大后方,塔吉克共和国的经济也被纳入战时轨道。为解决战时的粮食困难,共和国压缩棉花和饲料的播种面积。1940年与1945年相比,粮食播种面积由57万公顷增加到61万公顷,棉花播种面积则由21万公顷减少到10万公顷,饲料播种面积由6万公顷减少到3万公顷。为了扩大灌溉面积,1941年至1942年间,乌兹别克和塔吉克两个共和国的5万农庄庄员用14个

---

1 苏联科学院经济研究所编:《苏联社会主义经济史》第3卷,生活·读书·新知三联书店,1982年,第310页。

2 马大正、冯锡时主编:《中亚五国史纲》,第240页。

3 同上。

4 同上书,第241页。

月的时间建成长 50 千米的大吉萨尔运河,灌溉农田约 4 万公顷。[1]

苏联东迁的工厂企业促进了塔吉克共和国有色金属与稀有金属的开采,仅在战争最初两年内,采矿业就增长一倍多。战争期间投产的大型企业有杜尚别水泥厂、杜尚别棉纺织联合工厂等。1945 年塔吉克共和国大工业的固定生产资金比 1940 年增加 42%。[2]

战后,塔吉克共和国经济迅速转入和平建设的轨道。塔吉克共和国工业化在 20 世纪 60 年代得到了快速发展。

在重工业中,电力工业发展最快。20 世纪 60 年代,在锡尔河上建成的凯拉库姆水电站装机容量 12.6 万千瓦;在瓦赫什河上的戈洛夫水电站装机容量 21 万千瓦;努列克水电站装机容量 270 万千瓦,它是当时中亚最大的水电站,年发电量达 112 亿千瓦时。此外,装机 360 万千瓦的罗贡水电站也在加紧建设。此外,还有热发电站,杜尚别热电站装机容量 22.5 万千瓦,亚万热电站装机容量 18 万千瓦。1987 年,塔吉克共和国发电站的总装机容量为 433.3 万千瓦;1988 年,塔吉克共和国年发电量达到了 188.4 亿千瓦时。[3]

有色金属工业成为塔吉克共和国的主导产业。其中,铀和铝矿成为苏联的主要生产基地。在 20 世纪 60 年代至 70 年代,冶炼矿产的工厂从无到有,逐渐发展成为现代化企业。1975 年建成投产的塔吉克里加尔(今图尔松扎德)铝厂是苏联最大炼铝厂之一,年产原铝 7 万吨[4];安佐布采选厂是苏联最大的汞锑矿石加工厂之一;加之伊斯法拉冶炼厂、乔鲁赫代龙有色金属冶炼厂(浮选铜、钼、钨)、塔吉克金矿采选联合企业等,都是战后建立起来的有色金属

---

1 马大正、冯锡时主编:《中亚五国史纲》,第 242—243 页。
2 苏联科学院经济研究所编:《苏联社会主义经济史》第 5 卷,生活·读书·新知三联书店,1984 年,第 445 页。
3 马大正、冯锡时主编:《中亚五国史纲》,第 243 页。
4 同上书,第 244 页。

工业企业。战后，还扩建了阿尔滕托普坎铅矿。

塔吉克共和国的煤储量丰富。共和国对煤炭的勘探和开采主要集中在20世纪50年代。1953年开采量为44.9万吨；1960年达到85.4万吨，以后逐年下降。与此同时，塔吉克共和国的石油、天然气的开采呈逐年上升趋势。原油产量在1975年达到27万吨。基姆炼油厂的年加工能力为100万吨。天然气蕴藏量不多，并且含硫化物高，产量有限，1989年曾达到1.94亿立方米。[1]

塔吉克共和国化工企业的兴起是在1965年，是年，瓦赫什氮肥厂开始动工，1972年投入生产。以后，陆续建起了库尔干秋别氮肥厂、亚万化工联合企业，生产氮肥、塑料等十几种产品。

塔吉克共和国的重工业企业主要分布在杜尚别和列宁纳巴德市（今苦盏）。它们是：列宁纳巴德的商业机械联合企业、加里宁纳巴德的汽车配件厂、库利亚布的钳工工具厂、库尔干秋别的变压器厂、伊斯法拉的照明技术设备厂。产品主要是纺织机械、变压器、电冰箱等，其中，电冰箱、变压器等销往其他加盟共和国。

在交通运输方面，公路是共和国主要交通，共和国20座城镇有公共汽车。1989年，公路总长1.33万千米（其中硬路面1.2万千米），货运量9352万吨，客运量4.1亿人次。在杜尚别和列宁纳巴德市，除汽车外，还有电车。铁路也是主要交通，1989年，铁路总长940千米，货运量708万吨，客运量150万人次。这一年，航空线路总长8.39万千米，货运量1.7万吨，客运量220万人次，多于铁路客运量。[2] 随着工业和交通的发展，塔吉克共和国出现了一些新兴城市，如亚万、努列克、阿德拉斯曼等。

---

1 马大正、冯锡时主编：《中亚五国史纲》，第243—244页。
2 同上书，第244—245页。

塔吉克共和国的轻工业以纺织、织毯为主，它们是共和国的传统工业，职工人数占工业部门的第 1 位，固定资产居第 2 位。战后，扩建了杜尚别棉纺织联合工厂、列宁纳巴德合成纤维厂等。其中，凯拉库姆制毯联合工厂是中亚最大的制毯厂，产量占全苏 10%。1970 年，塔吉克共和国棉纱产量占全苏的 11%。棉织品年产 9990 万平方米，占全苏的第 6 位；丝织品年产 43193 平方米，占全苏的第 4 位；合成纤维 33.5 万吨，占全苏的第 2 位。[1]

到 1989 年，塔吉克共和国的工业企业有 425 个，包括重工业企业 207 个，轻工业企业 119 个，农工综合体的食品加工企业 89 个，粮食加工厂 10 个。[2]

战后，为了发展农牧业，1989 年在全国开荒 514.26 万公顷，其中，耕地 86.06 万公顷，割草地 3.01 万公顷，牧场 344.86 万公顷。[3] 塔吉克共和国耕地的 40% 种植棉花，是苏联最主要的棉花产地之一，以单产高、纤维细和质量好而闻名。[4] 塔吉克共和国是苏联第三产棉基地，年产籽棉 90 多万吨，主要以长绒棉为主。共和国的粮食生产不能满足人口急剧增长的需要，年产粮食仅有 30 万吨左右，在中亚五国中，是人均粮食最少的国家，每年要进口大量粮食和食品。[5] 畜牧业发展缓慢，到 1991 年，牛的存栏数为 140 万头，羊为 330 万只，肉类产量为 8.6 万吨（屠宰重），奶类为 58.7 万吨。[6]

---

1 马大正、冯锡时主编：《中亚五国史纲》，第 244 页。
2 同上。
3 同上书，第 245 页。
4 刘启芸：《塔吉克斯坦》，《东欧中亚市场研究》1998 年第 4 期。
5 陈联璧：《中亚国家的资源结构和产业结构》，《中国商贸》1995 年第 19 期。
6 《1995 年独联体国家统计年鉴》，莫斯科，1996 年，第 432 页，转引自刘启芸：《塔吉克斯坦》，《东欧中亚市场研究》1998 年第 4 期。

苏联时期，塔吉克共和国在文化教育方面也得到了发展。十月革命以前，塔吉克人的教育主要还是附属教会的经文学校，只有极少数人可以接受教育。据 1897 年全国人口统计，年龄在 9—49 岁的塔吉克斯坦居民中，文盲约占 98%。[1]在扎吉德新运动中，知识分子或创办新式学校，或在一些经文学校的教学中增加塔吉克语文、算术、地理、物理等学科和手工业技艺的教学。十月革命以后，苏维埃政府于 1924 年在帕米尔创办了第一所小学，1929 年共和国有 4 所中专，到二战爆发前夕发展到 30 所，在校学生近 6000 名。1990—1991 年，全国有中等专业学校 43 所，在校学生人数为 4.09 万。[2]塔吉克共和国首先发展的是师范教育，最早的高等学校是 1931 年以中亚大学师范系为基础创办的农业师范学院。1948 年，共和国创立了多学科的综合大学——国立塔吉克列宁大学，该学校以塔吉克语和俄语教学。1990 年，共和国有高校 10 所，在校大学生人数达 6.88 万，毕业生有 9400 人。1991 年，共和国设有研究生院和高等学校共 5 个。截至 1991 年底，在塔吉克共和国攻读硕士学位的研究生共有 499 名。[3]

塔吉克共和国的科学事业是在二战期间发展起来的。1951 年，塔吉克科学院在苏联科学院塔吉克分院的基础上成立，有 3 个科学部，16 个科研机构。到 1989 年，科研机构（包括高等学校）有 58 个，科学研究所 28 个，研究所分所 10 个，科研试验站 6 个。1933 年，共和国最大的图书馆菲尔岛西国立图书馆开馆，馆藏图书、小册子和杂志等 300 万册。此外，还有 1600 座群众图书馆，馆藏图

---

1 苏联科学院经济研究所编：《苏联社会主义经济史》第 1 卷，生活·读书·新知三联书店，1979 年，第 525 页。

2 刘启芸：《塔吉克斯坦》，《东欧中亚市场研究》1998 年第 4 期。

3 同上。

书和杂志 1350 万册。[1] 其中,《苏维埃塔吉克》、《塔吉克共青团员》是较有影响力的报刊。苏联时期,塔吉克共和国经济和人民物质文化生活水平取得了巨大的进步,无论是工农业生产、交通运输、邮电通讯,还是文化和教育,都得到了巨大的发展。居民的素质和生活水平也有很大的提高。

然而,与中亚其他共和国相比,塔吉克共和国生产力的发展水平还是较低的,与它们的差距仍然很大。1991 年苏联解体之时,塔吉克共和国的固定资产仅 230 亿卢布,其中生产性固定资产为 149 亿卢布,占苏联的 0.7%,国民生产总值占苏联的 0.9%,工业产值占 0.4%,农业产值占 1%,国民财富占 0.7%,人均国民生产总值仅为全苏平均额的 50%,人均消费水平为全苏平均额的 48%。[2]

此外,塔吉克共和国经济的发展是极不平衡的。塔吉克共和国境内多山,交通运输极为不便,地区之间相对封闭。北方列宁纳巴德等州与南方的哈特隆、戈尔诺-巴达赫尚、库尔干秋别等州的经济发展存在较大差异。苏联时期,北方地区发展迅速,成为塔吉克共和国主要的棉花产地;南方地区在经济、社会方面并没有获得很大发展,帕米尔高原地区则始终处于边缘位置。因此,在共和国党政机构的重要岗位上,绝大多数席位被北方列宁纳巴德州干部把持。在政治生活中,塔吉克共和国的南北权力之争一直影响着政局,成为社会的不稳定因素。

---

1 刘启芸:《塔吉克斯坦》,《东欧中亚市场研究》1998 年第 4 期。
2 同上。

第五章
国土的形成

塔吉克斯坦地处北纬36°40′至41°05′，东经67°31′至75°14′之间，国土面积14.31万平方千米。古代塔吉克人的生活空间很大，从花剌子模绿洲向南一直延伸到巴克特里亚（后称吐火罗斯坦），其中阿姆河流域、泽拉夫善河流域、费尔干纳盆地、帕米尔高原和兴都库什山地区都是他们长时期居住之地。公元11世纪，在喀喇汗王朝统治泽拉夫善河流域时期，大批突厥人迁入塔吉克人的居地，塔吉克人开始外迁；13世纪以后，蒙古人、乌兹别克人和俄罗斯人先后进入并统治了花剌子模绿洲、河中地区、费尔干纳盆地，塔吉克人的生活空间进一步缩小，一部分塔吉克人继续向帕米尔高原南缘和兴都库什山区迁徙。20世纪初，苏联在民族识别和民族划界中，除了一些城市（如撒马尔罕）出于政治考虑外，当时塔吉克人的聚居地成为民族划界的依据，因此，20世纪20年代末组建的民族国家的领土是今塔吉克斯坦国土形成的决定因素。

第一节 塔吉克人的聚居区

塔吉克斯坦国土主要由费尔干纳盆地西南地区和帕米尔高原西部地区构成。塔吉克斯坦全境可分为四个部分：以突厥斯坦山北坡为其南界的北部地区；以突厥斯坦山、泽拉夫善山、吉萨尔山区为主的中部地区；以吉萨尔山南坡为界的地势较低的西南地区，全国三分之二的人口集中于此；以帕米尔高原为主的东部地区。今塔吉克人局限在以上地区的命运始于喀喇汗王朝，在此之前，塔吉克人的居地范围很广。

公元前10世纪左右，一些说印欧语系伊朗语族的部落从亚欧草原南下，这些部落居住在中亚阿姆河流域、泽拉夫善河流域、费尔干纳盆地、帕米尔高原和兴都库什山地区；史书以各地地名称呼他们为巴克特里亚人（阿姆河中上游地区）、花剌子模人（阿姆河下游绿洲）、粟特人（泽拉夫善河流域）和帕米尔人（帕米尔高原）。这些人在种族上是同源的，在语言上是相近的，他们都是塔吉克人的先民。

公元6世纪以后，突厥人来到以上塔吉克先民的聚居地区。虽然突厥人是以统治者的身份进入这些地区的，但当时他们的人数并不多，他们的统治仅仅满足于在当地收取赋税。因此，塔吉克人在以上地区的居地未受到根本侵犯。在阿拉伯人入侵中亚之前，塔吉克人仍然占据着阿姆河下游绿洲、泽拉夫善河谷、费尔干纳（拔汗那）盆地、阿姆河上游、帕米尔高原及兴都库什山地区。9世纪，塔吉克人建立的萨曼王朝注意维修灌溉设施，促进农业发展，以保证赋税的正常征收；塔吉克人各居地之间的经济和文化联系加强，塔吉克先民居住的阿姆河流域、泽拉夫善河流域、费尔干纳盆地和帕米尔高原等地统一在萨曼王朝的政权之下。

萨曼王朝时期，王朝军队任用突厥将领，以后突厥人左右了萨曼政权，为大批突厥人进入萨曼王朝统治地区扫清了道路。11世纪，突厥政权喀喇汗王朝统治了泽拉夫善河流域，在此期间，突厥人大批迁入，塔吉克人的生存空间受到突厥游牧民的挤压。12世纪，塔吉克人以往占据优势的河中地区成为喀喇汗王朝和塞尔柱王朝突厥人大规模定居的地方，新的居民点出现，其居民只会说突厥语。大批突厥人移居的情况还可以从地理名称上反映出来：突厥斯坦一名以往指锡尔河以北地区，11世纪时已经用来指河中地区的大部分地方。此后，费尔干纳盆地也成了突厥人生活的地方。不愿意与突厥人杂居或通婚的一部分塔吉克人迁出了原来的居住地。

13世纪以后，花剌子模绿洲、河中地区、费尔干纳盆地的塔吉克人经历了蒙古人、乌兹别克人和俄罗斯人的统治，在此期间，塔吉克人继续不断地外迁。据巴布尔描述：16世纪初的费尔干纳有7座城市，安集延是首府，阿赫昔是第二大城市，重要的城市还有奥什、马尔吉兰和忽毡；在城市和乡村中，种族不同、语言各异的人们居住在一起。以上城市如今只有忽毡（苦盏）在塔吉克斯坦境内。忽毡城地处经济较为繁荣的费尔干纳盆地，如今是塔吉克斯坦北方州的首府，也是塔吉克斯坦北部地区的文化中心。

巴布尔在谈到费尔干纳盆地居民时只提到两个集团，即居住在安集延及其附近的突厥人，以及居住在马尔吉兰和伊斯法拉城的塔吉克人；当时马尔吉兰和伊斯法拉城居民说波斯语。伊斯法拉城长期由塔吉克人居住，在20世纪初的民族划界中，费尔干纳盆地以南地区被纳入塔吉克斯坦的领土，可以说，伊斯法拉城的塔吉克人群保证了塔吉克斯坦占有费尔干纳盆地西南地区。

塔吉克人大批迁到今塔吉克斯坦是在16世纪至18世纪。16世纪初，突厥化乌兹别克人进入费尔干纳地区，他们主要占据了群山环绕的盆地；16世纪末，吉尔吉斯人占据了费尔干纳盆地东部和东北部周边的高山牧场。塔吉克人迁到了帕米尔高原的山区。

18世纪上半叶，随着准噶尔人入侵中亚东北部，讲突厥语的部落从突厥斯坦、塔什干、奇姆肯特，甚至阿塞拜疆陆续迁入费尔干纳盆地，不愿突厥化的塔吉克人被迫迁出以上地区。从 20 世纪初塔吉克人的聚居情况看，塔吉克人迁到了花剌子模绿洲边缘[1]、帕米尔高原南缘和兴都库什山区。

19 世纪下半叶，沙俄军队征服浩罕汗国时，塔吉克人出现了分化的迹象，在较发达的北部平原地区的北塔吉克人主要居住在布哈拉、撒马尔罕、苦盏三城附近，他们受乌兹别克人的影响十分明显；分布在南部山地的南塔吉克人主要居住在东布哈拉地区的范围内，以后的塔吉克共和国国土就是在此基础上形成的。

第二节　国土的形成

塔吉克斯坦东部边界形成于 19 世纪下半叶。18 世纪，今塔吉克斯坦版图分属于浩罕汗国和中国清王朝，其中南塔吉克斯坦的一些地区由本地政权控制，在相当长的时期内，这些地区政权承认中国清王朝的宗主地位。1759 年，清政府平定了南疆的大小和卓叛乱后，在帕米尔设卡置守，派官管理，并在雅什库里湖边立有满、汉、回三种文字书写的界碑。也就是说，当时帕米尔西部的巴达赫尚、舒格南、罗善、达尔瓦兹、博罗尔、坎巨提及帕米尔东部的瓦罕等土邦小国都是清朝的属国，被称为"新疆藩属"。

19 世纪下半叶，沙俄开始与中国清朝争夺帕米尔高原的统治权。1864 年 10 月 7 日，俄国强迫清政府签订《中俄勘分西北边界约记》，其中第 3 条规定：南边界线应是"行至葱岭，靠浩罕界为界"。当时的浩罕南界是阿赖山脉，也就是说，阿赖山以南的帕米

---

[1] 花剌子模沙文人巴豪乌丁·本·穆罕默德《学习公务通信的门径》一书记，13 世纪，花剌子模绿洲边缘地带的塔吉克人占居民的大多数（操突厥语的人在附近地区占据了优势），文件指示地区总督们必须对突厥人和塔吉克人一视同仁。

尔高原属于中国领土。1873年1月31日，英俄两国背着中国达成分赃"协议"，规定从中国帕米尔地区的萨雷库里起，顺着帕米尔河和喷赤河划一条分界线：分界线以南的瓦罕帕米尔归英国的势力范围，分界线以北的中国帕米尔地区纳入了俄国的势力范围。1876年，沙俄将浩罕汗国领土纳入俄国版图，此后，俄国人以游历、考察为名，非法进入中国的帕米尔地区。

1884年6月，俄国强迫清政府签订的《中俄续勘喀什噶尔界约》第3条写道：从乌孜别里山口起，俄国界线转向西南，中国界线一直往南；所有界线以西，及顺该处河流之西，归俄国属辖，其界线以东，及顺该处河流之东，均归中国属辖。[1] 这样一来，中国所属的帕米尔被分成三部分：帕米尔东部仍属中国；帕米尔西北部成为俄国领土；中俄界线之间，即"一直往南"的中国界线与"转向西南"的俄国界线之间一块45度角的三角形地带成为中俄两国间的"待议地区"。

沙俄在帕米尔的活动引起了英国的不安。1878年至1880年，英国在控制阿富汗之时，继续北上征服克什米尔，建立了查谟-克什米尔邦，吞并了旁遮普，把势力范围推进到了开伯尔山口，开始与俄国争夺帕米尔南缘地区。1891年10月14日，俄方提出"中、俄、英三国到帕米尔勘明地界"的建议，三国决定于第二年（1892）春共同勘分帕米尔边界。

1891年底，今巴基斯坦境内的坎巨提（罕萨）发生内乱，英国出兵占领。坎巨提地处帕米尔通往印度北部的要道上，当时是清朝藩属国。1892年2月17日和21日，中国驻英公使薛福成两次

---

[1] 王铁崖编：《中外旧约章汇编》第1册，生活·读书·新知三联书店，1957年，第457—458页。

与英交涉退兵之事，英方表示：英国担心的是俄国可能会利用坎巨提之事占领兴都库什山一线。同年5月，中英双方就"坎巨提事件"达成协议，中国继续拥有对坎巨提的宗主权，中英双方派员在坎巨提"共同会立"新的统治者。

沙俄政府借口中国对英国让步，坚持要中国撤走清朝在雅什库里湖北的苏满卡驻军[1]，然后才与中国勘界，若不撤兵就不与中国勘界。为了达到勘界的目的，清政府撤走了驻苏满卡的军队。清朝一撤兵，俄军的步兵、炮兵及哥萨克骑兵共1500余人抢占了帕米尔高原各山口；到1892年10月，俄军占领了"待议地区"和萨雷阔勒岭以西2.8万平方千米的中国领土。

苏联时期，帕米尔东南地区归布哈拉苏维埃人民共和国，以后，这些地区归塔吉克苏维埃社会主义自治共和国。因此，塔吉克斯坦的东部和东南部边界的确定是俄英两国争夺的结果。

南部边界的划定在19世纪后期。在公元前3世纪的希腊-巴克特里亚王国和大夏国统治时期，塔吉克先民聚居的阿姆河上游是这些政权的核心地区，阿姆河中游南岸地区也由塔吉克人控制。萨曼王朝时期曾统一这一地区；10世纪末，萨曼王朝灭亡后，塔吉克人在此建立了古尔政权，并得到了巴达赫尚山区和阿姆河流域塔吉克封建贵族的支持，到12世纪末，古尔王朝把瓦赫什河地区、舒格南、巴达赫尚和巴里黑统一在自己的版图之中。13世纪初，古尔王国被内讧搞得四分五裂。19世纪后期，俄英在该地区争夺势力范围，英国在此次争夺中获得了将阿姆河上游南岸地区划归阿富汗作为英俄两国缓冲地带的权利，于是，兴都库什山不再是该地带的分水岭，帕米尔河、喷赤河和阿姆河成为塔吉克斯

---

[1] 此处立有乾隆御碑，碑名因地得名"苏满塔什"，意为"有文字的石头"。

坦与阿富汗的边界。沙俄退出了此界以南的兴都库什山地区，古尔的塔吉克人划归阿富汗。

北部边界的划定是在 20 世纪初。1920 年，苏俄政府在中亚组建了四个共和国，塔吉克人分属突厥斯坦、布哈拉和花剌子模三个国家。1924 年公布的《乌兹别克斯坦司法通报》显示，1922 年塔吉克人在此三国中的人数分别是 40.4 万、80.2 万和 120.6 万。[1] 20 世纪初，在苏联民族识别和划界中，塔吉克人聚居地是划界和民族国家形成的主要依据。

1924 年，在民族识别和划界之时，苏联政府将塔吉克人聚居区单独划出并给予自治权。是年，塔吉克苏维埃社会主义自治共和国成立，首府杜尚别，归属于乌兹别克共和国。当时，塔吉克苏维埃社会主义自治共和国管辖原突厥斯坦总督区费尔干纳州的帕米尔山区及原布哈拉苏维埃人民共和国的库尔干秋别、卡拉捷金、达尔瓦兹等地。据 1926 年人口普查，塔吉克苏维埃社会主义自治共和国有 103.2 万人，其中塔吉克人有 61.9 万人，占全国总人数的 60%。[2]

关于东北边界的划定：1925 年 1 月 2 日，苏联中央执行委员会在帕米尔地区（包括原费尔干纳州东南部）组建戈尔诺-巴达赫尚自治州，并将该州划归塔吉克苏维埃社会主义自治共和国版图。戈尔诺-巴达赫尚一名源于俄语，意为"多山地的巴达赫尚"，面积 6.37 万平方千米，州府建在霍罗格。[3]

十月革命以后在塔吉克斯坦境内兴起的巴斯马奇运动，使苏俄

---

[1] 王智娟：《中亚民族共和国的组建》，《东欧中亚研究》1998 年第 2 期。

[2] Edward Allworth, ed., *Central Asia: 130 Years of Russian Dominance, A Historical Overview*, p. 96, Table 3.1.

[3] 刘启芸：《塔吉克斯坦》，《东欧中亚市场研究》1998 年第 4 期。

政府认识到中亚南部山区的重要性。为了提高塔吉克人聚居区的重要性，也出于战略地位的考量，1929年6月12日，苏联中央执行委员会做出塔吉克苏维埃社会主义自治共和国升级为塔吉克加盟共和国的决定。同年10月16日，塔吉克共和国成立，首都为斯大林巴纳德（1961年恢复原名杜尚别）。

在1929年组建塔吉克共和国之时，塔吉克人居多的花剌子模绿洲被乌兹别克和土库曼两个共和国瓜分。塔吉克人占多数的布哈拉和撒马尔罕被划给了乌兹别克共和国，北塔吉克人的城市只剩下苦盏。

塔吉克斯坦西南部的哈特隆州是较为平缓的地区，也是塔吉克斯坦的中心地带，首都杜尚别位于此州。戈尔诺-巴达赫尚自治州位于帕米尔高原，西南与阿富汗相邻，东部与中国毗连。

塔吉克共和国成立之时，苏联中央政府将原属乌兹别克共和国撒马尔罕州的忽毡划归塔吉克共和国，费尔干纳盆地的西南成了塔吉克斯坦的北部地区。塔吉克共和国的西部边界和北部边界形成。至此，塔吉克共和国国土固定下来。

1956年，乌兹别克共和国5.05万公顷的草原被划给塔吉克共和国，调整以后的塔吉克共和国领土面积达到14.3万平方千米。[1]尽管如此，塔吉克斯坦仍是中亚五国中领土面积最小的国家。[2]

---

[1] 马大正、冯锡时主编：《中亚五国史纲》，第238页。
[2] 刘启芸：《塔吉克斯坦》，《东欧中亚市场研究》1998年第4期。

中编
独立国家的创建

  1990年8月24日,塔吉克共和国通过了《国家主权宣言》;随后改国名为塔吉克斯坦共和国(简称"塔吉克斯坦")。1991年9月9日,塔吉克斯坦最高苏维埃发布《独立声明》,宣布塔吉克斯坦为独立的主权国家。1994年,塔吉克斯坦颁布了独立以后的第一部宪法,确立了塔吉克斯坦是主权的、民主的、法制的、非宗教的单一制国家。塔吉克斯坦在政治上追随西方三权分立的民主制度;在经济上从计划经济转向市场经济;意识形态从一元化转向多元化。

第六章

走向独立

在十月革命以后的七十多年中（1917—1991），塔吉克共和国在政治构建和社会经济发展方面取得了巨大进步，为塔吉克共和国的独立奠定了基础。在苏联政治、经济和社会危机中，以及苏联解体的过程中，塔吉克共和国走上了独立发展的道路。

第一节 独立的历史背景

苏联在民族识别和划界中，注意到塔吉克苏维埃社会主义自治共和国在经济、民族和地理特征上，是一个与乌兹别克苏维埃社会主义共和国完全不同的特殊地区。因此，提出划出塔吉克苏维埃社会主义共和国，并使它作为独立的加盟共和国加入苏联的提议是及时的，可促进塔吉克斯坦的经济和文化更顺利地发展。[1] 塔吉克共和国的组建使塔吉克人民凝聚了民族认同，形成了国家意识，具有进步意义。1996年，联合国发布的有关塔吉克斯坦内战问题的人权报告中指出：苏联的遗产中，包括在一定程度上有利于形成塔吉克斯坦（国家）民族认同的统一的集体身份意识，尽管这种认同的发育是不良的，但是，如今它还是阻止了塔吉克斯坦走向迫在眉睫的分

---

[1] 苏联科学院历史研究所编：《苏联民族-国家建设史》（上），徐桂芬等译，第327—328页。

裂。[1] 塔吉克共和国的组建为独立的塔吉克斯坦奠定了政治基础。此外，苏联政权下的塔吉克共和国经济和社会发展也为塔吉克共和国的独立打下了经济基础。

苏联中央对塔吉克共和国实施优惠政策，拨款的幅度较大。在第一个五年计划期间（1928—1932），塔吉克共和国建设投资资金的78%是由苏联中央提供的，并且不向中央上缴利润。[2] 在此政策下，塔吉克共和国的经济得到很大发展，其中采矿、发电、有色金属（主要企业位于图尔松扎德和伊斯法拉）等重工业企业的发展迅速。

20世纪60年代以后，塔吉克共和国的石油工业得到极大发展。石油勘探和油田开发始于沙皇俄国时期，1904年首次在费尔干纳盆地获得油流，日产石油7吨。1964年，塔吉克共和国成立了石油工业管理局，加强了对石油的勘探。70年代至80年代，塔吉克共和国内几乎每年都有新油气矿床被发现和勘探；80年代，苏联每年对石油勘探的拨款达6000万—8000万卢布[3]，当时，塔吉克共和国内有15至20个区域在进行钻井作业。

塔吉克共和国的水电事业也是在苏联时期发展起来的。本国第一座小型水电站是1936年建成的瓦尔佐布1号水电站，功率为7.15兆瓦，至今仍在运行。从1966年开始，在离塔吉克共和国首都杜尚别75千米的地方，利用发源于雪山冰川的瓦赫什河的巨大落差，修建了努列克大水电站。

1　R. R. Sharma, "State Building in Tajikistan: Problem and Prospects", *Dialogue Quarterly*, Vol. 3, No. 4, 2002, p. 109.

2　陈联璧等:《略论苏联中亚地区经济和文化的发展》，《中亚研究资料》1984年第3期。

3　苏翔、闵兰钧:《塔吉克斯坦石油天然气产业发展状况》，《中亚信息》2007年第4期。

苏联中央政府不仅提供了资金扶持，而且在技术上也大力支持。苏联西部工厂企业的东迁促进了塔吉克共和国有色金属与稀有金属的开采，仅在二战初期的两年中，塔吉克共和国的采矿业就增长一倍多。此外，在战争期间投产的大型企业还有杜尚别水泥厂、杜尚别纺织联合工厂等。1945年塔吉克共和国大工业的固定生产资金比1940年增加42%。[1]

后来成为塔吉克斯坦国民经济支柱产业的铝业是在苏联时期打下基础的。位于图尔松扎德市的塔吉克铝厂建于1975年，从设计和生产能力看，塔吉克铝厂都是世界一流的，在世界排名第3位，也是中亚地区唯一的铝厂。[2]

苏联时期，塔吉克共和国在教育文化方面也得到了发展。到苏联解体前后，塔吉克共和国各类学校已经为共和国培养了大批生产和研究人才。塔吉克共和国对文化教育的投入是很大的，即使在经济下滑的80年代后期，1989年财政支出25.619亿卢布，其中教育科研经费（不含基建经费）7.364亿卢布，占全部支出的24.7%，这是比较高的比例。[3]

苏联共产党和苏联中央政府为开发塔吉克共和国投入的人力和财力，使地处中亚五国边缘的塔吉克共和国经济在不长的时间内赶上与世界其他地区同步发展的势头。这些成就是塔吉克共和国能够走上独立发展道路的内在因素。塔吉克共和国走向独立的外在因素是苏联的经济、政治改革。

戈尔巴乔夫于1985年3月当选为苏联共产党中央总书记，开

---

[1] 苏联科学院经济研究所编：《苏联社会主义经济史》第5卷，第445页。

[2] 闵兰钧、苏翔、伊里亚尔·吐尔逊：《塔吉克斯坦铝业发展简况》，《中亚信息》2007年第7期。

[3] 马大正、冯锡时主编：《中亚五国史纲》，第246页。

始了经济改革。二战以后,斯大林时代高度集中的计划经济的弊端逐渐暴露出来。从 60 年代中叶起,苏联国民生产总值的年平均增长率开始下降。1965 年至 1970 年的下降率大约为 5.3%;1971 年至 1975 年大约为 3.7%;1976 年至 1980 年大约为 2.8%。[1]为了使不断下滑的经济走出困境,苏联领导人一直在尝试着改革。赫鲁晓夫对经济制度进行了改革,扩大了加盟共和国的经济管理权限。70 年代中期以后,由于担心深化经济改革会危及苏联的集权制度,苏联领导集团又陆续收回了一些企业的自主权,重新回到指令性计划经济的体制上。80 年代,苏联经济继续滑坡和衰退。戈尔巴乔夫就是在这样的经济形势下当选为苏共中央总书记的。

受命于苏联经济危机之时的戈尔巴乔夫上任以后,确定了自上而下推行经济改革的目标。为了顺利进行经济改革,戈尔巴乔夫开始改革干部队伍,希望把有经验的干部和年轻干部提拔到重要岗位,改变某些人长期担任同一领导职务,看不到新事物,对缺点熟视无睹的状况。在此思想的指导下,戈尔巴乔夫开始了人事调整。在他上任不到一年的时间里,截至 1986 年 2 月 9 日,各加盟共和国党中央、最高苏维埃、部长会议的主要领导人更换了 19 人。[2]1985 年 12 月 14 日,在塔吉克共产党中央全体会议上,塔共中央第一书记拉赫蒙·纳比耶夫被以健康状况为由解除了职务,卡霍尔·马赫卡莫夫当选为塔吉克共和国总统和塔共中央第一书记。

在进行了一系列的人事调整后,戈尔巴乔夫大刀阔斧地着手经济体制改革。苏共第二十七次代表大会于 1986 年 2 月 25 日至 3 月

---

[1]〔美〕格·格罗斯曼:《苏联经济状况和苏联、东欧的经济改革》,《东欧中亚研究》1981 年增刊第 1 期。

[2] 王正泉、姚谓玉等编:《苏联演变纪事(1985.3—1991.1)》,中国人民大学苏联东欧研究所,1991 年,第 12 页。

6日在莫斯科召开，戈尔巴乔夫在代表苏共中央所做的政治报告中，正式提出了根本改革现行经济体制，扩大企业自主权，用经济手段领导经济，实现管理民主化等主张。1987年6月26日召开的苏共中央全会通过了《根本改革经济管理的基本原则》和《国营企业法》，基本精神是：企业应对自己的活动结果承担经济核算、自负盈亏等经济责任；所有企业都要过渡到工人自治。

然而，经济体制改革没有立即见到成效。戈尔巴乔夫认为制约经济发展的关键是苏联的政治体制，要促进苏联经济根本改变必须进行政治体制的改革。于是，苏共中央做出了政治体制改革的决定。1988年6月28日至7月1日，苏共第十九次代表大会在莫斯科召开，会议提出了进行政治体制改革的方案。戈尔巴乔夫认为，政治体制改革首先应该改革长期主宰和统治国家与社会生活的苏联共产党，要打破苏联共产党对权力的垄断地位，解决苏联经济改革进展缓慢的关键在于引进政治竞争。于是，苏联的政治改革朝着政治多元化的方向发展。

1990年，苏共中央二月全会提出关于苏联共产党领导地位的条文，放弃了苏共在政治体制中的领导核心作用，同年召开的苏联第三次人民代表大会修改了1977年宪法第6条中关于苏共领导地位的条文，该条文被改为：苏联共产党、其他政党以及工会、共青团、其他社会团体和群众运动，通过自己被选入人民代表、苏维埃的代表并且以其他形式参加制定苏维埃国家的政策，管理国家和社会事务。至此，苏联以宪法的形式确立了多党制。在1990年召开的苏共第二十八次代表大会上通过了党纲党章，新的党纲党章取消了"苏共是国家和社会领导力量和核心"的提法，放弃了苏共在国家政治和意识形态上的领导地位。10月，苏联最高苏维埃颁布《结社法》，规定苏联公民有权建立政党和其他社会组织。接下来的一系列改革使苏联共产党与国家权力机关分离，权力中心由苏共中央向人民代表大会转移。苏联共产党失去了对苏联的领导权，不可避免地导致了苏联解体。

在政治体制改革的进程中，经济改革和经济建设无法正常进行。从1988年下半年起，苏联经济形势恶化，到1990年，经济发展出现了二战以后的第一次负增长，国民产值、国民收入和社会劳动生产率分别下降2%、4%和3%。财政赤字急剧上升，1990年达581亿卢布，由于缺乏弥补财政赤字的经济机制，政府求助于印发钞票，1990年货币发行量比上一年增加了50%。[1]货币发行量的失控引起通货膨胀。经济的恶化激化了社会矛盾和民族冲突，统一的苏联迅速解体。塔吉克共和国在此形势下走向了独立。

第二节　充满斗争的独立进程

与全苏的经济情况一样，塔吉克共和国的经济于20世纪80年代开始滑坡。在1981年开始实施的"十一五"计划中，共和国农业产值计划增长12%，实际只增长了8.4%，籽棉产量下降了7.5%；畜牧业的人均占有羊只从0.79只下降到0.68只，人均占有奶从132公斤下降到117公斤。[2]戈尔巴乔夫的改革并未扭转经济下滑的趋势，塔吉克共和国的发电量1988年是188.4亿千瓦时，到1991年只有175亿千瓦时。[3]

在戈尔巴乔夫政治改革时期，苏联国内原有的意识形态逐步淡

---

[1] 黄宏、冯玉祥主编：《原苏联七年"改革"纪实》，红旗出版社，1992年，第439页。

[2] 马大正、冯锡时主编：《中亚五国史纲》，第247页。

[3] 同上书，第248页。

化，其他政治势力空前活跃，形成了多元化的政治局面。80年代后期，塔吉克共和国追随戈尔巴乔夫的政治改革，国内出现了多元化的意识形态，导致宗教生活活跃，神职人员和教徒的宗教活动积极性高涨，塔吉克共和国成为中亚各加盟共和国中原教旨主义最活跃的地区。塔吉克共和国穆斯林教职人员的反社会行为在增长，接受伊斯兰经学教育的儿童人数在增长，印刷和传播危险思想的印刷品也增多了。[1]

1990年，苏联通过的《结社法》允许公民建立政党和其他社会组织，不同政治主张的政党和社会组织登上了政治舞台。6月，苏联伊斯兰复兴党在塔吉克共和国成立分部。伊斯兰教的全面回归伴随着强烈的参政意向，伊斯兰复兴党不仅是复兴宗教，而且具有强烈的政治色彩，鼓吹政治和文化自治，目标是改变原有的社会制度，建立政教合一的所谓"伊斯兰共和国"。伊斯兰复兴党在国家独立初期成为政府的反对派。

1990年8月10日，代表自由主义的塔吉克斯坦民主党成立，其宗旨主张改变苏联的社会模式，建立一个民主、法制和世俗的新社会，以确保公民自由及其政治经济权利。塔吉克斯坦民主党的骨干成员中大多数是知识分子，主张建立独立国家。

在各加盟共和国争取主权的博弈中，1990年8月24日，塔吉克共和国最高苏维埃通过了《国家主权宣言》，并于8月25日正式公布。其内容大致如下：塔吉克共和国是一个多民族的主权国家，独立自主地处理政治、经济、社会文化建设方面的问题；国家拥有占有、使用和支配共和国国民财富的绝对权力，土地、矿产和共和国领域内的其他自然资源均归本国所有；共和国保留按联盟条约的

---

[1] 许勤华：《当代中亚概况》，世界知识出版社，2007年，第98页。

规定和程序自由脱离联盟的权利。[1]

在苏联实行总统制之际，1990年11月29日第12届最高苏维埃第4次会议上，塔吉克共和国颁布了关于设立共和国总统职位和总统选举程序的法律，当天通过无记名投票，塔共中央第一书记马赫卡莫夫当选为共和国第一位总统（1990.11.29—1991.8.29）。

马赫卡莫夫出生于塔吉克斯坦苦盏市，1957年加入塔吉克共产党，走上了领导岗位。1963年开始在塔中央任职，先后担任过国家计委主席、部长会议副主席、部长会议主席、塔共中央第一书记、最高苏维埃主席。

在塔吉克共和国走向独立的过程中，总统马赫卡莫夫对戈尔巴乔夫领导下的苏联改革表示忧虑，对戈尔巴乔夫放弃苏共的领导地位颇为不满。然而，他在"8·19"事件发生之时没有发表意见，在政变者受到挫败的形势下才于同年8月21日发表了《告塔吉克斯坦人民书》，他在书中对政变者的批评是温和的。以伊斯兰复兴党为首的反对派对他的态度极为不满，大造舆论攻击塔吉克共产党，塔吉克共和国政局动荡。

1991年8月24日，戈尔巴乔夫宣布苏共解散，塔共处境困难。在反对派的压力下，塔共于8月28日召开了中央委员会，会后发表声明谴责苏联紧急状态委员会的反宪法政变，同时宣布了塔共退出苏共的决议。决议批评了塔共中央书记处和政治局对政变迟迟不做原则性评价的态度，要求对塔共组织实行彻底改组，使之成为不干预国家机构工作的议会型政党。此外，决议还呼吁在社会生活的各个领域深化民主改革，针对当前形势尽快签订新联盟条约，继续

---

[1] 刘启芸编著：《塔吉克斯坦》，第46页。

实行向市场经济过渡和摆脱危机的方针。[1]

8月29日,塔吉克共和国最高苏维埃召集特别会议,讨论如何应对当前形势的问题。与会者指责马赫卡莫夫对"8·19"政变反应不及时,使塔吉克共产党失去了掌握时局的主动权。最高苏维埃批准了马赫卡莫夫于8月23日提出的辞呈。根据共和国宪法,在新总统未选出之前,最高苏维埃主席阿斯拉洛夫以代总统的身份主持工作(1991.8.29—1991.9.23)。

塔吉克共和国走向独立的序幕是阿斯拉洛夫在不到一个月的代总统任职期间拉开的。

9月21日,塔共第22次非常代表大会召开,研究党在新形势下的出路。会议通过了将塔吉克共产党改名为塔吉克社会党的决议。决议指出,在目前严峻的政治经济条件下,塔共应彻底改变其行动纲领和任务,塔吉克社会党将成为塔共的合法继承者,并作为执政者继续履行自己对共和国的职责。

在塔共召开非常代表大会的同时,政府的反对派"拉斯托赫兹"(复兴)人民运动、伊斯兰复兴党和塔吉克斯坦民主党在杜尚别的绍希东广场举行了大规模的群众集会,要求停止塔共在塔吉克斯坦的一切活动,并将其财产收归国有。第二天,集会转至奥希基广场。为了控制事态的发展,代总统阿斯拉洛夫赶到现场发表讲话,表示同意集会者的要求,解散塔吉克共产党,将其财产收归国有。阿斯拉洛夫的决定遭到了塔吉克共产党和部分群众的反对。在塔吉克共产党的领导下,在奥希基广场举行了支持塔吉克共产党的集会;反对派的支持者们在杜尚别市执委会大楼前举行集会。塔吉克斯坦出现了两派对峙的局面。

---

1 马大正、冯锡时主编:《中亚五国史纲》,第271页。

9月23日，塔吉克斯坦最高苏维埃在杜尚别市召开了非常会议，会上讨论了阿斯拉洛夫关于停止塔共活动并没收其财产的命令。绝大部分代表认为这一命令违反了宪法，并构成犯罪。阿斯拉洛夫在会上承认了自己的命令是错误的，但他认为自己的表态是为了保持共和国的稳定。由于失去了多数代表的信任，他不得不提出辞职，他的辞职很快被批准。[1] 当天，当选为塔吉克斯坦最高苏维埃主席的是原塔共中央第一书记拉赫蒙·纳比耶夫，他同时出任代总统（1991.9.23—1991.11.24）。反对派对塔吉克斯坦最高苏维埃非常会议的决议仍然不满，他们再次举行集会，提出解散议会、拉赫蒙·纳比耶夫辞职和停止共产党的活动三项新要求。9月30日，塔吉克斯坦最高苏维埃再次举行非常会议，讨论反对派提出的三项要求。反对派认为苏共既已被禁止活动，作为其一部分的塔共也应停止活动；塔共代表却认为，禁止塔共的活动是毫无根据的，其目的是要把塔共赶出政治舞台，继而在总统大选中挫败共产党的候选人。会议最后通过了妥协性的决议：一、在有证据表明塔共参加了"8·19"事件之前，暂停塔共及其继承者的活动，塔共的财产由共和国内阁负责保护；二、在大选之前暂停拉赫蒙·纳比耶夫的职务。这样，反对派才停止了示威和集会。

11月24日，塔吉克斯坦全民直接选举总统，有8位候选人参选，塔吉克斯坦代总统拉赫蒙·纳比耶夫和反对派联合推举的胡多纳扎罗夫最有竞争力。当天，有86.49%的选民参加了投票，结果拉赫蒙·纳比耶夫以57.52%的多数当选为塔吉克斯坦第一任总统（1991.11.24—1992.9.7），胡多纳扎罗夫的得票率仅为30%多一

---

[1] 马大正、冯锡时主编：《中亚五国史纲》，第272页。

点。[1]反对派对此结果不满。1992年3月,上万名狂热分子包围了总统府,要求解散议会和政府;5月,反对派组织10万人大游行,并以2万武装民兵与政府国民卫队对抗。

不难看出,在走向独立的过程中,塔吉克斯坦国内各派斗争激烈,最终酿成了国内战争。

---

1 马大正、冯锡时主编:《中亚五国史纲》,第273页。

第七章
独立国家的创建

独立以后，塔吉克斯坦放弃了苏联时期的社会主义道路，开始重新选择政治道路和重构政治模式。1994年，独立后的第一部宪法颁布，宪法规定塔吉克斯坦是主权的、民主的、法制的、非宗教的单一制国家；塔吉克斯坦实施立法、行政、司法三权分立的政治制度。由于内战爆发，塔吉克斯坦建设民主和法制国家的历程在独立初期没有实质性的进展，政治体制改革的各项措施也无法实现。直到1997年内战双方和解以后，塔吉克斯坦才真正步入了独立国家政治体制建设的轨道。

第一节 突出民族文化的国家标志

1992年11月16日，塔吉克斯坦拟定了新的宪法草案，并于1994年11月6日以全民公决的方式通过了塔吉克斯坦共和国宪法，11月6日被定为国家宪法日。此后，塔吉克斯坦分别于1999年9月26日、2003年6月22日、2016年5月22日以全民公决方式进行过三次修宪。

1994年宪法由序言和主体部分组成，共有10章100条。宪法第5条规定：人的生存、人格、尊严和其他合理的权利是不可侵犯的。国家承认、遵守和维护人和公民的权利和自由。宪法第6条规定：塔吉克斯坦人民是国家主权的体现者和直接或者通过自己的代表行使国家权力的唯一源泉。1994 年宪法的颁布向世界表明：塔吉克斯坦是以实施基本法为基础构建起来的宪政国家。

1994 年宪法第 3 条规定：塔吉克斯坦的国旗、国徽和国歌是塔吉克斯坦的国家象征。塔吉克斯坦在独立之后的第二年，即于 1992 年 11 月 24 日开始启用新国旗。塔吉克斯坦国旗呈横长方形，长与宽之比约为 2∶1；自上而下由红、白、绿三个平行的横长方形组成，白色部分中间有一顶王冠和七颗均匀分布的五角星。白条的宽度分别是红条和绿条的两倍。其中红色象征胜利，白色象征纯洁，绿色象征希望和繁荣；在白条中间的王冠图案象征国家的独立和主权，数字七在塔吉克文化中代表吉祥，因此，七星代表完美和幸福。

1991 年开始采用塔吉克斯坦现国歌。国歌由古尔纳扎·凯尔地作词，苏莱曼·亚达科夫作曲；曲调原为苏联时期塔吉克斯坦的国歌，1994 年重新填词，曲调沿用至今。歌词大意是："我们古老的祖国，我们为您傲立在世上而感到光荣，我们期盼您能够永远幸福繁荣。我们自古以来经历多少岁月。我们现在傲立在您的旗帜下，您的旗帜下。我的祖国万岁，自由的塔吉克万万岁！我们祖先的期盼，我们的尊严、荣耀都在您的土地上，您是诸子民安居乐业的天堂。您的春天是永远的，永远不变，我们对您的忠诚也是永远的，永远不变。我的祖国万岁，自由的塔吉克万万岁！您是我们的母亲，您的未来就是我们对未来的憧憬，您的身口意就是我们的身口意。您给我们的是永远的幸福，您使我们对世界充满了爱，充满了爱。我的祖国万岁，自由的塔吉克万万岁！"[1]

---

[1] 王祥修主编：《上海合作组织国家的习俗文化》，上海社会科学院出版社，2020 年，第 165—166 页。

独立以后的第二年（1992），塔吉克斯坦启用了新国徽。新国徽呈圆形，背景是一轮发射出万丈光芒的初升太阳，象征初生国家如旭日东升。国徽正面中心是一头立于高山之巅、回首翘望的带翼雄狮，身后是初升太阳映射出的万丈光芒，象征初生的塔吉克斯坦如日之升；雄狮图案周围是由国旗红、白、绿三色饰带系扎的麦穗。国徽顶端的麦芒交汇处是国旗上的王冠和七星图案。此国徽在使用一年之后弃用。

1993年，塔吉克斯坦启用了独立后的第二枚国徽。新国徽为圆形。国徽正面中间背景是一轮从帕米尔高原上冉冉升起的红日，在太阳发射出的光芒中有金色王冠和七颗五角星；国徽的左右两边分别是以红、白、绿三色绶带束缚的白色棉花和金黄色麦穗；国徽下面是一本打开的书。

独立以后，塔吉克斯坦发行了本国货币。独立之初，塔吉克斯坦仍然留在卢布区内，先后沿用过苏联的和俄罗斯的卢布。俄罗斯在独立以后的1993年7月26日开始发行新卢布，旧版卢布作废。在此背景下，塔政府于1995年5月6日宣布，从5月10日起开始发行本国货币塔吉克卢布，结束了使用他国货币的历史。塔吉克卢布的发行是塔吉克斯坦经济独立的重要标志。

塔吉克斯坦发行了面额分别为1、5、10、20、50、100、200、500和1000的9种本国塔吉克卢布，这套货币正面均为本国国徽，背面为本国国旗和国家议会大厦图案。2000年10月30日，塔吉克斯坦开始发行索莫尼以取代塔吉克卢布，索莫尼面额有9种，分别为1、3、5、10、20、50、100、200、500索莫尼；1索莫尼合1000塔吉克卢布。塔吉克斯坦索莫尼纸币票样分别是：1索莫尼纸币正面是诗人米尔佐·图尔松扎德（1911—1977）像，反面为塔吉克斯坦国家银行；3索莫尼纸币正面是政治家希林绍·绍杰穆尔

（1899—1937），反面是塔吉克斯坦国家议会大厦；5 索莫尼纸币正面是小说家萨德理金·艾尼（1878—1954），反面是鲁达基之墓；10 索莫尼纸币正面是伊斯兰教苏菲派学者米尔·赛义德·阿里·哈马多尼（1314—1384），反面是米尔·赛义德·阿里·哈马多尼之墓；20 索莫尼纸币正面是中世纪波斯哲学家、医学家、自然科学家、文学家伊本·西那（980—1037），反面是吉萨尔城堡；50 索莫尼纸币正面是塔吉克史学家博波永·加富罗夫（1908—1977），反面是杜尚别的西那茶馆；100 索莫尼纸币正面是萨曼王朝埃米尔伊斯迈伊尔（849—907）及其陵墓，反面是塔吉克斯坦总统府；200 索莫尼纸币正面是政治家努斯拉图诺·马克苏姆（1881—1937），反面是塔共中央执委会旧址，杜尚别的国家图书馆；500 索莫尼纸币正面是波斯诗人鲁达基（858—951），反面是杜尚别的民族宫。

塔吉克斯坦位于中亚五国的东南部，是一个内陆国，东与中国接壤，南临阿富汗，西与乌兹别克斯坦相邻，北接吉尔吉斯斯坦，1991 年全国领土面积 14.26 万平方千米。[1]1994 年宪法第 7 条规定：塔吉克斯坦领土是不可分割和不可侵犯的；塔吉克斯坦划分为戈尔诺-巴达赫尚自治州以及各州、市、区、镇和村。全国行政区包括三个州、一个直辖区和一个直辖市：三个州分别是列宁纳巴德州（今索格特州）、戈尔诺-巴达赫尚自治州、由原库利亚布州和库尔干秋别州合并组建的哈特隆州；直辖区是中央直属区；直辖市是首都杜尚别。独立初期，全国共有 41 个区、19 个城市、49 个镇、330 个村。[2]

---

[1] 王祥修主编：《上海合作组织国家的习俗文化》，第 160 页。
[2] 刘启芸：《塔吉克斯坦》，《东欧中亚市场研究》1998 年第 4 期。

1994年宪法规定：塔吉克斯坦首都是杜尚别市。杜尚别原是名为久沙姆别的一个村落，"久沙姆别"意为星期一，因该村每周一的集市贸易而得名。1925年，苏联政府在久沙姆别村的基础上建立了名为杜尚别的新兴城市。在组建塔吉克苏维埃社会主义共和国时，该城成为共和国首都，并改名为斯大林纳巴德（意为斯大林城），1961年恢复杜尚别之名。塔吉克斯坦独立以后，以杜尚别为首都。

杜尚别地处塔吉克斯坦西部吉萨尔盆地中，坐落在四周由绵延起伏的山脉环绕的一片绿洲中。市域面积125平方千米，海拔750米至930米之间，夏季最高气温可达40℃，冬季最低气温-20℃。市内绿树环抱，林木苍翠，在主要的街道中心及两旁，红、黄、白色的玫瑰花相沿达几千米，是一个花的城市。

杜尚别是塔吉克斯坦经济、政治和文化中心。工业以机械制造（纺织机、农机、电缆、家用电冰箱等）、纺织业和食品加工业为主。塔吉克斯坦主要高等院校和科学院都在该市内。此外，这里也是塔吉克斯坦的交通枢纽，市内有窄轨铁路通铁尔梅兹等地，并有公路干线北通苦盏，东达霍罗格。

塔吉克斯坦于1994年颁布的第一部宪法对国家要素的规定，在以后宪法修正案中基本上保留下来。

第二节　国体与政体的构建

1994年宪法确立了国家体制。宪法第1条规定：塔吉克斯坦是主权的、民主的、法制的、非宗教的单一制国家。宪法第17条规定：所有人在法律和法庭面前一律平等。国家保障每个人的权利和自由，不论其民族、种族、性别、语言、信仰、政治观点、教育程度、社会地位和财产状况如何。

1994年宪法确立了国家的政治体制。宪法第9条规定：国家权力的确立以其划分为立法权、行政权和司法权为原则。宪法第48条规定：最高会议是塔吉克斯坦最高代表机关和立法机关。宪法第64条规定：塔吉克斯坦总统是国家元首和执行权力机关（政府）首脑。宪法第73条规定：权力的执行机关由总理、第一副总理、副总理、部长和国家委员会主席组成。宪法还规定了塔吉克斯坦的司法权在法院系统。

以上规定表明，塔吉克斯坦按立法、行政和司法三权分立的原则，确立了最高会议（原最高苏维埃）行使立法权、政府和地方国家行政机关行使行政权、法院和检察院系统行使司法权和监督权的民主宪政模式。

塔吉克斯坦的立法权属于最高会议。独立以前，塔吉克共和国最高苏维埃是最高权力机关和立法机关，实行一院制，由选举产生，每届任期5年；常设机构是塔吉克苏维埃主席团。独立前后，最高苏维埃做了以下工作：1990年8月24日，通过共和国主权宣言；1991年8月底，将塔吉克苏维埃社会主义共和国更名为塔吉克斯坦共和国（简称"塔吉克斯坦"）；9月9日，宣布塔吉克斯坦独立。在独立进程中，塔最高苏维埃于1991年11月24日主持了塔吉克斯坦第一次全民直接选举总统；同年11月16日，最高苏维埃通过了塔吉克斯坦实施议会制的决定；同年11月19日，塔吉克族埃莫马利·沙里波维奇·拉赫莫诺夫（后改名为拉赫蒙）当选为最高苏维埃主席；1994年11月30日，组织全民公决，通过了独立后的第一部宪法。至此，塔吉克斯坦最高苏维埃的使命结束。

1994年宪法规定：塔吉克斯坦议会更名为最高会议，实行一院制；议会由选举产生，凡年满25岁的公民都可被选入最高会议，任期5年。还规定了最高会议的26项职权；最高会议设立以最高会议主席为首的最高会议主席团，主席团由最高会议主席、第一副主席、副主席，以及最高会议各委员会和常设委员会主席组成。

1999年9月26日，塔吉克斯坦举行全民公决通过了对1994年宪法的修改。根据新宪法，国家建设的目标仍然是建立民主的、法制的、世俗的国家。新宪法修改的主要内容之一是将原来的一院制议会改为上下两院制；上院名为民族院（马吉利西·米利），下院名为代表会议（马吉利西·纳莫扬达贡），上院和下院共同拥有立法权。上院设33个席位，由列宁纳巴德州、哈特隆州、戈尔诺-巴达赫尚自治州、中央直属区和杜尚别市议会各选5人，其余8人由总统任命；下院设63个席位，根据《议会选举法》，下院有41个席位按地方选区由选民选出，22个席位由党派选举中得票率超过5%的党派推选，并按照得票多少分配议席。[1] 上、下两院议员职业化，每届任期5年。下院选举是全民选举；凡在选举日年满18岁的塔吉克斯坦公民都拥有选举权，在选举日年满25岁并在塔吉克斯坦连续居住至少5年的塔吉克斯坦公民具有被选举权。政府、法院、执法机关工作人员和军人根据宪法不能成为上院议员；公民不能同时为上下两院议员；上院议员不能成为两个以上的代表机关的成员；下院议员不能成为其他代表机关的成员，不能担任其他职务，不能从事企业盈利活动，但是科学、创作、教育活动除外。

塔吉克斯坦于1995、2000、2005、2010、2015年举行了五次议会选举。2000年2月，在即将举行议会选举之时，塔吉克斯坦的一批议员候选人接连被害；2月7日，杜尚别市市长汽车被炸，

---

1 《塔吉克斯坦共和国概况二》，《中亚信息》2003年第2期。

接着安全部副部长遇刺身亡。[1] 上述事件表明，塔吉克斯坦的议会选举竞争激烈。

2000年2月27日，塔吉克斯坦举行了首届多党议会的下院选举。人民民主党、共产党、伊斯兰复兴党、塔吉克斯坦民主党、社会主义党和正义党的代表，以及独立候选人共331人参加角逐，其中，人民民主党、共产党、伊斯兰复兴党的得票率超过5%，进入议会。[2] 塔总统领导的人民民主党赢得63个议席中的34个。[3] 塔吉克族赛杜洛·海鲁洛耶夫当选为本届下院议长。

2000年3月23日，塔吉克斯坦举行了首届上院选举，塔吉克族马赫马德·萨义德·乌拜杜洛耶夫当选为本届上院议长。独立后乌拜杜洛耶夫曾出任塔吉克斯坦副总理和第一副总理（1992—1996）；在2005年的议会中，再次当选为上院议长。

塔吉克斯坦的行政权属于政府。独立前夕，塔吉克共和国实行总统制。1991年11月24日，塔吉克斯坦第一次全民直接选举总统，共产党支持的候选人纳比耶夫以多数当选为塔吉克斯坦独立后的第一任总统（1991.11.24—1992.9.7）。1992年9月，纳比耶夫在反对派的武力威逼下辞职，伊·阿克巴尔绍成为代总统（1992.9.7—1992.11.19）。1992年11月16日，塔吉克斯坦最高苏维埃第16次会议通过了改总统制为议会制的决定，国家元首与政府首脑职务分开，行政机关由议会（最高苏维埃）产生，政府首脑的权力来自议会的支持，政府向议会负责。

塔吉克斯坦第一届政府总理为哈耶夫·伊扎图尔洛·哈耶维

---

1 徐亚清：《中亚五国转型研究》，民族出版社，2003年，第125页。
2 《塔吉克斯坦共和国概况二》，《中亚信息》2003年第2期。
3 吴宏伟：《中亚国家政党体制的形成与发展》，《俄罗斯中亚东欧研究》2006年第4期。

（1992.2.8—1992.5.11），此后，1992年议会又选举产生了两位总理米尔佐耶夫·阿克巴尔·米尔佐耶维奇（1992.5.11—1992.8.30）和阿卜杜拉贾诺夫·阿卜杜马利克·阿卜杜加尼耶维奇（1992.11.19—1993.12.18）。此后，萨马多夫·阿卜杜吉尔里尔·阿哈多维奇以代总理（1993.12.18—1994.9.26）和总理（1994.9.26—1994.12.8）之名取而代之。

1994年宪法恢复了总统制，总统拥有了实际的行政权。宪法第64条规定：塔吉克斯坦总统是国家元首和执行权力机关（政府）首脑。宪法第65条规定：总统由塔吉克斯坦公民在普遍、平等和直接选举权的基础上以无记名投票选举产生，任期5年。同一个人连续担任总统不得超过两届。宪法第68条规定：总统无权担任其他职务，不得是代表机关代表，不能从事企业家经营活动；总统工资由最高会议确定。

1994年，拉赫莫诺夫以60%的选票当选为塔吉克斯坦独立以后的第二任总统。拉赫莫诺夫于1952年10月5日在库利亚布州（现哈特隆州）丹加拉镇出生，曾在苏联太平洋舰队服役，以后就读于塔吉克国立大学经济系，1988—1992年任丹加拉区列宁农场场长，1990年当选为塔最高苏维埃人民代表，1992年任库利亚布州人民代表苏维埃执委会主席，同年11月19日当选为塔吉克斯坦最高苏维埃主席（1992.11.19—1994.11.6）。

1999年，塔吉克斯坦对宪法进行了修改，总统任期由原来的5年改为7年，由原来的连任两届改为只任一届。1999年，拉赫莫诺夫再次当选总统，本届任期到2006年。1994年之后担任内阁总理的有：卡里莫夫·贾姆舍德·希洛洛维奇·卡里莫夫（1994.12.8—1996.2.8）、亚希约·努里季诺维奇·阿齐莫夫（1996.2.8—1999.12.20）、阿基尔·阿基洛夫（1999.12.20—2013.11.23）。以上均由塔吉克族出任。阿·阿基洛夫曾任塔吉克斯坦建设部长（1993）、副总理（1994—1996）等职，阿·阿基洛夫上任的第二天（12月21日），总理签署了组成政府内阁的命令。

塔吉克斯坦司法权属于法院和检察院。宪法规定：宪法法院，最高法院，最高经济法院，军事法院，戈尔诺-巴达赫尚自治州、各州、杜尚别市、各市和区法院行使司法权。法官的活动是独立的，只服从宪法和法律。法官不得兼任其他职务，不得是代表机关代表、政党和团体成员，不能从事企业家经营活动。

宪法法院是国家的最高护宪机关，由17名法官组成，其中1名法官必须是戈尔诺-巴达赫尚自治州的代表。宪法法院法官的条件是：年龄在30岁至60岁，从事法律工作10年以上。宪法法院的职权是：确定最高会议、总统、政府、最高法院、最高经济法院，以及其他国家和社会团体的命令与决定及国家协议是否符合宪法；解决国家机关之间有关管辖范围的争端；执行宪法和法律规定的其他职权。宪法法院的判决是最终判决。

最高法院、最高经济法院、军事法院、各州法院和杜尚别市法院的法官条件是：年龄在30岁至60岁，从事法律工作不少于5年。除杜尚别外的市级法院和区级法院的法官条件是：年龄在25岁至60岁，从事法律工作不少于3年。

宪法规定，塔吉克斯坦检察院是司法监督机关。总检察长向最高会议和总统报告工作，任期5年。总检察长有任免下属检察长的权力，总检察长及其下属的检察长独立行使自己的职权，只服从法律。在任职期间，检察长不得兼任其他职务，不能从事企业家经营活动。

塔吉克斯坦于1994年颁布的第一部宪法对国体和政体的规定，在以后宪法修正案中一直保留下来。

第三节 从武装对抗走向民族和解的进程

塔吉克斯坦在理论上创建了国家最高政权机构，但是，由于各派政治力量、宗教势力和地方利益集团的斗争，于是，同室操戈的内战爆发。

苏联"8·19"事件发生以后，塔吉克斯坦民主党和伊斯兰复兴党结成政治联盟，要求解散塔吉克共产党，并且对塔吉克共和国的政权进行彻底改组。1991年9月23日，塔吉克斯坦代总统阿斯拉洛夫被迫提出辞职，原塔共中央第一书记纳比耶夫出任代总统。两个月之后的11月24日，塔吉克斯坦举行了首届总统大选，反对派推荐的总统候选人未能获得多数票，纳比耶夫以57.52%多数票当选为塔吉克斯坦独立以后的第一届总统。[1]

独立初期，活跃在塔吉克斯坦的另一股伊斯兰教势力是伊斯兰宗教界的精神领袖阿克巴尔·图拉忠佐达及其信徒。图拉忠佐达于1954年出生，曾在约旦大学伊斯兰教法律系学习。1988年以后，他成为塔吉克斯坦教法执行官的领导者。1992年2月，他领导的穆斯林与塔吉克斯坦民主党、"拉斯托赫兹"（复兴）人民运动和帕米尔运动联合，在首都杜尚别组织了一次规模很大的示威游行，迫使总统纳比耶夫在一系列重大原则问题上妥协，并与反对派联合执政。图拉忠佐达的政治主张是：塔吉克斯坦90%以上的居民是穆斯林，只有经过全民公决，才能决定国家是实行世俗体制，还是实行伊斯兰体制。他还表示，应该把世俗国家的概念从国家宪法中删除。他的主张受到新兴塔吉克斯坦政权的反对。[2]

---

[1] 马大正、冯锡时主编：《中亚五国史纲》，第273页。
[2] 常玢：《苏联解体前后的中亚国家伊斯兰教状况》，《东欧中亚研究》2001年第5期。

1992年3月，以伊斯兰复兴党、塔吉克斯坦民主党为代表的反政府势力成立了所谓的"救国阵线"，组织上万名狂热分子包围了总统府，要求解散议会和政府；5月，"救国阵线"组织了10万人的大游行，并以2万武装民兵与政府国民卫队对抗。[1]在反对派的压力下，纳比耶夫总统被迫同意组建有反对派参加的议会和民族和解政府。民族和解政府由24名成员组成，其中副总理、外交部长、国防部长、广播电视部长等8个要职为反对派成员。[2]

尽管如此，反政府力量并未停止斗争。1992年5月，伊斯兰复兴党利用南部库尔干秋别州和库利亚布州发生的部族冲突，开始了推翻纳比耶夫总统的夺权行动；8月31日，塔总统府被反对派包围，总统纳比耶夫于9月7日提出辞职，阿·伊斯坎达洛夫在反对派的支持下开始代行总统（1992.9.7—1992.11.19）职务。这一政变导致了塔吉克斯坦国内战争。

列宁纳巴德州和库利亚布州不承认以阿·伊斯坎达洛夫为代总统的民族和解政府。1992年10月，库利亚布州民兵开往杜尚别，并占领了总统府、议会大厦等重要机构。11月4日，俄罗斯、塔吉克斯坦、乌兹别克斯坦、哈萨克斯坦、吉尔吉斯斯坦领导人在哈萨克斯坦首都阿拉木图会晤，研究解决塔吉克斯坦危机。在以俄罗斯为首的这些国家的支持下，1992年11月16日，塔吉克斯坦最高苏维埃在列宁纳巴德州首府苦盏市举行了非常会议，解除了阿·伊斯坎达洛夫代总统的职务，在19日的会议上，拉赫莫诺夫当选为最高苏维埃主席，首都杜尚别逐渐恢复了秩序。

拉赫莫诺夫上任以后组建了以阿·阿卜杜拉贾诺夫为总理的新

1　陈明山：《伊斯兰极端势力在中亚的活动情况》，《国际研究参考》2001年第12期。

2　万成才：《塔吉克斯坦的内战》，《瞭望周刊》1992年第47期。

政府。新政府面临的迫切任务是实现塔吉克斯坦人民期盼已久的和平，为此，政府采取了稳定局势的一些措施。在拉赫莫诺夫的倡议下，签署了旨在保证和平、统一和社会进步的《公民和睦条约》，议长、政党、创作联盟、民族团体、工会组织、文化团体的领导人，以及宗教界代表都在和约上签了字。

在俄罗斯和乌兹别克斯坦等国的支持下，最初两年（1992—1994），新政府对反政府武装采取了镇压的强硬手段，反政府领导人及其追随者纷纷逃到阿富汗北部边境城市，与1991年大选失败以后逃到阿富汗的反政府势力结合。1992年底，图拉忠佐达及一部分人逃往阿富汗，另一部分人利用戈尔诺-巴达赫尚地区的复杂地理环境继续与政府对抗。[1] 反政府力量于1993年3月在阿富汗北部城市塔卢坎成立了以赛义德·努里为首的流亡政府。在阿富汗、伊朗和巴基斯坦等伊斯兰国家经济和武器的支持下，流亡政府成为一股拥有一定实力的武装势力，这股力量在塔吉克斯坦南部地区或塔阿边境挑起事端和冲突，制造恐怖事件。

1993年6月21日，塔吉克斯坦政府宣布取缔伊斯兰复兴党等反政府组织，1993年秋，反对派在阿富汗建立自己的政党——伊斯兰复兴运动，并建立了该党的武装，利用这一武装与塔政府展开斗争。于是，塔吉克斯坦政府与反对派之间的冲突不断升级，最终演化为地区性战争。为了维持地区和平，俄罗斯、乌兹别克斯坦等国向塔吉克斯坦派驻了维和部队。

1993年7月13日，反政府武装向驻扎在第12号边防哨所的俄罗斯军队发起袭击，打死俄军25人。为报复"7·13"事件，8月，

---

[1] 常玢：《苏联解体前后的中亚国家伊斯兰教状况》，《东欧中亚研究》2001年第5期。

俄罗斯驻塔吉克斯坦的边防部队开始向反政府武装发起攻击，打死打伤反政府军20多人。1994年6月，反政府武装发动袭击，塔吉克斯坦国防部副部长拉贾博夫等6人被打死。[1]同年11月，塔吉克斯坦举行了总统大选，拉赫莫诺夫胜出，成为塔吉克斯坦总统。此后，在他的领导下，塔吉克斯坦人民进行了争取和平的斗争。

塔吉克斯坦人民争取和平的斗争得到了国际社会的援助。塔吉克斯坦内战的不断升级，引起了国际关注。联合国驻塔吉克斯坦代表处于1994年2月16日正式成立。在联合国及俄罗斯、伊朗等有关方面的斡旋下，塔吉克斯坦政府与反政府武装于1994年中期开始了和平谈判，同年9月17日，双方在德黑兰签订了停火协议，为政治解决冲突奠定了基础。联合国安理会在1995年5月19日通过决议，敦促塔冲突各方在相互让步和妥协的基础上，完全通过和平的政治手段实现和解。然而，各方都未认真执行停火协议，战争仍在继续。

1996年，国内外形势的变化促成了塔吉克斯坦对立双方有实质性进展的和谈。1996年有利于冲突双方和解的变化如下：一、反对派武装势力军事上获得胜利。1996年6月，以前总理阿卜杜拉贾诺夫为首的反对派势力在莫斯科成立了"民族复兴运动"，这股势力在俄罗斯和乌兹别克斯坦等国的支持下，以列宁纳巴德州为基地向外扩张，到1996年底控制了全国几乎50%以上的地盘。[2]在此形势下，反政府武装提出改组政府、分享权力的要求。二、长期内战拖垮了塔吉克斯坦经济，塔政府失去了继续打下去的财力。三、塔吉克斯坦发生兵变，兵变领导人要求解除政府高级官员的职务，

---

[1] 胡昊：《塔吉克斯坦的和平进程和前景》，《东欧中亚研究》1997年第5期。
[2] 同上。

1996年2月4日,拉赫莫诺夫总统下令解除默·赛·乌巴依杜洛耶夫第一副总理的职务。[1] 四、国际形势的发展对反政府武装产生了压力,一贯支持塔反对派的伊朗在态度上发生了改变,而长期支持塔反对派的阿富汗也自顾不暇,无力继续提供支持。在国内外形势下,塔冲突双方都愿意回到谈判桌上来。政府开始考虑向反对派让步,而反政府武装对和平谈判也开始积极配合。

从1996年下半年起,塔吉克斯坦两派和谈的进程加快。1996年12月23日,拉赫莫诺夫与联合武装的反对派领导人赛义德·努里在莫斯科谈判,并达成共识。塔吉克斯坦迎来了和平的曙光。1997年6月27日,拉赫莫诺夫与赛义德·努里、联合国秘书长特别代表梅里亚姆在莫斯科签署了《关于在塔吉克斯坦建立和平和民族和解总协定》(简称《和解总协定》)和《莫斯科声明》。《和解总协定》规定:在塔吉克斯坦各级政府权力机构中向反对派提供30%的席位;由双方代表组建民族和解委员会,作为总统及议会选举前的临时工作机构。[2] 在《和解总协定》上签字的国家和组织除中亚四国(哈、乌、土、吉)外,还有俄罗斯、伊朗、联合国、欧安会和伊斯兰会议组织的高级代表及以观察员身份参加会议的外交机构领导人。这些国家和组织对塔吉克斯坦的和平起到了促进作用。《和解总协定》签署以后,反对派首领图拉忠佐达返回祖国,成为民族和解政府的成员。

《和解总协定》的签署标志着塔吉克斯坦内战的结束。1998年,塔政府的工作重心是执行《和解总协定》的各项任务。到1998年底,有两名反对派成员被任命为政府副总理,其中图拉忠佐达出任

---

[1] 许昌志:《塔吉克斯坦"兵变"和平解决》,《世界知识》1996年第6期。
[2] 《塔吉克斯坦共和国概况二》,《中亚信息》2003年第2期。

政府第一副总理[1]；有 12 名反对派成员出任政府部长。

在执行《和解总协定》的过程中，塔政府碰到了许多困难。一些部门的领导人公开反对政府向反对派出让过多的权力，中央与地方的矛盾随之尖锐。总统拉赫莫诺夫长期重用家乡库利亚布州的官员，引起其他地区的普遍不满，列宁纳巴德州提出了自治，其他州也仿效之；一时间，国家的统一又面临挑战。塔政府先后平息了 1998 年秋季的反政府叛乱，镇压了塔东北部非法武装，保证了塔吉克斯坦朝着和平与民主的道路前进。

1999 年，为了进行总统及议会选举，塔吉克斯坦组建了民族和解委员会，由 13 人组成的这一委员会成为塔吉克斯坦的临时工作机构。1999 年 8 月初，赛义德·努里正式宣布解散反对派武装，8 月 12 日，塔最高法院宣布解除伊斯兰复兴党、塔吉克斯坦民主党等反对派政党活动的禁令，赋予它们参与国家政治生活的合法地位。[2] 这些妥协换来了国家坚持世俗性的原则。1999 年 9 月 26 日，以全民公决方式通过了塔吉克斯坦宪法修正案，新宪法在保持世俗国体的情况下，允许在塔吉克斯坦建立宗教性质政党。1999 年 11 月 6 日，拉赫莫诺夫在新宪法颁布后的总统大选中以 96.97% 的绝对优势蝉联总统。[3]1999 年 12 月 20 日，新政府组成，总理人选是塔吉克族阿基尔·阿基洛夫。2000 年 2 月 27 日和 3 月 23 日，塔吉克斯坦分别举行了首次议会下院和上院的选举，拉赫蒙（拉赫莫诺夫）领导的人民民主党，以及塔共产党、伊斯兰复兴党分别以 65%、20% 和 7% 选票当选，进入议会。[4]

---

[1] 常玢：《苏联解体前后的中亚国家伊斯兰教状况》，《东欧中亚研究》2001 年第 5 期。

[2] 《塔吉克斯坦共和国概况二》，《中亚信息》2003 年第 2 期。

[3] 刘启芸编著：《塔吉克斯坦》，第 58 页。

[4] 刘启芸：《塔吉克斯坦新总理阿·盖·阿基洛夫》，《东欧中亚研究》2000 年第 3 期。

2000年3月31日，拉赫莫诺夫总统签署命令，宣布从4月1日起民族和解委员会正式停止活动。同年5月12日，联合国安理会发表主席声明宣布，因塔吉克斯坦已经实现了和平，安理会同意从塔吉克斯坦撤出联合国观察团的建议。[1] 至此，民族和解进程胜利结束。

　　塔吉克斯坦在5年内战中遭到了极大的损失，80%以上的人生活在贫困线以下，1/30的人离开祖国，1.7万个家庭流离失所，内战夺走了5万人的生命，造成的经济损失超过70亿美元。[2] 拉赫莫诺夫总统向各地方领导、各政党和组织的代表发出呼吁，不要把党派的野心置于塔吉克斯坦的利益之上，因为"我们痛苦的教训证明，只有通过和平才能达到和睦。自由和独立的太阳被乌云遮住了，迷了我们的眼睛，我们没有发觉，已滑到了兄弟相残的战争"。他发出警告："谁第一个拿起武器，谁就是塔吉克斯坦的敌人。"[3]

　　2001年6月至8月，塔政府开始大规模围剿拒绝与政府合作的前反对派残余武装，肃清了盘踞在杜尚别市附近的帮伙。塔总统对政府进行了改组，撤换了一批政府部长及州长、区长，清除了靠内战起家的一些不称职官员，对一些部委进行了改组，加强了这些部门的调节作用，增强了对国家政权的控制，保证了政局的基本稳定。

　　1　赵常庆主编：《十年巨变——中亚和外高加索卷》，东方出版社，2003年，第82页。

　　2　〔塔吉克〕拉希德·阿利莫夫：《塔吉克斯坦共和国和平、稳定与发展的十年——值〈关于在塔吉克斯坦建立和平和民族和睦总协定〉签署十周年之际发表的讲话》，吴喜菊译，《俄罗斯中亚东欧市场》2007年第9期。

　　3　俄罗斯《独立报》1997-06-28，转引自胡昊：《塔吉克斯坦的和平进程和前景》，《东欧中亚研究》1997年第5期。

第四节　形式上的多党制度

在戈尔巴乔夫的政治改革中，受政治多元化的影响，在独立以前塔吉克共和国已相继出现了一些政党。独立以后，1994年宪法第28条规定：公民享有结社权。公民有权组建政党、工会和其他社会团体，并且可自愿加入或者退出这些组织。1999年8月，塔吉克斯坦联合反对派解散武装，司法部正式解除对反对派政党活动的禁令；同年9月26日，塔吉克斯坦以全民公决的方式通过了宪法修正案，修正案中虽然保持了世俗国体，但允许建立宗教性质的政党。

在中亚国家中，塔吉克斯坦是政党出现较多的国家之一，独立初期，在共和国内注册登记的政党和运动约有300多个。[1] 主要的政党有：人民民主党、塔吉克共产党（社会党）、塔吉克斯坦民主党、伊斯兰复兴党、社会主义党、社会民主党，等等。

人民民主党原名人民党，成立于1994年12月10日，在1997年6月召开的第三次代表大会上，更名为"人民民主党"。该党的纲领是：团结各族人民，建设民主、法制、世俗国家；消除极端主义，主张坚决维护国家独立及领土完整；与世界各国（首先是独联体国家及其邻国）发展平等、互利的合作关系。在1998年4月召开的第四次代表大会上，拉赫莫诺夫当选为主席。以后，塔吉克斯坦总理、各部部长和地方政府各部门负责人也纷纷加入该党，使该党成为事实上的执政党。2010年，该党有12.4万名党员，在全国各大城市、区均建有分支机构，在2010年的议会下院63个席位中

---

[1] 刘启芸：《塔吉克斯坦》，《东欧中亚市场研究》1998年第4期。

占有43个议席。[1]

塔吉克共产党成立于1924年,在1991年9月21日召开的非常代表大会上决定更名为"社会党",1992年1月19日重新使用共产党一名。该党在政治上主张建立一个"法制的、非宗教的民主国家",目标是:促进社会进步力量联合,进行旨在巩固国有和公有制形式的所有制改革,建立面向社会的市场经济,改善人民生活,保障人的权利、自由和全面发展。2010年,有5.5万余名党员,在议会下院占有2个议席,现任主席为绍·沙勃多洛夫。[2]

塔吉克斯坦民主党于独立前夕的1990年8月10日成立,1991年获得登记。该党的宗旨是建立民主社会,保障公民自由及其政治经济权利;该党由一些具有极端民主思想的人员组成,奉行反共路线。1992年,该党与伊斯兰复兴党联合反对政府,被宣布为非法,主要领导人逃往国外;1994年9月,塔吉克斯坦民主党分裂为以绍·尤苏夫为主席的德黑兰派和以朱·尼约佐夫为主席的阿拉木图派。德黑兰派民主党宣布与伊斯兰复兴运动分裂,放弃武装斗争,支持塔吉克斯坦政府,并于1995年7月在塔吉克斯坦司法部登记成为合法政党。1999年7月,德黑兰派民主党举行第三次代表大会,通过了新党章,宣布该党将参加总统和议会选举。阿拉木图派主席马·伊斯坎达洛夫于2005年10月被塔最高法院以从事恐怖活动等罪名判处23年监禁。2006年4月,塔吉克斯坦民主党内部成立以马苏德·索比罗夫为首的与政府合作的祖国党,并且在司法部重新获得登记。该党在鼎盛时期曾有党员1.6万余人,2010年有党员大约6000人。[3]

---

1 《塔吉克斯坦国家概况》,央视网2011-08-12。
2 同上。
3 同上。

伊斯兰复兴党于独立前夕的1990年10月组建，原来是苏联伊斯兰复兴党的一个分支，苏联伊斯兰复兴党解体以后，1991年10月26日，成立了独立的塔吉克伊斯兰复兴党，并在塔吉克斯坦司法部获得登记。该党党章规定："塔吉克斯坦伊斯兰复兴党是一个以信仰伊斯兰教为支柱的社会政治组织，信奉唯一的安拉和安拉的使者穆罕默德。"党纲规定："塔吉克斯坦伊斯兰复兴党不仅要在宗教信仰方面，而且要在政治、经济、文化、社会文明、日常生活，也就是社会生活的所有领域，全面地、不折不扣地执行安拉的启示——《古兰经》中的规定；不承认任何与沙里亚（伊斯兰教法）相悖的法律。"[1] 在塔吉克斯坦内战期间，该党是反对派的主力，政府于1993年6月取缔该党。以后，反对派首领努里宣布放弃武装，该党于1999年8月被解禁，努里在当年召开的党代会上当选为该党主席；在努里于2006年去世后，穆·季·卡比里被推选为党主席。2010年，有大约4万名党员，在议会下院占有2个议席。[2]

1996年6月，社会主义党成立。其主张是：社会平等，保障人权，特别是中下层劳动者的权益。原议会法制和人权委员会主席萨·肯贾耶夫当选为党主席，在萨·肯贾耶夫被暗杀后，1999年，舍·肯贾耶夫任代主席。2004年，该党分裂为纳尔济耶夫派和加法罗夫派，前者直到2010年还未获得登记，而后者在司法部获准注册。该党参与了2005年的议会选举，未能入围；党主席加法罗夫于2006年11月被推举为总统候选人参加大选。2010年，该党大约有1.7万名党员，在索格特和哈特隆两州设有分支机构。[3]

1998年3月，社会民主党成立，党训为"理智、公正、发

---

[1] 张来仪：《塔吉克斯坦的伊斯兰复兴党》，《东欧中亚研究》1999年第4期。
[2] 《塔吉克斯坦国家概况》，央视网2011-08-12。
[3] 同上。

展"。党的主张是促进社会公正，在宽容、尊重和保护人性的基础上，发展社会民主思想、法制国家和多党制。该党参与2005年议会下院选举，未能入围。2010年，大约有党员5000人。[1]

2005年以后，在塔吉克斯坦成立的政党中，对国家政治产生影响的有经济改革党和农业党。经济改革党于2005年9月在杜尚别成立，同年10月28日在司法部获得登记。该党宗旨侧重于经济考虑：提高工业在国民经济中的地位，有效利用矿产和能源资源，大力发展中小企业和私营企业，增强塔产品竞争力，实现经济增长，解决地区发展不平衡问题，保障国民享受应有的生活和自由发展；提高干部素质和政府工作效率，反对土地私有化，倡议由国家统筹合理分配使用土地资源。

农业党于2005年10月1日在杜尚别成立，成员主要是政府农业部门官员、农业专家和农民代表，同年11月15日在司法部获得登记。党纲是：建立公民社会，保障社会公正和人权自由，反对地方主义和分裂主义，维护民族团结和民族和解。其宗旨：建立面向社会的市场经济，强调加强国家经济独立性和粮食自给，认为农业应作为国民经济优先领域得到国家全面支持，提高农产品产量和质量，扶持从事农产品加工的中小企业发展，改善农民生活条件。在2010年议会选举中获得5.1%的选票，在议会下院中占有2个席位。

塔吉克斯坦的多党民主制尽管还很不完善，但毕竟迈出了多党参政的第一步，而且仍在朝着这一方向前进。

---

[1]《塔吉克斯坦国家概况》，央视网2011-08-12。

第五节　从零起步的军队建设

独立以前，塔吉克共和国没有本国的军队。独立以后，塔吉克斯坦军队的组建工作始于内战时期，塔吉克斯坦几乎没有从原苏联军队中获得任何遗产。1993年2月23日，塔吉克斯坦在原人民阵线的基础上组建了国家最初的武装力量，当天人民阵线的部队在杜尚别举行了隆重的行进仪式，这一天被定为军队的诞生之日。1995年塔吉克斯坦《国防法》通过，1998年国防部制定了《塔吉克斯坦军事学说》草案。根据以上法律文件，塔吉克斯坦确立了武装力量的目标和任务。

塔吉克斯坦武装力量建设的主要目标是奉行防御性的军事战略，使之具备在局部地区武装冲突中的山地作战能力和打击国际恐怖主义的能力。因此，塔吉克斯坦主张建立一支总数为1.22万人的武装力量，将其军队保持在足够防御的水平上，规定军费（包括所有强力部门）不超过国内生产总值的3.5%，军队人数不超过总人口的2.2%。[1]

塔吉克斯坦建立了国防部、总参谋部、安全部等国防和军事指挥体制。其中，国防部负责训练军队等事务，总参谋部负责作战指挥。塔吉克斯坦宪法第69条规定：共和国总统是武装力量和其他军事组织的最高统帅，总统拥有武装力量的最高军衔——大将军衔；总统是国家安全部主席，通过国家安全部对各强力部门实施领导；总统有权任命和解除军事将领。

塔吉克斯坦的武装力量有陆军、空军、防空军三个军种，以后又组建了机动部队。机动部队包括空降兵、特种部队、山地步兵。

---

[1] 王凯：《塔吉克斯坦的军事战略和军事力量》，《国际资料信息》2004年第7期。

组建机动部队的目的是为了提高军队的战备水平和快速反应能力，以适应国际和地区的反恐新形势。除四大军种外，还有国防部直属的专业技术部队与分队。

据俄媒体报道，塔国防部的总兵力约有两万人，其中有大约8000人是原联合反对派的部队。除国防部的兵力外，武装力量还有属于国家边防委员会的边防军、属于内务部的内卫军、属于紧急情况部的军队。边防军大约有1200人，大部分驻在列宁纳巴德州，守卫着塔乌边界，他们曾经是联合反对派的部队；内卫军的兵力大约有1.5万人。由于政府认为国家的主要威胁来自国内而不是国外，所以国防部所属武装力量并不是军事力量的基础，内务部内卫军管理局所属部队才是军事力量的基础。内卫军中拥有一个兵力约2300人组成的特种旅，该旅是国内最有组织性、训练水平最高和装备最好的部队。紧急情况部所属兵力大约有2000—2500人，控制着塔吉边界和塔乌边界的关键地段。[1]

塔吉克斯坦军队主要实行义务兵役制，兵役期为24个月。征兵对象是18岁至27岁的青年，义务兵大多是文化程度和文化素质较低的年轻人。1993年，塔吉克军事专科学校（现更名为塔吉克斯坦军事学院）成立，四年以后，1997年该军校开始向塔武装力量输送毕业生。此外，国防部所属的托什穆哈马多夫少将军事学校和内务部所属的山地训练中心也在训练士兵；托什穆哈马多夫少将军事学校每年毕业学员100人，学制两年，学员毕业后可以进入军事学院或外国军事学校。

苏联时期，塔吉克族军官很少，军官的补充一度非常紧张，主要从地方大学的毕业生中招收，年轻军官缺少必要的军事知识和技

---

[1] 王凯：《塔吉克斯坦的军事战略和军事力量》，《国际资料信息》2004年第7期。

能。塔军军官主要在俄罗斯的军校接受培训，俄军校每年从塔招收100名军校学员，如今大约有400名塔吉克斯坦公民在俄军校学习。此外，塔吉克斯坦还向其他国家派遣少量的军事留学生，截至2004年，其中派往中国的有14名。[1]

如前所述，塔吉克斯坦规定包括所有强力部门的总军费不超过国内生产总值的3.5%，2010年，塔政府军两次与联合反对派武装开战，在此期间，军费支出增加了25%。总的来说，塔的军费投入不多，据有关方面统计，哈乌两国2012年的军事支出均为14亿美元，是塔吉克斯坦军费的20倍。截至2012年，塔有军队1.6万人，武器装备数量较少，只有46辆装甲输送车、37辆坦克、3架直升机和1架军用飞机。[2]

目前，塔武装力量的物质技术保障问题比较尖锐，缺少技术装备、武器弹药和军用物资。塔吉克斯坦加强对外军事合作，除独联体国家外，还与伊朗、中国、德国、美国、法国和印度建立了军事合作关系。目前，塔境内只有俄罗斯的军队。在塔局势持续动荡的背景下，塔向俄请求额外的军事援助，2012年，俄宣布准备出资大约2亿美元满足塔军队的需求。[3]

塔吉克斯坦军队组建于内战期间（1992—1997），在军队中形成的各派势力互相斗争，民族和解之后，政府反对派的一些士兵被编入军队，军队的凝聚力不强，军纪涣散，战斗力很差，在对付内外大的武装势力时，要依靠俄罗斯在塔吉克斯坦驻扎的第201军事基地的兵力。

1　王凯：《塔吉克斯坦的军事战略和军事力量》，《国际资料信息》2004年第7期。
2　《俄媒：中国积极向中亚推销武器，与美俄争利益》，环球网2013-01-04。
3　同上。

第八章
经济体制改革

独立初期，塔政府于1995年出台了《深化经济改革和加快向市场关系过渡的紧急措施》和《1995—2000年经济改革纲要》，确立了以市场经济为导向的国家经济政策；然而，经济政策因国内战争而无法落实，经济体制改革直到1997年才被正式提上日程。塔吉克斯坦在所有制改革中，建立了市场经济的基本元素；在产业结构的调整中，确立了"水电兴国"和"交通兴国"的战略方针；在对外开放的外交政策下，截至2009年底，与120个国家建立了外交关系，开设驻外使领馆、常驻代表机构24个，外国驻塔使领馆及国际组织驻塔代表处38家。[1]

第一节 市场经济的建设

与以往历史时期相比，塔吉克斯坦的经济在苏联时期获得了飞跃式的发展。尽管如此，与中亚其他四个加盟共和国相比，塔吉克共和国经济实力仍然十分薄弱。到1990年，塔吉克共和国经济在苏联国民生产总值中只占0.9%，排在苏联的第13位；工业产值占0.4%，排在苏联的末位；农业产值占1%，排在苏联的第13位。[2]

---

[1] 《塔吉克斯坦国家概况》，央视网 2011-08-12。
[2] 赵常庆编著：《中亚五国概论》，第113页。

独立以前，塔吉克共和国的固定资产有 200 亿卢布，其中生产性固定资产为 130 亿卢布，占苏联生产性固定资产总额的 0.7%，与爱沙尼亚共和国并列最后一名。[1]

独立以后，塔吉克斯坦确立了改革苏联时期的计划经济体制，实行市场价格自由化和国有资产非国有化和私有化的目标。为此，政府出台了一系列经济改革措施：1995 年 8 月 23 日通过了《深化经济改革和加快向市场关系过渡的紧急措施》的决议；1995 年 11 月通过了《1995—2000 年经济改革纲要》。但是，由于内战爆发，政局动荡，改革措施无法正常进行，塔吉克斯坦经济不仅没有发展，还发生了严重下滑，几乎到了瘫痪的边缘。1999 年塔吉克斯坦的 GDP 仅相当于 1991 年的 53.4%。[2]

在独联体国家中，塔吉克斯坦经济下降的幅度最大，与苏联时期相比，经济发展水平倒退了 10—15 年。[3] 1991—1996 年，塔吉克斯坦 GDP 的增长率分别为 -7.1%、-29.0%、-11.0%、-18.9%、-12.5%、-4.4%。[4] 到 1996 年，当中亚其他四国的经济出现转机之时，塔吉克斯坦经济下滑的局面还未得到遏制，直到内战停止的 1997 年，经济下滑的现象才得到扭转。

独立之初，塔吉克斯坦就开始了市场经济体制的建设。1992 年 1 月，俄罗斯放开物价，塔吉克斯坦经济受到严重冲击。在此情况下，塔吉克斯坦也同时放开物价，1995 年 4 月 25 日，塔总理宣布，除棉花、皮革、化肥外，所有的商品和原料都取消许可证和

---

[1] 赵常庆编著：《中亚五国概论》，第 113 页。
[2] 赵常庆：《中亚五国新论》，昆仑出版社，2014 年，第 70 页。
[3] 刘启芸：《塔吉克斯坦的经济状况与政策》，《东欧中亚市场研究》2000 年第 2 期。
[4] 冯绍雷、相蓝欣主编：《俄罗斯经济转型》，上海人民出版社，2005 年，第 20 页。

配额，放开价格，改由市场供求调节。物价开放导致国内通货膨胀，在1991年至1995年的五年中，年通货膨胀率分别是111.6%、1157.0%、2195.0%、452.0%、635.0%。[1]国家无力控制通胀，只能对居民生活必需品实行价格补贴。在通货膨胀严重的情况下，1995年5月10日，国家停止使用俄罗斯卢布，发行了本国货币塔吉克卢布。塔吉克斯坦在独立后曾先后使用过苏联卢布和俄罗斯卢布，塔吉克卢布的使用使国家可以限制货币发行量，以遏止通货膨胀。

为了保证市场经济的正常运转，国家实行了新的税收预算政策，并且对税收部门进行改组，建立了税务警察。为了有效地发展市场经济，1996年，政府建立了证券交易所，以便于公开出售股份公司的股份和促进外资的流入。

经过以上改革，到1997年，塔经济形势好转，GDP出现了正增长（1.7%）。[2]1998年，政府出台了《1998—2000年中期发展纲要》，在此三年中，GDP分别增长了5.3%、3.7%、8.3%。[3]2001年，国民经济出现了恢复性增长，是年，国民生产总值比2000年增加了10.2%。[4]到2004年底，GDP比1996年翻了一番，其中农产品自1996年以来增长了25%，工业生产从1997年以来增长了44%。[5]

塔吉克斯坦经济改革的重要任务之一是建立以非国有企业为主

---

[1] 刘启芸：《塔吉克斯坦的经济状况与政策》，《东欧中亚市场研究》2000年第2期。

[2] 程传林：《浅析日本的中亚外交》，《当代亚太》2005年第1期。

[3] 〔塔吉克〕Д.卡里莫夫：《塔吉克斯坦的经济改革及国际合作潜力》，李永庆译，《东欧中亚市场研究》2001年第12期。

[4] 宋国明：《塔吉克斯坦矿业投资环境》，《国土资源情报》2002年第11期。

[5] 塞都罗佐达·尤德古尔：《浅谈塔吉克斯坦近20年经济发展状况》，新疆大学学士学位论文，2013年，第7页。

体的多种经济成分。独立初期,塔吉克斯坦颁布了《关于塔吉克斯坦私有财产非国有化和私有化法》。依据此法律,塔吉克斯坦国有资产管理委员会开始了对国家财产私有化的改造,与此同时,地方政府机构也对地方公共财产进行了私有化改造。由于内战,这一工作直到1995年才被提上日程。1995年,政府出台的《1995—2000年经济改革纲要》明确了塔吉克斯坦要建立多种所有制成分的经济体制,政府计划分两个阶段实现所有制改造。

在第一阶段(1995—1997),政府计划在工业部门完成小企业的私有化和开始大企业的私有化;在农业部门,政府计划把集体农庄和国营农场改造为私人农场、合作社、合作农场,扩大宅旁园地。

小企业私有化的重点在商业、公共饮食业和服务业企业,采取了分类或分阶段进行的方式。职工不足30人的企业,以竞卖和投标的方式出售;30人以上的企业以股份的形式建立股份公司,较大的企业先以租赁、分段购买股份的形式进行,最终目的是把企业出售给企业职工,实现企业的私有化。为了保证包括退休人员在内的每一个人都能同样地参与企业的非国家化,国家规定,在企业改造中,企业私有化过程是公开的,企业管理机关只有10%股份的购买权。[1]

农村所有制改造实际上从1992年已经开始。1991—1995年,塔吉克斯坦的农用土地面积为430万公顷,其中耕地面积为90万公顷[2];塔吉克斯坦70%以上的居民是农业人口,人均耕地面积只

---

[1] 〔塔吉克〕Д.卡里莫夫:《塔吉克斯坦的经济改革和对合作的可能性》,周恒云译,《东欧中亚市场研究》1998年第4期。

[2] 刘启芸:《塔吉克斯坦的经济状况与政策》,《东欧中亚市场研究》2000年第2期。

有0.12公顷[1]。土地改革的重点是土地经营权的转变。政府通过颁布法律和签署行政命令的方式，把土地让给公民，进行土地私有化改造。1992年，按照《土地改革法》的规定，大部分的山坡土地被转让给了私营部门、农户。[2]1995年10月9日，塔吉克斯坦总统签署了《关于把五万公顷土地划给公民发展私营副业经济》的命令；1997年12月1日，总统又签发命令，决定再将2.5万公顷的土地划拨给公民发展私营副业经济。[3]农民成为土地和庄稼的主人。土地私有化不但调动了农民的生产积极性，而且使农业生产与市场更好地结合起来。

分给农民的土地来自原国营农场、集体农庄的土地，以及国家未被利用的土地储备。1991年，国有农场占农业用地的98%，到2007年，私营土地的占比已经达到农业用地的70%，而且土地经营私有化的趋势还在不断加大。[4]农民分到的土地可以永久使用，可以把使用权转让给自己的继承人，但是不能出售或用于与农业生产无关的需要。为了保证广大农民有地可种，政府严格限制土地集中。根据塔吉克斯坦法律，从事农业生产的每一个农民都可以提出划拨私人用地的申请，分地的数额取决于家庭的大小、劳动经验和农民居住地区现有土地的多少。其中，中等农户约有7公顷土地。[5]

塔私有化进程十分缓慢，截至1995年底，完成私有化的商业企业和工业企业占企业总数的8.7%，而私有化的农业企业也只占

---

1 〔塔吉克〕Д. 卡里莫夫：《塔吉克斯坦的经济改革及国际合作潜力》，李永庆译，《东欧中亚市场研究》2001年第12期。

2 翟琳等：《中亚国家农业政策演变及展望》，《农业展望》2018年第6期。

3 《塔吉克斯坦农业发展简况》，李鸿林译，《中亚信息》2008年第6期。

4 Zvi Lerman, David Sedik, *Sources of Agricultural Productivity Growth in Central Asia*, Regional Office for Europe and Central Asia, 2009.

5 〔塔吉克〕Д. 卡里莫夫：《塔吉克斯坦的经济改革和对合作的可能性》，周恒云译，《东欧中亚市场研究》1998年第4期。

7%。[1] 为了加速非国有化的改造，1997 年，塔又颁布了新的《关于国家财产私有化法》，开始了第二阶段（1998—2000）的私有化改造。在此阶段中，政府计划完成大型企业的私有化和金融部门的市场化改革，建立有效的信贷体制和税收体制。

塔于 1998 年 5 月 23 日通过了《银行和银行活动法》，根据法律的规定，塔吉克斯坦实行民族银行及商业银行的二级管理体制。民族银行即国家银行，履行中央银行的职责：发行货币，以及制定货币、信贷政策，支配黄金储备和外汇储备，对所有商业银行的活动颁发许可证并监督其业务。商业银行利用自有或筹集的资金进行资产和负债业务，可在央行账户上保存自由资金，独立决定吸收和使用资金的程序。

2000 年 10 月，塔吉克斯坦以货币索莫尼取代了 1995 年发行的塔吉克卢布，财政、金融体系初步建立，金融领域的所有制改造基本完成。至 2001 年 1 月 1 日，塔吉克斯坦有商业银行 15 家，其中国有全资银行一家（塔吉克储蓄银行，规模较小，拥有资本金仅 29 万美元），合资银行两家（塔吉克卢森堡合资股份商业银行和塔吉克塞浦路斯合资中亚银行），其他股份商业银行 12 家，这 12 家银行中有 3 家银行股份的半数以上为私人所有。商业银行的规模都不大，其中最大的塔吉克股份商业工业复兴开发银行现有资本金 203 万美元，低于独联体国家 300 万美元的平均数。[2]

截至 2001 年 1 月 1 日，塔吉克斯坦国家所有制经营主体占 27.8%，私营所有制经营主体占 47.1%，集体所有制经营主体占 19.3%，混合所有制经营主体（外国法人、外国公民和无国籍公民

1　〔塔吉克〕Д. 卡里莫夫：《塔吉克斯坦的经济改革和对合作的可能性》，周恒云译，《东欧中亚市场研究》1998 年第 4 期。

2　刘雪松：《塔吉克斯坦共和国银行现状》，《东欧中亚市场研究》2001 年第 7 期。

所有的企业）占5.8%。[1] 在21世纪初，塔吉克斯坦形成了多种所有制的经济体。

第二节 产业结构的调整

1998年以后，塔吉克斯坦开始了产业结构调整，调整的目标是力争实现粮食和能源的自给，优先发展粮食和能源两大产业。

苏联时期，塔吉克共和国开始了工业化进程，但直到苏联解体，塔吉克共和国仍然是一个农业国，农业在塔居于重要地位。独立以后，塔政府面临的经济任务主要是保证本国对粮食的需求。塔境内的山地和高原占了全国土地面积的绝大部分，海拔300—7495米的山地占国土总面积的93%，能够有效使用的土地面积不大。农业用地面积为374.6万公顷，其中耕地面积只有67.31万公顷，多年栽植作物面积为11.57万公顷，刈草场面积为1.77万公顷，牧场面积为290.98万公顷，撂荒地面积为2.97万公顷。[2]

在有限的耕地上，棉花是塔吉克斯坦最主要的经济作物，也是国家主要出口的农作物，而粮食生产长期不能自给。独立之初，农业生产以两位数的速度下降，粮食人均年占有量从1991年的53公斤降到1995年的42公斤。[3]

为了解决粮食严重短缺的问题，国家采取减少棉花播种面积以

---

[1] 〔塔吉克〕Д. 卡里莫夫：《塔吉克斯坦的经济改革及国际合作潜力》，李永庆译，《东欧中亚市场研究》2001年第12期。

[2] 塔吉克斯坦共和国国家统计局：《塔吉克斯坦：国家独立20年》，2011年，第479页，转引自蒲开夫：《塔吉克斯坦共和国的人口发展与劳动就业》，《俄罗斯中亚东欧市场》2012年第8期。

[3] 刘启芸：《塔吉克斯坦的经济状况与政策》，《东欧中亚市场研究》2000年第2期。

扩大粮食播种面积的措施。粮食播种面积从 1991 年的 23 万公顷迅速增加到 1998 年的 41 万公顷，以后多年基本维持在 40 万公顷左右；其主要增加的是小麦的播种面积，小麦的播种面积在 1998 年以后稳定在 35 万公顷左右，占粮食作物播种面积的80%。[1] 此外，国家利用政策促进农业生产，1997 年，政府对一些商品的进口实行限制措施，其中农业经济作物，以及观赏性草本植物和蚕种等产品位列第一。[2]

1997 年以后，塔吉克斯坦的农业产值出现了持续发展的势头，1997 年农业总产值是 1991 年的 46.1%，2000 年是 1991 年的 53.1%，2001 年达到 1991 年的 58.9%。[3] 但农业的增长属于恢复性增长，粮食仍不能满足国内需求，还要依靠进口。[4] 到 2003 年，塔吉克斯坦的粮食问题仍很严峻。

塔吉克斯坦的畜牧业以养羊和牛为主。塔吉克斯坦拥有足够的天然牧场，可以大规模饲养羊。独立以后，由于战乱和经济衰退，养羊业大幅萎缩，存栏数由 1990 年的 250 万只减少到 1997 年的 150 万只，降幅达 40%。其中，优质的细毛羊数不超过 3%，大约只有 4500 只。受畜牧业的影响，羊毛产量也由 600 吨降至 90 吨，降幅达 85%。[5]

---

[1] 牛海生等：《塔吉克斯坦农业资源与农业发展分析》，《世界农业》2013 年第 4 期。

[2] 段秀芳：《中亚国家现行外贸政策及其评价》，《俄罗斯中亚东欧研究》2007 年第 3 期。

[3] 伊里旦·伊斯哈科夫编译：《塔吉克斯坦社会经济发展情况》，《中亚信息》2003 年第 1 期。

[4] 1992 年和 1993 年，塔吉克斯坦进口粮食分别为 46.8 万吨、79.7 万吨，1994 年从独联体国家进口 29.4 万吨，从独联体以外国家进口 36.1 万吨；1995 年从独联体国家进口 32.1 万吨，从独联体以外国家进口 7.0 万吨；1996 年，进口 16.2 万吨。参见刘文军：《塔吉克斯坦对外经济关系现状》，《东欧中亚市场研究》2000 年第 2 期。

[5] 杨建梅：《中亚五国纺织工业发展状况》，《中亚信息》2007 年第 3 期。

作为一个农业国，塔吉克斯坦从事农业和服务业的人居多，1999年初，全国人口总数为616.4万人，其中，城市人口约占27%，农村人口约占73%。政府正在积极寻求国际援助来帮助农业发展，截至2000年，世界银行和国际开发协会向塔捐助了6.3亿美元用来发展农业。

工业领域在独立以后呈现下滑局面。苏联时期，苏联中央对塔吉克共和国经济实施优惠政策，拨款的幅度较大，在工业化运动的第一个五年计划期间（1928—1932年），塔吉克共和国建设投资的78%是由苏联中央提供的，并且不向中央上缴利润。[1]独立以后，由于资金严重短缺，加之国内战乱，许多工厂处于停产、半停产状态。工业产值指数逐年下滑，从1992年到1998年，国内工业产值分别是1991年的76%、70%、52%、45%、34%、34%、36%。[2]

1998年以后，塔吉克斯坦开始了产业结构的调整，能源企业是国家优先发展的方向。塔吉克斯坦的石油和天然气储量没有中亚其他国家丰富，油气蕴藏区只有3.46万平方千米，占国土面积的24.2%。[3]此外，塔吉克斯坦的油气资源一般储藏在地下六七千米的深处，开采较为困难，钻探超深石油井需要大量投资。独立初期，塔吉克斯坦的油气资源勘探工作一度中断，油气开采量急剧下滑。从2001年起，油气开采量逐年增加，2002年开采了16029吨石油和3250万立方米天然气，分别比上年增加了184吨和1910万立方

---

[1] 陈联璧等：《略论苏联中亚地区经济和文化的发展》，《中亚研究资料》1984年第3期。

[2] 《1998年独联体国家统计册》，莫斯科，1999年，第28页，转引自刘启芸：《塔吉克斯坦的经济状况与政策》，《东欧中亚市场研究》2000年第2期。

[3] 苏翔、闵兰钧：《塔吉克斯坦石油天然气产业发展状况》，《中亚信息》2007年第4期。

米。[1]尽管如此，2002年的石油产量只相当于1940年的水平，天然气的产量只相当于1965年的水平。[2]因此，塔吉克斯坦能源仍不能满足国内需求，天然气要从乌兹别克斯坦进口。

政府将能源发展确定为优先产业，主要考虑的是发展水力事业。塔吉克斯坦拥有丰富的水力资源，境内500千米以上的河流有4条，100—500千米长的河流有15条。[3]水力发电作为塔吉克斯坦的主要能源，占国内能源总量的80%。独立以后，政府提出实施"水电兴国"战略，到2001年，塔吉克斯坦的电力总装机容量达到441.2万千瓦，年发电量143.36亿千瓦时，其中98%以上为水力发电。[4]2002年，塔发电量达到152.44亿千瓦时，比2001年增加了6.3%。[5]2003年以后，塔在加大水电站建设的同时，也将火力发电作为优先发展能源的一个方面。塔吉克斯坦的煤储量丰富，泛－雅格诺布煤矿的储量为4.7亿吨。政府在发展水电站的同时加紧了火力发电的开发。

在重工业领域，国家大力发展采矿业。独立以前，采矿业在塔吉克斯坦以有色金属开采的重工业为主。塔吉克斯坦的矿产资源十分丰富，铀储量居独联体首位，铅、锌矿储量占中亚地区第一位，其次还有锑、钼、钨、铜、铝、银、金、铁、汞、锡、硼、碳酸盐、萤石、宝石和半宝石等。[6]2002年，塔吉克斯坦产煤3.25万吨，比2001年多6700吨。[7]

1　《2002年塔吉克斯坦电能增产6.3%》，聂书岭译，《中亚信息》2003年第2期。
2　宋国明：《塔吉克斯坦矿业投资环境》，《国土资源情报》2002年第11期。
3　刘启芸：《塔吉克斯坦》，《东欧中亚市场研究》1998年第4期。
4　董大富：《塔吉克斯坦的水电发展》，《小水电》2003年第3期。
5　《2002年塔吉克斯坦电能增产6.3%》，聂书岭译，《中亚信息》2003年第2期。
6　〔塔吉克〕Д.卡里莫夫：《塔吉克斯坦的经济改革及国际合作潜力》，李永庆译，《东欧中亚市场研究》2001年第12期。
7　《2002年塔吉克斯坦电能增产6.3%》，聂书岭译，《中亚信息》2003年第2期。

1997年以后，塔吉克斯坦的建材业迅速发展。其中，大企业有塔吉克斯坦水泥厂、伊斯法拉建材公司、列宁纳巴德建材公司。这些企业利用本国丰富的石英砂、白云石、石膏石、石灰岩、黏土等原料，生产水泥、石棉管、墙面材料、孔隙填料、建筑石灰、石英砂、非金属材料、镶面材料等各类建材。[1]

机器制造业在塔吉克斯坦的工业结构中约占7.4%，企业有100家左右，主要的机器制造企业有塔吉克斯坦水轮机股份公司、配件厂股份公司、机械设备贸易公司等。这些企业能生产从高度精密机床、单独的组件和零件、农用机器配件、管道配件到日常生活用品的多种产品。[2]

独立以后，塔吉克斯坦服务业得到发展，其中，信息业的发展迅速。独立初期，通信网主要沿用苏联时期留下来的PCM（脉冲编码调制）设备及模拟微波设备，设备老化是塔吉克斯坦信息业长期处于低水平发展的原因。塔内战期间，信息业的发展受阻，电话普及率低至每百人不足5部。1996年，荷兰一家公司在塔首都杜尚别开通了AMPS制式模拟手机业务，成立了第一家移动通信公司（Tajike Tel）。2000年以后，塔电信及运输部吸引外资，信息业得到迅速发展，成为该国经济发展中最具潜力的一个行业。经过近10年的发展，特别是2000年以后，随着塔国内经济的恢复，塔通信产业得到了快速的发展，截至2014年，在塔共有10家移动电话运营商，其中较有实力的是塔最大私营通信公司Babilon-Mobile、塔俄合资的MLTMobile、塔美合资的Indigo，以及中塔合资的TKMobile。[3]

---

[1]《塔吉克斯坦工业发展简况》，岳萍译，《中亚信息》2007年第12期。
[2] 同上。
[3]《塔吉克斯坦的通信基础设施》，中华人民共和国商务部2014-07-27。

塔吉克斯坦经济结构的调整需要大量资金的投入。内战结束后，国家加紧实施对外开放政策，创造良好的投资环境，吸引外资以解决资金严重短缺的问题。

第三节　外向型经济的起步

扩大与外部世界的联系（经济开放）以实现国民经济现代化，是塔吉克斯坦经济改革的任务之一。塔吉克斯坦于 1993 年 12 月 27 日出台的《对外经济活动法》规定，塔吉克斯坦经济和对外经济联络部负责协调、组织和管理有关的对外经济事务。2001 年 1 月 11 日，政府发布《关于组建塔吉克斯坦经济和贸易部》（"经济和贸易部"以下简称"经贸部"）的总统令，此后，对外经济事务由经贸部负责管理。

独立初期，塔吉克斯坦开始实施对外贸易自由化。政府"取消了原垄断性的外贸管理体制，实行较为宽松的对外贸易政策，企业法人、自然人都可从事进出口贸易；一般商品均放开经营"[1]，取消了国家对棉花和铝出口的垄断。1995 年 6 月 27 日，政府颁布《关于塔吉克斯坦对外贸易自由化》的总统令，法令规定，从 1995 年 7 月 1 日起，国家取消除棉花和铝锭外所有商品的配额和许可证限制。[2]

塔吉克斯坦出口产品大部分是原料产品。主要出口有农产品、纺织原料及纺织制成品、矿产品、非贵金属及其初级制品、车辆和机械设备等。其中，农产品的对外贸易还处于初级阶段，贸易量也

---

[1]《塔吉克斯坦：外贸政策较为宽松》，《中国对外贸易》2014 年第 5 期。
[2]　段秀芳：《中亚国家现行外贸政策及其评价》，《俄罗斯中亚东欧研究》2007 年第 3 期。

比较小。[1] 塔吉克斯坦进口商品种类很多，其中天然气、电力为其主要进口商品。[2] 独立初期，塔吉克斯坦的主要贸易伙伴国有俄罗斯、中国、土耳其和伊朗。中国与塔吉克斯坦于1992年1月4日正式建交以后，两国经贸合作稳定发展。

吸引投资是塔吉克斯坦对外开放的重要方面。独立以后，由于与原来的经济联系中断，政府无力提供必需的资金，塔吉克斯坦的工业基本处于瘫痪状态，只能依靠外援和外国投资以解决资金来源问题。因此塔吉克斯坦制定了一系列的积极吸引外资的法律和政策，国家先后出台了《外国投资法》、《自由经济区法》等法律。1992年3月，塔吉克斯坦颁布了第一部《外国投资法》。《外国投资法》保障外国投资者的财产安全，其中规定：除因国防、国家安全、社会秩序、公众健康和道德需要外，不会将其境内的外国投资收归国有；一旦发生征用必须尽快给予补偿，不得无故拖延，补偿金额应与征用发生时外国投资的实际价值相符。[3] 优惠条件有：对于投资额在10万—50万美元的外国投资者，凡所占股份不少于30%的合资企业，两年内可免交利润所得税；凡投资为50万—200万美元的合资企业，免税期为3年；凡投资额达500万美元或更多的投资者，免税期为5年。[4] 以后，塔吉克斯坦对《外国投资法》进行了修改和补充，逐步放宽了外商投资领域，降低准入门槛。修改后的《外国投资法》规定：投资者完税后有权将塔吉克斯坦货币自由兑换成其他货币，同样可认购其他外币用于支付塔境外业务。此外，国家鼓励外国投资者参与塔吉克斯坦的私有化进程，外国投资

1　买买提热夏提·肉孜等：《中国与塔吉克斯坦农产品贸易现状分析》，《边疆经济与文化》2013年第4期。

2　《塔吉克斯坦：外贸政策较为宽松》，《中国对外贸易》2014年第5期。

3　黄运良、庄岚：《中亚五国外贸合作法律法规》，《大陆桥视野》2005年第11期。

4　《塔吉克斯坦的投资环境与外经活动》，李付岩译，《中亚信息》2002年第2期。

者可按法律程序购买塔吉克斯坦的国有资产。在融资条件方面，外资企业与当地企业享受同等待遇。国家没有特殊的限制，遵循市场化原则。[1]

根据2002年塔吉克斯坦修订的《外国投资法》，对外资企业进口的生产技术设备及与该设备运行不可缺少或整体组成部分的配套产品免征关税，但这一优惠政策只有在出具上述物资将直接用于外资企业的生产、完成工程劳务和提供服务，而不属于应征收消费税范畴商品的证明后方可兑现。[2]2002年的《外国投资法》还规定，如果后续的法律导致外国投资者和外资企业的总税负加重，则十年内外资企业适用注册时生效的法律。

为了吸引外资，政府制定了一系列吸引外资的政策。政府每年出版名为《投资方案：合作邀请》的小册子，广泛宣传本国的投资优惠政策和方案。政府将吸引投资的重点放在了电力业、铝业、纺织业、农业和食品加工业等领域。其中，罗贡和桑格图金水电站的建设、贵金属和多金属的开采、通讯业的发展，以及棉花和农产品的加工是优先的投资方向。

塔吉克斯坦积极向国际金融组织争取国际债务和信贷资金。据有关资料统计，塔吉克斯坦通过国际货币基金组织、世界银行、欧洲银行、亚洲发展银行以及加拿大、美国、英国、韩国、德国、瑞典、意大利、比利时和俄罗斯等国政府和银行，举借了大量外债和贷款，到1997年底，塔吉克斯坦的此类债务额超过了同年GDP的两倍。[3]

---

[1] 《塔吉克斯坦：外贸政策较为宽松》，《中国对外贸易》2014年第5期。
[2] 《塔吉克斯坦纺织工业现状和发展前景》，《中亚信息》2004年第2期。
[3] 赵惠、杨恕：《中亚国家利用外资情况简析》，《东欧中亚市场研究》2001年第2期。

截至 2005 年，塔吉克斯坦与英国、美国、加拿大、韩国、中国等国家建立了各类合资企业，还建立了 250 多家外资企业，共引进外资 3.466 亿美元。[1] 其中最大的企业是塔英合资扎拉弗索恩黄金加工厂，另有塔韩合资企业，中塔合资利事达纺织厂，中塔合资杜尚别卷烟厂，塔意合资阿布列什伊蒙和扎瓦尼棉花加工、牛仔布及纺织品生产企业，塔美合资阿比如罗尔冷饮生产企业等。

1998 年开始，由于积极引进外资，生产开始有了好转。向塔吉克斯坦投资最多的国家是韩国、意大利、塞浦路斯、澳大利亚和瑞士等国，其中，韩国、意大利分别与塔有关部门成立了发展科技的合资企业。如今，塔纺织工业产值约占全国工业总产值的 15%，是继有色冶金工业、食品工业之后的第三大支柱产业。

受内战以及美国对阿富汗发动反恐战争的影响，塔吉克斯坦投资环境恶劣，造成资金严重短缺。为了改善投资环境，塔吉克斯坦与一些国家签订了相互投资保护、免除双边关税的协议，此外，成为保障投资多边协会成员也是政府改善投资环境的重要举措之一。塔吉克斯坦是独联体、中亚区域经济合作组织以及欧共体成员国。[2]

2005 年，塔吉克斯坦经贸部长哈吉姆·索利耶夫在记者招待会上说，2005—2007 年塔吉克斯坦经济领域将引进外资 6.45 亿美元，这些资金将用于实施政府确定的优先发展的经济领域的相关项目，尤其是与俄罗斯合作的桑格图达水电站和罗贡水电站建设项目。[3]

总的来看，塔吉克斯坦吸引外资的力度还不大。截至 2013 年，

---

1 《塔吉克斯坦现代经济状况》，中华人民共和国商务部 2005-03-29。
2 《塔吉克斯坦：外贸政策较为宽松》，《中国对外贸易》2014 年第 5 期。
3 聂书岭：《2005—2007 年塔吉克斯坦将引进外资 6.45 亿美元》，《中亚信息》2005 年第 5 期。

塔吉克斯坦累计吸引外资总额为 25.34 亿美元。[1] 阻碍投资的因素主要有基础设施（道路、输电线、水供应等）发展薄弱，电源供应的季节性短缺，商业服务业（银行、信息分析、咨询等）欠发达，高度官僚化，以及国家投资领域和保护所有权机制方面的法律不健全等。[2]

由于种种原因，塔吉克斯坦在外向型经济建设的道路上困难重重，尽管如此，对外开放当是塔吉克斯坦不会改变的基本国策。

---

1 《塔吉克斯坦吸收外资情况》，中华人民共和国商务部 2014-07-27。
2 张真真：《塔吉克斯坦独立后的政治经济发展》，上海大学出版社，2016 年，第 186 页。

第九章
意识形态与宗教、文化

在独立国家的建设过程中,培植人们对新独立国家的认同、构建保持政治稳定的意识形态,是塔吉克斯坦面临的一项战略任务。与其他中亚国家不同,塔吉克斯坦在独立之初遭遇了内战,战争削弱了政府强化国家权威的能力,国家认同一度处于危机之中,在此形势下,伊斯兰教成为国家的主流意识。内战结束以后,塔吉克斯坦政府在构建国家意识形态之时,将宗教因素和传统文化因素纳入其中,在此基础上,国家认同和主流的意识形态基本建立起来。

第一节 意识形态的构建

塔吉克人信仰伊斯兰教已有一千多年的历史,是一个宗教情结浓厚的民族。虽然在苏联时期历经了近70年的无神论教育,但其宗教意识仍然很强。苏联解体前后,宗教活动在塔吉克斯坦复苏,一些党员、干部都遵从伊斯兰教习俗,人们开始穿戴有伊斯兰教象征的服饰,采用有《古兰经》韵文的装饰,父母给孩子起伊斯兰教名等。据1987年8月公布的一份社会调查报告,塔吉克共和国内有45%的人承认自己是伊斯兰教信仰者。

1988年,苏共中央总书记戈尔巴乔夫开始了政治多元化改革,苏联的宗教政策发生了变化。他在苏共第十九次代表大会（1988年6月）上说："我们并不隐瞒自己的观点，即宗教的世界观是非唯物主义的和非科学的，但这不能成为我们不尊重信教群众精神世界的理由。而且运用任何行政压力将唯物主义观点强加于人的做法自然是不公正的。"[1]1990年2月，苏共中央决定取消一党制，实行多党制，于是，具有明显政治倾向的伊斯兰教组织出现，开始在政治生活中施加影响。为了适应当时的形势，1990年9月，苏联出台了《信仰自由和宗教组织法》，宗教组织和宗教活动有了法律依据。[2]在此背景下，长期受到压抑的宗教在塔吉克共和国呈现复兴态势。

塔吉克共和国的宗教生活于20世纪80年代中期开始复苏，信教人数和宗教活动场所都快速增长，开放的清真寺在1989年只有79座，到1992年已猛增至2870座，占中亚五国清真寺总数的一半以上，此外还有3000处礼拜堂。[3]1990年9月，塔吉克共和国通过了《信仰自由和宗教组织法》，伊斯兰教的宗教节日开斋节、宰牲节和那吾鲁孜节被定为法定公休节日。拉赫莫诺夫（拉赫蒙）总统说："我们极其敬重地对待神圣的伊斯兰教，……伊斯兰教是我们社会世界观、道德和文化的最重要的基础。"[4]于是，植根于主体民族意识深处的伊斯兰教迅速填补了人们的精神生活，成为国家主流的意识形态并重塑了塔吉克斯坦的认同方式。

苏联解体以后，苏联时期形成的国家意识形态被放弃。当中亚

---

1 《戈尔巴乔夫在苏联共产党第十九次代表会议上的讲话》，《苏联东欧问题译丛》1988年第5期。

2 常玢：《苏联解体前后的中亚国家伊斯兰教状况》，《东欧中亚研究》2001年第5期。

3 沈冀鹏：《中亚五国的宗教问题及其对政局的影响》，《东欧中亚研究》1994年第3期。

4 赵常庆主编：《十年巨变——中亚和外高加索卷》，第47页。

其他国家正在构建新的国家意识形态以巩固政权之时，塔吉克斯坦却经历了内战。在内战中，塔吉克斯坦未能确立稳定的主导意识形态或思想体系以引导国民对新兴国家的认同。在此形势下，政府和反对派都转向伊斯兰教来提高自己的权威和赢得公众支持。[1]因此，伊斯兰教不仅在塔吉克斯坦的意识形态领域占据了主导地位，而且超越了自身的范畴转化为一股独立的政治力量。

伊斯兰教政治化的倾向在塔吉克加盟共和国后期已经开始，从1986年起，塔吉克共和国出版了期刊《伊斯兰真理》，对伊朗的伊斯兰革命做了大量报道，还刊载了霍梅尼的作品和言论；1990年2月，杜尚别出现了骚乱，一些穆斯林高举起绿旗，号召根据伊斯兰教来决定人民的命运。此后，伊斯兰势力出现了联合趋势，一些宗教社会团体应运而生。同年6月9日，苏联穆斯林在俄罗斯阿斯特拉罕城成立了苏联伊斯兰复兴党，10月，该党在塔吉克共和国建立了分支机构。伊斯兰复兴党在塔吉克共和国拥有相当广泛的支持者，成为左右社会生活的一支重要政治力量。

独立以后，塔吉克斯坦的伊斯兰复兴党开始干预政治。1991年10月，该党向议会施压，提出取消禁止成立宗教政党的有关法律；1992年3月，组织上万名穆斯林群众在总统官邸示威，要求清除议会中的共产党员；1992年5月，甚至组织了两万多民兵参加针对纳比耶夫总统的夺权。此后，伊斯兰复兴党提出了建立所谓"伊斯兰共和国"的政治主张。

从1992年的下半年起，中亚大多数国家开始实施限制伊斯兰教的政策，而此时的塔吉克斯坦政府却与以伊斯兰复兴党为代表的

---

1 〔美〕塞缪尔·亨廷顿：《文明的冲突与世界秩序的重建》，新华出版社，1999年，第111页。

伊斯兰激进主义者，在建立世俗政体还是政教合一政体这一问题上发生了激烈冲突，最终引发内战。内战初期，政府对伊斯兰复兴党采取了强硬措施。1993年6月21日，政府宣布取缔伊斯兰复兴党；1994年宪法规定在塔吉克斯坦禁止成立宗教性质的政党；在1994年的总统大选中，伊斯兰政治势力被完全排除在国家权力机构之外。

塔吉克斯坦的一些学者认为：1992—1997年塔吉克斯坦内战的思想根源事实上是共产主义、伊斯兰、民主主义三种竞争的意识形态之间无法调和的冲突。[1]以奥利穆娃为代表的另一些学者却认为：塔吉克斯坦的认同困境并不在于在共产主义和伊斯兰之间进行选择，而是在普世的伊斯兰和激进伊斯兰之间进行选择。[2]实际上，1992年下半年以后，伊斯兰教的复兴和伊斯兰复兴党的活动已经在塔吉克斯坦民众中重塑了人们的认同方式。

在长达五年的内战中，民众的宗教热情高涨，伊斯兰认同使国家认同面临危机。1992年初，伊斯兰复兴党和伊斯兰民主党结成"救国阵线"，反对塔的执政府。1992年8月31日，"救国阵线"武装开进首都杜尚别，占领了广播电台和总统府。戈尔诺-巴达赫尚地区的帕米尔人在塔吉克斯坦独立之初曾要求分离，独立前夕建立的拉里·巴达赫尚（1991年3月4日成立，意为巴达赫尚的红宝石）是一支民族主义政党，该党控制了巴达赫尚地区，独立后遭到政府镇压。1993年以后，戈尔诺-巴达赫尚名义上属于塔吉克斯坦，实际上是一个完全独立的自治区域，帕米尔高原事实上处于教

---

[1] 文丰：《十字路口上的塔吉克斯坦：世俗化还是伊斯兰化》，《新疆师范大学学报》2011年第6期。

[2] 孙超：《我们是谁？——塔吉克斯坦的认同政治》，《俄罗斯东欧中亚研究》2014年第1期。

权统治之下。1994年下半年，以伊斯兰复兴党为核心的反对派在国外伊斯兰势力的支持下占领了加尔姆地区、戈尔诺-巴达赫尚等大约50%以上的全国领土。五年的内战和国家统一的危机使塔吉克斯坦政府感受到了来自宗教的巨大压力，塔吉克斯坦领导者意识到，在构建国家认同之时，必须正确对待伊斯兰教这一宗教因素。

1997年6月27日，政府与以伊斯兰复兴党为核心的反对派签署了民族和解协议。协议规定：塔吉克斯坦联合反对派按一定比例加入政府各部门，其武装人员被编入军队。[1]根据协议的规定，伊斯兰复兴党得以重返政治舞台，成为影响政局的一支合法的政治力量。在1999年宪法修正案中，去掉了1994年宪法中"塔吉克斯坦是非宗教的单一制国家"的表述，只提到：在塔吉克斯坦建立世俗、民主、法制的国家。不难看出，1999年宪法强调了国家的世俗性。与此同时，1999年宪法取消了国家禁止宗教性质政党存在的规定，包括伊斯兰复兴党在内的宗教性质政党具有了合法性。这一更改反映了政府在构建国家认同中承认了在民众中有着深厚根基的伊斯兰教因素。

在承认伊斯兰宗教党派参与政治活动的前提下，塔吉克斯坦政府对激进的伊斯兰倾向加强了控制。塔吉克斯坦伊斯兰政治化倾向的国际因素主要来自沙特阿拉伯、伊朗、土耳其等伊斯兰国家，这些国家通过免费赠送《古兰经》、接收留学生、资助修建清真寺等方式，对塔吉克斯坦的伊斯兰激进主义起到了推波助澜的作用。拉赫蒙总统认为，从外国宗教学校毕业的学生可能对国家安全构成威胁，"我们要开办自己的宗教大学，培养自己的毛拉"，"否则，在

---

[1] 中国现代国际关系研究所民族与宗教研究中心编著：《周边地区民族宗教问题透视》，时事出版社，2008年，第105—106页。

国外学习宗教的学生中的大部分将在5年至10年内变成极端分子和恐怖分子","他们不仅在那里学习宗教,他们还会在国内给政府和国家制造麻烦"。[1]1997年以后,抵御外来的伊斯兰激进主义是重构国家意识形态中的重要内容。对出国留学和到麦加朝觐进行严格控制,安全部门经常对清真寺和一些私人住宅进行突击搜查,以阻止毛拉们的非法宗教活动。官方已经宣布在公共机构和学校戴面纱、裹头巾违法。

弘扬传统文化和民族精神成为政府重构国家意识和巩固政权的重要内容。塔吉克政界和知识界人士开始在历史中寻找素材以强化"塔吉克人"的凝聚力,塔吉克斯坦总统撰写了《历史之镜中的塔吉克族》、《从雅利安人到萨曼人》等著作。以塔科学院历史所所长拉希姆·玛索夫为首的史学家宣称塔吉克族是雅利安人的后裔,是中亚的原始居民,中亚大部分地区自古以来就是塔吉克人的居地。为了培养民族自豪感,塔吉克学者大张旗鼓地宣传雅利安人的战斗和开创精神,并将2006年定为"雅利安文明年"。雅利安人认同不仅确立了塔吉克族在其祖先土地上建国的合法性,突出了塔吉克族在中亚文明中的光辉历史,而且还拉近了与拥有共同祖先的伊朗、印度等国的关系,特别是信奉伊斯兰教的伊朗,伊朗也是塔吉克斯坦独立后第一个在塔设立大使馆的国家。

除了追溯到雅利安文明外,塔知识界还大力宣扬波斯文化。9世纪下半叶,塔吉克人的祖先在中亚建立了统一政权——萨曼王朝(874—999)。萨曼王朝提倡的波斯文化与伊斯兰文化融合,从而将伊斯兰文化推向鼎盛。正是在此期间,塔吉克族开始形成。塔

---

[1] 文丰:《十字路口上的塔吉克斯坦:世俗化还是伊斯兰化》,《新疆师范大学学报》2011年第6期。

学者认为塔吉克人是具有波斯文化的民族共同体，是波斯文化的创造者和继承者，有关这类的传说、民歌、谚语在塔吉克斯坦广泛流传，而创建萨曼王朝的伊斯迈伊尔·萨曼尼成了被大肆宣传和崇拜的对象，鲁达基、菲尔多西等文化名人也被塔学者归在塔吉克族名下。这种文化弥散所形成的"文学帝国"、"史诗文明"或"波斯诗集"塑造了一种独特的氛围——塔吉克人的共同感。[1] 政府希望利用波斯文化的共性以凝聚民族，实现对新兴民族国家的认同。如塔境内最高峰共产主义峰于1998年改为以萨曼王朝创建者名字命名的萨曼尼峰。

为了宣传民族价值观，促进民族自豪感的提升，特别是唤起年轻一代对祖先丰富文化和塔吉克人民建立的现代国家的记忆，塔对苏联时期的一些地名也进行了更改。如将1946年建成的契卡洛夫斯克[2]更名为普斯通市，50年代修建的卡伊拉库姆斯科水库更名为巴赫理·托吉克水库（意为"塔吉克之海"）。为了强化主体民族地位，增强国家凝聚力，塔推行"去俄罗斯化"政策，恢复城市旧有的历史名称。索格特州的历史古城苦盏，苏联时期为了纪念列宁而将之改名为列宁纳巴德，苏联解体后就恢复了旧有的名称（2000年改为今名）。

通过以上途径，对"塔吉克人"的认同基本建立起来，尽管伊斯兰认同仍在发挥作用。塔吉克斯坦国家认同的建立过程仍未完成，将传统历史文化遗产、伊斯兰因素和国家主义要素整合起来，

---

[1] John R. Perry, "From Persian to Tajik to Persian: Culture, Politics and Law Reshape a Central Asian Language", *Non-Slavic Languages 8, Linguistic Studies in the Non-Slavic Languages of the Commonwealth of Independent States and the Baltic Republics*, H. I. Aronson ed., 1996, p. 280.

[2] 以苏联功勋试飞员契卡洛夫的名字命名；苏联的第一颗原子弹也在此地制造完成。

以实现塔吉克斯坦的国家认同,还是一个长期的过程。

第二节 以伊斯兰复兴党为核心的伊斯兰政党

独立以后,塔吉克斯坦以伊斯兰教为首的宗教复兴势头日甚。在塔吉克斯坦兴建了大量的清真寺和宗教学校(至少有20个官方的宗教学校和一所伊斯兰大学);伊斯兰教的宗教节日成为国家合法的公共节日;每年有数千穆斯林朝觐,有数百人远赴伊朗、巴基斯坦、埃及、沙特等国的宗教学校求学。

塔吉克族穆斯林以信仰伊斯兰教逊尼派为主(95%),其中大多数人属于哈乃斐教派,少数人信仰原教旨主义的瓦哈比教派;有3%的穆斯林信仰什叶派,其中包括什叶派中的极端派伊斯玛仪教派和持原教旨主义的伊斯纳·阿沙里斯教派。哈乃斐教派信徒和伊斯纳·阿沙里斯教派信徒散居在塔吉克斯坦全境;瓦哈比教派信徒主要在东部的加尔姆地区;伊斯玛仪教派信徒集中于戈尔诺-巴达赫尚自治州,他们与印度伊斯玛仪教派保持联系。[1]

在中亚地区活动的伊斯兰组织中,有两个政党在塔吉克斯坦十分活跃[2],一是伊斯兰复兴党,一是伊斯兰解放党(伊扎布特)。其中,伊斯兰解放党于1992年进入乌兹别克斯坦的费尔干纳、安集延等地区,于1998年进入塔吉克斯坦。[3] 伊斯兰解放党原是倡导"非暴力"活动的,主要活动内容是传播原教旨主义思想,掀起宗教狂热。从1992年下半叶起,中亚一些国家将伊斯兰解放党列为宗

---

1 刘启芸编著:《塔吉克斯坦》,第165页。
2 苏畅:《九一一事件后中亚宗教极端势力的重组》,《俄罗斯中亚东欧研究》2005年第2期。
3 苏畅:《伊斯兰解放党与中亚安全》,《俄罗斯中亚东欧研究》2006年第2期。

极端组织,对其实施严打,伊斯兰解放党被迫从公开转入地下活动,并且开始以武装形式与政府直接对抗。[1] 塔吉克斯坦的伊斯兰解放党于 21 世纪初开始了恐怖活动。2000 年,他们在杜尚别朝鲜族新教教堂制造了一起致 9 人死亡、30 多人受伤的爆炸事件;2001 年,他们制造了包括内务部副部长、文化部长等 3 名高官遇害的一系列暗杀事件;同年 4 月,他们在塔东部地区杀死几名警察。塔吉克斯坦于 2002 年将伊斯兰解放党确定为宗教极端组织并禁止他们的活动,截至 2002 年 1 月 14 日,塔最高法院分三批先后对国内伊斯兰解放党成员 28 人进行审判,对在各地进行活动的 14 人分别判处 8 年到 18 年徒刑。[2] 在此形势下,伊斯兰解放党在塔吉克斯坦的影响逐渐减弱。

在塔吉克斯坦影响最大的伊斯兰政党是伊斯兰复兴党。苏联前期(1929—1943),苏联中央政府大力宣扬无神论思想和严格实施宗教管理政策,伊斯兰教成为政府严格管控的对象之一,穆斯林的信仰活动受到限制,这种状况一直持续到二战期间。二战以后,穆斯林获得了一定的自由,其中包括由宗教人士处理穆斯林事务的权利。不过,当时的宗教人士都是由政府选派的,他们实际上是协助国家管理穆斯林的工具。尽管如此,伊斯兰教在苏联境内获得了比较宽松的环境。到 20 世纪 70 年代,伊斯兰地下秘密组织在塔吉克共和国出现,当时的苏联报纸将该组织成员称为"瓦哈比教派"。这一组织以乡村茶馆为掩护办起了地下伊斯兰教学校,苏菲派的长老依禅成为学校的老师,依禅们走村串巷,深入民间,召集当地的

---

1 王建平等编:《当代中亚伊斯兰教及其与外界的联系》,中国社会科学院世界宗教研究所,2000 年,第 113 页。
2 李琪:《"东突"分裂主义势力的思想体系和基本特征》,周伟洲主编:《西北民族论丛》第 3 辑,中国社会科学出版社,2004 年,第 94 页。

少年儿童学习阿拉伯语,讲授《古兰经》。到 70 年代末,苏联境内分散的宗教组织开始联合,1979 年,主题为"中亚、伏尔加和高加索的穆斯林对于伊斯兰思想、和平事业、社会进步的贡献"的国际学术研讨会在塔杜尚别召开,当时的一份官方社会调查报告表明,有 30% 的塔吉克穆斯林承认自己是信仰者。在塔吉克共和国激进穆斯林的倡导下,1990 年 6 月 9 日,苏联境内的穆斯林在阿斯特拉罕城成立了苏联伊斯兰复兴党。会后,塔吉克共和国等中亚国家分别建立了归中亚暨哈萨克斯坦穆斯林事务管理委员会管辖的分部。从此,塔吉克共和国的秘密伊斯兰教组织从地下转向公开。

独立以后,塔吉克斯坦伊斯兰复兴党于 1991 年 10 月正式成立。10 月 26 日,伊斯兰复兴党召开全国代表大会,通过了党纲和党章。伊斯兰复兴党的目标是把伊斯兰教教义贯彻到社会生活的一切领域,建立一个符合伊斯兰教基本原则的社会制度。伊斯兰复兴党在塔司法部通过登记,成为合法组织。此后,伊斯兰复兴党在全国各地建立了自己的基层组织,其中,在塔东部的加尔姆地区和戈尔诺-巴达赫尚自治区的势力最强大。

最初,伊斯兰复兴党的目标主要集中在推翻塔吉克共产党的领导。1992 年上半年,伊斯兰复兴党、塔吉克斯坦民主党在首都杜尚别组织大规模集会,要求塔吉克斯坦总统、原塔共中央第一书记纳比耶夫下台,并提出了组建新的联合政府的要求。集会期间,反对派成员与警察发生武装冲突,伊斯兰复兴党一举攻占了总统府和国家电视台,迫使当局改组政府,给反对派让出了 8 个部长职位,伊斯兰复兴党领袖乌斯蒙获得副总理职务。[1] 然而,伊斯兰复兴党与政府的斗争并未结束,为了争取更大的政治经济权力,伊斯

---

1 张来仪:《塔吉克斯坦的伊斯兰复兴党》,《东欧中亚研究》1999 年第 4 期。

兰复兴党与其他一些政府反对派联合组建了塔吉克斯坦反对派联盟（UTO）。塔政府与塔反对派联盟之间的斗争最终导致了塔吉克斯坦内战。塔政府在俄罗斯、乌兹别克斯坦的支持下对反对派联盟采取强制措施，于1993年6月21日宣布取缔伊斯兰复兴党等反政府政党，伊斯兰复兴党成员纷纷逃亡阿富汗、巴基斯坦，以及地势险要的伊朗东部地区。

1994年，伊斯兰复兴党已拥有七万之众的党员。[1]1994年下半年，以伊斯兰复兴党为核心的政府反对派夺取了50%以上的地盘，并以加尔姆地区和戈尔诺-巴达赫尚自治区为基地与政府军形成对峙。在此形势下，政府与反对派势力妥协。1997年6月，在联合国的斡旋下，塔总统拉赫莫诺夫（拉赫蒙）与联合反对派领导人在莫斯科签署《关于在塔吉克斯坦建立和平与民族和睦总协定》，根据协定，反对派联盟将获得30%的政府职位。从此，伊斯兰复兴党获得了合法地位，这一事实在随后的1999年宪法修正案中得到确定。

苏联解体以前的塔吉克伊斯兰复兴党是以抗衡塔吉克共产党的力量出现的，他们与掌管伊斯兰教的官员做斗争，希望建立一个伊斯兰国家。独立初期，伊斯兰复兴党与遗留的塔吉克共产党官僚们对抗，在坚持武装斗争的同时，不断与独立政府谈判。在内战后期，伊斯兰复兴党在联合反对派中发挥了主导作用，并于1996年底促成了反对派与政府之间通过对话实现民族和解的谈判。此后，为了最终实现民族和解，伊斯兰复兴党在权力的分配中做出了一些让步。据统计，按照民族和解的备忘录，联合反对派在全国范围内至少应获得2000个行政官员的职位，然而，从总体来看，共有54

---

[1] 沈冀鹏：《中亚五国的宗教问题及其对政局的影响》，《东欧中亚研究》1994年第3期。

名反对派的代表在各级执行权力机构中获得职位,其中伊斯兰复兴党代表大约只占总数的 40%。[1] 除了权力的让步外,伊斯兰复兴党内部在推举人选时也考虑了民族和解大局。[2]

民族和解进程结束以后,伊斯兰复兴党开始在合法性的保护下走议会道路。在 2010 年议会选举中,伊斯兰复兴党是唯一进入议会的前反对派政党,在总数为 63 席的下院中获 2 席。

伊斯兰复兴党还在民众中极力与激进的伊斯兰运动划清界限。内战给塔吉克人民造成了极大的灾难,建立所谓"伊斯兰共和国"的主张遭到塔吉克斯坦人民的反对,加之大多数反对派的领导者倾向于维持世俗政府,因此,伊斯兰复兴党不再强调建立伊斯兰国家。伊斯兰复兴党领袖穆希丁·卡比利宣称,伊斯兰复兴党不寻求在塔吉克斯坦建立伊斯兰国家,而是致力于在这个国家建立"伊斯兰社会",他认为,伊斯兰复兴党除了在宗教问题和政治问题上继续开展工作外,还应该在社会问题和经济问题上做出规划。

在民族和解进程之后,伊斯兰复兴党积极融入到社会政治生活中,开始在普通民众中宣传本党的宗旨,改善社会形象。在 2010 年议会选举前,伊斯兰复兴党领导人经常在一些城市的大学里接见大学生,很多年轻人和大学生成为伊斯兰复兴党的志愿者,帮助伊斯兰复兴党组织政治活动和实施一些社会计划。除了宣传党的宗旨外,伊斯兰复兴党还参与了一些社会救助。

除伊斯兰复兴党外,塔吉克斯坦还存在着一些信仰伊斯兰什叶派的教徒。素有"高山之国"之称的塔吉克斯坦国土的 93% 处于高原和山地之中,造成了国内交通不便,其中,北部地区宗教氛围

---

1 陈小沁:《从塔吉克斯坦民族和解进程看伊斯兰教在国家政治生活中的作用》,《俄罗斯中亚东欧研究》2004 年第 5 期。

2 同上。

不太浓厚，教职人员服从政府的领导；南部地区，特别是戈尔诺-巴达赫尚自治区，宗教色彩浓厚，政府的控制力较弱，伊斯兰法的影响远超世俗法律。占全国领土面积的45%左右的戈尔诺-巴达赫尚自治州共有居民20万人（2002年），其中，绝大多数是操帕米尔语的什叶派伊斯玛仪教派信徒，在1994—1995年内战中，该州成了内战的主要战场。1997年，塔吉克斯坦伊斯兰复兴党领袖拉里·巴达赫尚参与了塔吉克斯坦民族和解协议的谈判，1999年，他领导的政党退出反对派联盟。

盖洛普（Gallop）2010年8月的一份调查显示，85%的塔吉克人认为宗教是他们生活中最重要的部分，只有12%的人表示宗教不重要。这一数据表明，塔吉克斯坦已经成为对伊斯兰教最为虔诚的中亚国家。[1] 伊斯兰复兴党是塔吉克斯坦独立前后成长起来的政党，其社会影响和思想意识已经超越了宗教领域的一个社会政治组织。作为一支重要的政治力量，它在塔吉克斯坦的社会政治、经济、文化中有一定的凝聚力和活动能力，一直参与塔政权的角逐；直到2015年，这股力量才被塔政府打压下去。

第三节　复兴中的塔吉克族文化与教育

公元前8世纪，塔吉克人的先民来到中亚腹地河中地区，在此创造了繁荣的农业文化；公元前6世纪至前5世纪，塔吉克人接受了波斯文化，开始信仰琐罗亚斯德教；6世纪以后，突厥人在河中地区建立了统治，由于早期突厥人对河中地区实施间接统治，突厥文化对塔吉克人的影响不大；8世纪至9世纪，阿拉伯人统治了河

---

[1] 文丰：《十字路口上的塔吉克斯坦：世俗化还是伊斯兰化》，《新疆师范大学学报》2011年第6期。

中地区，塔吉克人开始接受伊斯兰文化。受到以上文化熏陶的塔吉克人于9世纪末在河中地区建立了自己的政权——萨曼王朝。萨曼王朝提倡波斯文化，并且将波斯文化与伊斯兰文化融合，创造了波斯化伊斯兰文明，将伊斯兰文化推向鼎盛。正是在此期间，塔吉克人有了自己的书面语言，即达里语；他们用达里语创作的文学被称为波斯文学。

11世纪以后，大批突厥人、蒙古人涌入河中地区，特别是乌兹别克人南下河中地区带来了突厥文化。一些塔吉克人被突厥化，不愿意突厥化的塔吉克人移到帕米尔山区。迁往今塔吉克斯坦境内的塔吉克人保留了更多波斯文化的因素。

19世纪中叶，俄国人来到塔吉克人的居地，带来了俄罗斯文化。苏联时期，苏联中央政府在此推行俄语，俄语和塔吉克语都是官方语言。与哈萨克人和吉尔吉斯人相比，俄罗斯文化对塔吉克人的影响并不大，到1989年，塔吉克共和国境内掌握俄语的塔吉克人仅占本民族人数的30%。[1]

苏联后期，苏联中央政府提倡多元化思潮，推动了塔吉克文化的复兴。在此过程中，塔吉克语的本土化趋势不断加强，去俄罗斯化和重新波斯化成为塔吉克族复兴本民族文化的主要内容。苏联解体以后，新兴的塔吉克斯坦开始从各方面确立本民族的地位，其中包括塔吉克语地位的确立。独立前夕，塔吉克共和国开始鼓励使用民族语言，并于1989年7月22日颁布了《国家语言法》，该法赋予主体民族语言塔吉克语以国语地位。独立以后，塔吉克斯坦于1994年11月6日颁布宪法，其中第1章第2条规定：塔吉克斯坦的官方语言是塔吉克语，俄语是族际交际语言。至此，以国家根本

---

1 何俊芳：《中亚五国的语言状况》，《世界民族》2001年第1期。

大法的形式将塔吉克语的国语地位确定下来。不过，由于内战的爆发，推广塔吉克语的工作并未展开。

内战结束以后，塔吉克斯坦独立国家创建的各项工作开始启动，推广塔吉克语的工作也随之展开。2007年，塔吉克斯坦总统拉赫莫诺夫将自己的名字改成本族语的"拉赫蒙"。2009年，塔吉克斯坦举行了纪念语言法颁布20周年大会，总统在纪念会上发表电视讲话说："语言是民族最重要的标志，它维系着代际间的传承。"在强调其重要性之时，他说："民族的命运取决于语言的命运，即保护语言就是保护民族。"塔吉克斯坦于2009年10月5日颁布了新的语言法，并将10月5日定为"国家语言日"。新语言法第1章第3条重申了塔吉克语是塔吉克斯坦的国语，强调掌握国语是塔吉克斯坦公民的义务；强调国家和非国家机构在进行口头和书面交际时也要使用国语；国语是各类学校的必修课，是塔吉克斯坦的科研（包括论文）、文化活动和大众传媒用语；各种广告、印章、机构名称、信息技术交流都要使用国语。[1] 2010年春，上院废除了关于在正式出版物和议会公报上的所有法律和标准法规文本必须使用两种语言——塔吉克语和俄语的规定，并通过了一项在公文事务中彻底拒绝使用俄语的决议。[2] 在新的语言法中没有出现俄语为"族际交际语"的提法。

新的语言法颁布以后，国内至少有四分之一的塔吉克居民快速学习塔吉克语，或被迫依靠翻译使用塔吉克语。杜尚别市市长签署了一项法令，根据该法令，市内所有广告载体以及建筑物上的标志

---

[1] 于淼：《塔吉克斯坦的"去俄罗斯化"》，《宜春学院学报》2012年第11期。

[2] 张宏莉、张玉艳：《俄语在中亚的现状及发展前景》，《新疆社会科学》2010年第6期。

必须且只能使用塔吉克语。[1]1989年仅有62%的人把塔吉克语作为他们的母语，到2011年这一比例已上升到80.1%。[2]

语言的载体文字是体现民族特征的重要方面。塔吉克语在1927年以前用阿拉伯字母书写，1928年开始用拉丁字母书写，1940年开始用俄语字母（西里尔字母）书写[3]，采用了新字母和新语法的现代塔吉克语迅速形成。塔吉克语与俄国文化相互交融，其词汇和语法甚至发音更多借鉴俄语[4]，表现出强烈的"俄罗斯化"特点。

独立以后第二年（1992），塔吉克斯坦就与伊朗达成了一项协议，即由伊朗出面帮助塔吉克斯坦用波斯字母取代原来的西里尔字母。[5]虽然有文字改革的提议，但关于拉丁字母化的问题至今尚未在塔吉克斯坦境内掀起高潮，塔当局认为，承认苏联历史在本民族历史过程中产生的影响，有利于体现本民族历史的延续性。可以说，塔吉克斯坦对待文字改革的态度是温和的。

塔吉克斯坦复兴的民族文化基本上是萨曼王朝时期形成的波斯-伊斯兰文化，然而，在历史上，今塔吉克斯坦境内的文化曾经历了以中国文化为代表的东亚文明、以佛教文化为代表的南亚文明、以东正教文化为代表的欧洲文明的影响，因此，如今的塔吉克族文化也表现出多元文化的特征。独立以后，美国通过教育、广

1　李雅：《塔吉克斯坦独立后的语言政策变迁》，《新疆师范大学学报》2014年第1期。

2　徐慧、杨恕：《塔吉克斯坦人口现状》，《西北人口》2004年第5期。

3　黄行：《我国与"一带一路"核心区国家跨境语言文字状况》，《云南师范大学学报》2015年第5期。

4　John R. Perry, "From Persian to Tajik to Persian: Culture, Politics and Law Reshape a Central Asian Language", *Non-Slavic Languages 8, Linguistic Studies in the Non-Slavic Languages of the Commonwealth of Independent States and the Baltic Republics*, H. I. Aronson ed., 1996, p. 281.

5　常玢：《苏联解体前后的中亚国家伊斯兰教状况》，《东欧中亚研究》2001年第5期。

播、影视等途径向塔吉克人进行文化渗透,因此,以美国为首的西方文明在塔吉克斯坦也产生了微弱的影响。目前,塔吉克斯坦整体呈现出多种文化融合的现象。

独立以来,塔吉克斯坦在文化方面取得了很大成就。1999年,塔吉克斯坦国家歌剧院合唱团参加了在安哥拉举行的国际合唱节,在参赛的39个国家中获得第2名。[1] 同年12月10日,塔吉克斯坦将11月7日定为国家戏剧日。塔吉克斯坦在体育竞技方面也有重大收获。2012年,在60公斤级女子拳击比赛中,塔吉克斯坦运动员乔丽耶娃成为塔吉克斯坦历史上第一个赢得奥运奖牌的运动员。

在教育方面,苏联时期,苏联中央政府对塔吉克共和国的教育事业十分重视,首先使学校同教会分离,确保教育世俗化。1930年,苏联发布了实行普通义务教育的法令,开展普及七年制教育工作,塔吉克共和国建立起完备的义务教育体系。[2] 独立以后,塔吉克斯坦从1999年开始进行教育改革。首先,完善了教育体制,形成了学前教育,普通中等教育(包括初级、基本和普通中等教育)、初级、中级职业教育和高等职业教育。其次,改革教育管理机制,采用集中和分散相结合的方式,赋予教学机构较大程度的自主性。再次,实行资金分配和贷款制度,改革了一切由国家负担的教育拨款机制;国家级和州级教育机构实行集中拨款,地方级教育机构自行解决经费开支。[3]

---

1 刘启芸编著:《塔吉克斯坦》,第178页。
2 王沛主编:《中亚五国概况》,新疆人民出版社,1997年,第26页。
3 《塔吉克斯坦2015年前教育制度改革战略》,聂书岭译,《中亚信息》2008年第2期。

第十章
民族问题与民族政策

塔吉克斯坦是一个多民族国家，塔吉克族是该国的主体民族，乌兹别克族是该国的第二大民族，俄罗斯族是该国的第三大民族。独立初期，主体民族地位的提升导致了塔吉克族与俄罗斯族、乌兹别克族之间的矛盾，因此，处理主体民族与境内俄罗斯族和乌兹别克族的关系是塔吉克斯坦主要关注的民族问题。塔吉克斯坦处理民族关系的最高目标是构建民族和睦关系，保证国内政治形势的稳定。

第一节 相对和谐的塔俄两族关系

塔吉克斯坦是一个拥有八十多个民族的多民族国家，塔吉克族是该国的主体民族。苏联在中亚实施民族划界时（1924），在塔吉克人聚居的地区组建了塔吉克苏维埃社会主义自治共和国（1924—1929）。据苏联1926年首次人口普查数据，塔吉克族占塔吉克苏维埃社会主义自治共和国总人口数的74.6%，成为该自治共和国的主体民族。据苏联1989年人口普查数据，生活在塔吉克共和国的俄罗斯族有388481人，占当时总人口数的7.6%。[1] 独立以后，一些

---

[1] *The Population of the Republic of Tajikistan 2000*, State Committee on Statistics Republic of Tajikistan, p. 155.

俄罗斯族人从塔吉克斯坦迁走，根据塔吉克斯坦统计署的资料，截至 2014 年 1 月 1 日，俄罗斯族在塔吉克斯坦总人口中占 3.2%；俄罗斯族在塔总人口中的占比虽有变化，但该民族在塔仍是仅次于乌兹别克族的第三大民族。[1] 因此，塔俄两族之间的关系是塔政府处理民族问题的重要任务。

18 世纪末，今塔吉克斯坦的大部分领土分属于浩罕汗国和中国清王朝，南塔吉克斯坦的一些地区由本地政权控制。1865 年，沙俄征服浩罕汗国北部地区，俄罗斯人陆续迁入今塔吉克斯坦境内。1917 年十月革命以后，今塔吉克斯坦分属于突厥斯坦苏维埃社会主义自治共和国和布哈拉苏维埃人民共和国。1929 年，苏联中央政府在此组建了塔吉克苏维埃社会主义共和国（本书简称"塔吉克共和国"）。二战中，塔吉克共和国接受了由苏联西部迁来的工厂，安置了战争疏散的人员，正是在此时期，斯拉夫人大批来到塔吉克共和国。以后，伴随着大规模的城市化进程，俄罗斯人继续大量迁入塔吉克共和国。

苏联中央政府为开发塔吉克共和国投入了巨大的人力和财力，俄罗斯人的到来使共和国的电力、采矿、能源开发等重工业得到快速发展，塔吉克共和国在不长的时间内赶上和保持了与世界其他地区同步发展的势头，在塔的俄罗斯族也因此而享有殊荣，被视为"老大哥"。在塔的俄罗斯族大多数在城市居住，苏联时期，在杜尚别等塔吉克斯坦主要城市，俄罗斯族人口曾占到全国总人口的 51%之多。[2] 其中，位于列宁纳巴德州的核工业城市契卡洛夫斯克是一个

---

1 根据塔吉克斯坦统计署的资料，截至 2014 年 1 月 1 日，塔吉克族占全国总人口数的 68.4%、乌兹别克族占 24.8%、俄罗斯族占 3.2%。此外，鞑靼、吉尔吉斯、乌克兰、日耳曼、朝鲜、哈萨克、格鲁吉亚、亚美尼亚等其他民族占 3.6%。

2 萧净宇：《俄罗斯东正教在中亚五国》，《俄罗斯研究》2009 年第 6 期。

纯俄罗斯族人的城市。

在苏联大部分时期内,虽然以俄罗斯族为主的外来欧洲移民与塔吉克族之间的冲突时有发生,但他们与本地的居民基本上能够和睦相处。在戈尔巴乔夫执政时期,外来的欧洲移民及其后代与塔吉克族之间的关系紧张起来。1990年2月11—12日,在塔吉克共和国首都杜尚别,一些群众听说阿塞拜疆的亚美尼亚难民要到杜尚别定居,塔吉克人举行集会抗议,两千多塔吉克人包围了塔共中央大楼,高呼口号抗议。当局出面否认了亚美尼亚难民的消息,抗议者不信,进而发生骚乱。在骚乱中,有37人死亡,80多人受伤。[1]后来,数以千计的塔吉克人在共和国党中央和政府办公大楼前集会,强烈要求共和国政府把亚美尼亚难民遣送回去。在此次集会中,塔吉克人提出了停止在塔吉克共和国使用俄罗斯名字的要求。

独立前夕,为了提升民族地位,塔吉克共和国于1989年7月22日颁布了《国家语言法》,该法规定塔吉克共和国的国语是塔吉克语,而俄语被定位为塔吉克斯坦的族际交往语言。独立以后,从维护独立国家主权出发,塔吉克斯坦以宪法和其他法律规定了主体民族在国家和社会生活中的优越地位。1994年的塔吉克斯坦宪法重申了《国家语言法》的规定。与此同时,塔吉克斯坦的干部政策开始向塔吉克族倾斜,主体民族掌握了国家政权。1994年以来,塔吉克族在塔吉克斯坦议会中一直占据绝大多数,甚至接近90%。[2]

独立初期的立法和干部政策的实施引起了其他民族,尤其是俄罗斯族的强烈不满,加剧了塔俄两族之间的冲突。在此时期,塔吉克伊斯兰复兴党在他们的"倒阁运动"中大肆宣扬反俄思想,并且

---

[1] 黄宏、冯玉祥主编:《原苏联七年"改革"纪实》,第257页。
[2] 许涛:《中亚地区安全格局中的民族问题》,《现代国际关系》1999年第10期。

提出"说俄语的人全部离开塔吉克斯坦"的要求。在此形势下，一些俄罗斯族人开始离开塔吉克斯坦。到 2000 年塔吉克斯坦人口普查时，在塔的俄罗斯族只有 68171 人，占当年总人口数的 1.1%。[1]

　　族际矛盾引起了塔吉克斯坦领导层的关注。在解决族际矛盾时，塔吉克斯坦领导者的指导思想是促进民族和睦和稳定国内形势。首先，塔吉克斯坦以法律保证国家统一。独立以后，塔吉克斯坦没有将"民族自决权"理论用于管理多民族国家的实践。1994 年通过的宪法摒弃了苏联时期的联邦体制，抵制了"民族自决权"口号下的分裂主张，维护了国家统一和领土完整。

　　其次，提升了俄语地位。2011 年，塔吉克斯坦恢复了俄语官方语言的地位。[2]

　　再次，承认双重国籍。苏联解体以后，俄罗斯境外俄罗斯族向所在国政府提出既要拥有俄罗斯联邦的国籍，也要获得所在国的国籍，于是，双重国籍的问题被提了出来。这一要求得到了俄罗斯政府的公开支持，1993 年通过的俄罗斯联邦宪法第 62 条规定：俄罗斯联邦公民根据联邦法律或俄罗斯联邦签署的国际条约，可以拥有外国国籍（双重国籍）。1995 年，俄总统叶利钦访问塔吉克斯坦，双方签署了双重国籍协议。

　　应该指出，俄罗斯族人的出走主要是由独立初期的塔吉克斯坦内战和经济衰退引起的。与其他中亚国家相比，塔俄两族之间的冲突并不尖锐。原因之一是塔总统拉赫蒙自执政以来，十分重视社会稳定和民族团结，一直不遗余力地为国家稳定、民族和解而四处奔

　　1　*The Population of the Republic of Tajikistan 2000*, State Committee on Statistics Republic of Tajikistan, p. 155.
　　2　赵明鸣：《中亚五国语言及其使用情况》，《中国社会科学报》2017-02-20。

忙。[1] 原因之二是塔俄两国一直保持着友好的战略伙伴关系。俄罗斯是塔的安全伙伴，塔军的大部分武器装备是俄制的。俄罗斯在塔建有军事基地，并驻有军队驻守塔阿（阿富汗）边境。此外，俄罗斯是塔的第一大贸易伙伴，塔所需的汽油、粮食等主要物资均从俄罗斯进口。

2010年，拉赫蒙在会见到访的独联体执委会主席列别杰夫时曾表态说，塔将坚定不移地维护与俄罗斯的友好战略伙伴关系，并积极参与独联体活动。[2] 塔俄两国之间的战略伙伴关系是塔吉克族与境内俄罗斯族关系和谐的保证。

第二节　紧张的塔乌、塔吉民族关系

20世纪20年代，苏联在中亚地区展开民族识别，并在此基础上根据民族特征进行了国家之间的边界划分，现代民族国家塔吉克苏维埃社会主义共和国正是在此背景下形成。尽管塔吉克共和国是以塔吉克族为主要民族建立起来的国家，但在其境内居住的民族还有乌兹别克、俄罗斯、鞑靼、吉尔吉斯、乌克兰、日耳曼、朝鲜、哈萨克、格鲁吉亚、亚美尼亚等八十多个民族，因此，塔吉克共和国仍是一个多民族国家。

在塔吉克斯坦，乌兹别克族是人数仅次于主体民族塔吉克族的第二大民族。据苏联中央政府于1989年的人口普查数据，塔吉克共和国总人口数为510.86万，其中塔吉克族人口3172420，占共和国总人口数的62.3%，乌兹别克族人口1197841，占塔总人口数的

---

[1] 刘庚岑：《中亚国家的民族政策：理论与实践》，《世界民族》2002年第1期。
[2] 《塔吉克斯坦总统强调塔将一如既往地加强同俄罗斯的战略伙伴关系》，中国广播网 2010-02-27。

23.5%。独立以后，塔吉克族人口数不断上升，在2014年1月1日的统计中，塔吉克族人口占全国总人口数的68.4%，乌兹别克族占24.8%。[1]因此，塔乌两族之间的矛盾成为塔吉克斯坦主要的民族矛盾，塔乌两族的民族关系是塔吉克斯坦民族问题的关键。

独立以后，塔乌两族之间的对立日趋激烈。在塔的乌兹别克族主要分布在索格特州（原列宁纳巴德州）和哈特隆州。索格特州地处塔吉克斯坦西北地区，是乌兹别克族的主要居地。据1989年统计，列宁纳巴德州乌兹别克族和塔吉克族分别有88.4万和48.6万，占当地居民的比例分别是56.9%和31.3%。[2] 2000年1月1日，该州总人口数是187.55万，其中乌兹别克族有100多万。塔南部的哈特隆州于1992年由库里亚布州和库尔干秋别州合并而成，该州也是乌兹别克族集中居住的地区，尽管居民以塔吉克族为主。乌兹别克族相对集中的以上地区是塔乌矛盾的多发区。

独立以后，塔吉克斯坦加强了主体民族塔吉克族的地位，与此同时，塔政府也采取了较为谨慎的态度对待乌兹别克等其他民族。1994年宪法规定：塔吉克斯坦公民不分民族都是塔吉克斯坦人民；每个人不管其民族属性如何，其权利和自由都得到国家的保障。尽管如此，因主体民族地位的提升，塔乌、塔吉之间的民族关系趋于紧张。

1992—1997年的内战致使塔乌两族关系恶化。在塔内战中，居列宁纳巴德州的乌兹别克族支持拉赫莫诺夫政权，而大多数塔吉克族支持塔社会民主党和伊斯兰复兴党的反政府势力。派别之间的战争加深了塔乌两族本就存在的矛盾，1992年，两族之间发生多次

---

1 《一带一路沿线国家：塔吉克斯坦2015基本情况介绍》，中商情报网2015-09-25。

2 Хайитбоева Н. А., Анализ производственно-экономического состояния аграрного сектора Республики Таджикистан, Кишоварз, 2015, Т. 2, С. 76.

冲突。1992年5月，塔吉克族穆斯林武装与乌兹别克族发生一起大规模械斗；6月，列宁纳巴德州的乌兹别克族与以塔吉克族为主的伊斯兰民主党人进行武装对抗；10月24—25日，一队武装分子冲入杜尚别并企图在此设防固守，其大部分成员是塔吉克斯坦图尔松扎德和吉萨尔的乌兹别克族；12月中旬，人民阵线武装攻占杜尚别之后，乌兹别克斯坦武装力量的直升机在空中对所谓"民主派"和"伊斯兰分子"进行了扫射。以上事件不仅破坏了塔吉克斯坦的民族团结，而且成为分裂国家和社会不稳定的因素。1992—1993年，部分乌兹别克族组成的部队脱离了塔吉克斯坦政府的控制，独自开展军事行动，比较著名的有洛凯族（乌兹别克族的一支，逊尼派穆斯林）军人萨义多夫领导的武装，萨义多夫本人后被击毙。另外，塔吉克斯坦国内一些对现政权不满的乌兹别克族精英人物，在塔吉克斯坦独立后曾多次组织和发起针对拉赫蒙总统的颠覆活动，导致两国政府间产生隔阂，甚至直接导致国家关系的恶化。[1]

　　塔乌两族冲突是社会经济因素造成的。塔吉克斯坦南北经济结构不同，经济发展水平不平衡的矛盾突出。在乌兹别克族占主导地位的北部索格特州是塔经济最发达的地区，塔经济的70%集中在此地区，由于经济实力强大，居民生活也比较富裕。在塔吉克族主要居住的塔南部山区，以往多以游牧和农业经济为主，经济上长期处于从属地位，居民的生活状况也差一些，特别是塔吉克族聚集的哈德隆州和戈尔诺-巴达赫尚自治州。塔吉克斯坦的南北差异，加之交通不便，使得塔乌两族之间的隔阂和对立一直未能消除。独立初期，北部地区依靠经济文化的优势地位控制国家政治经济大权的现

---

[1] 杨波：《塔吉克斯坦国家发展与社会文化研究》，世界图书出版公司，2015年，第209—210页。

象仍然存在。

除了经济原因外，塔乌两族的冲突还存在着政治利益因素。苏联时期，乌兹别克族占多数的列宁纳巴德州（今索格特州）在政治上长期处于优势地位，国家机关的大多数要职被该州人占据，如塔共中央第一书记基本出自该州，塔共中央负责意识形态和经济工作的书记，以及各州、区领导人也由列宁纳巴德州人占据。在政权结构中，乌兹别克族对国家高层的影响也很大，一直以来，其他州县的居民，特别是塔吉克族想改变这种状况。独立以后，主体民族塔吉克族的地位得到提升，列宁纳巴德人逐渐丧失政治上的霸权地位，但对政权的影响犹存。[1] 然而，在内战结束以后，北方势力被排除在和平进程之外，引起了列宁纳巴德州的不满，1998年1月，该州数千名群众游行示威，表示强烈抗议。

塔乌两族关系的紧张还与极端民族主义者有关。独立初期，塔吉克斯坦的极端民族主义者利用塔吉克族语言、民族、文化的非突厥性质，发起了反对突厥民族的运动，他们大肆宣传"突厥化的威胁"，散布"泛突厥主义者侵占了共和国"的言论。这些言论加剧了民族之间的矛盾。

塔乌两国关系的恶化也是塔乌两族关系紧张的重要原因，如今塔乌两国交界地区是民族矛盾的多发地点和民族冲突的焦点。在塔内战期间，乌兹别克斯坦依托列宁纳巴德州的乌兹别克族参与了塔内战。乌支持拉赫莫诺夫政权，派遣第15特种部队进入以上地区，这些部队在一些州县建立了航空点，为拉赫莫诺夫政权提供武器，以及粮食、医疗用品等物资补给。塔乌两国关系不好的原因也有历史和现实因素。首先，历史上留下的边界纠纷是两国关系

---

[1] 邓浩：《地方主义与塔吉克斯坦冲突》，《东欧中亚研究》1999年第6期。

紧张的历史因素。塔乌两国边界线长 1304.88 千米，2002 年 10 月 5 日，塔乌两国签署协议，对 1102.20 千米的边界线达成一致，之后，又确定了 106.86 千米的边界，截至 2011 年，仍有 90 多千米未定。[1] 两国在边境地区的冲突频频发生。其次，水资源之争是塔乌两国关系紧张的现实因素，其中围绕罗贡水电站建设的争议最为激烈，争论焦点关系到阿姆河水的管理、分配和利用。塔乌两族能否和睦相处除了涉及塔国的民族政策外，还有待塔乌两国外交关系的改善。

除塔乌两族矛盾外，塔吉两族之间也存在着矛盾。吉尔吉斯族是塔吉克斯坦少数民族之一，在 1926 年的人口普查中，在塔的吉尔吉斯族人有 11400，占塔总人口数的 1.4%。独立以后，在 1992—1997 年内战期间，一部分吉尔吉斯族离开塔吉克斯坦，迁往阿富汗；另有部分迁到今吉尔吉斯斯坦等其他中亚国家。迁出原因主要是塔吉克斯坦的经济衰退和内战期间社会的不稳定，民族冲突的因素并不明显。在 2000 年的人口普查中，在塔的吉尔吉斯族增加到 65500 人，占总人口数的 1.1%，成为塔第三大少数民族（仅次于乌兹别克族和俄罗斯族），在塔吉尔吉斯族人数的增加主要是自然增长的结果。

1990 年 6 月初，塔吉克共和国的塔吉克族和吉尔吉斯族在伊斯法拉区因土地和灌溉发生大规模冲突。独立以后，塔吉两族之间没有发生大的冲突。塔政府的民族政策加强了对少数民族文化的保护。2009 年 10 月 5 日塔吉克斯坦新的《国家语言法》颁布，该法第 1 章第 4 条规定："其他语言，除本法所考虑到的情况以外，所

---

[1] 李琪：《冷战与困境：乌兹别克斯坦与塔吉克斯坦关系走向》，《俄罗斯东欧中亚研究》2014 年第 1 期。

有居住在共和国境内的民族和部族,有权自由使用其母语。"新的法令已经初显语言政策的主体性和多样性。所谓主体性是指语言法中规定的"国语为塔吉克语",所谓多样性是指"所有居住在共和国境内的民族和部族,有权自由使用其母语"。有统计说,使用塔吉克语和吉尔吉斯语的出版物有2种。[1]

除了塔乌、塔吉民族矛盾外,塔吉克斯坦还存在着塔吉克族与帕米尔人的矛盾。在塔吉克斯坦政权中,帕米尔人被排挤出公共生活和重大政治生活之外,内战期间,帕米尔人成立了代表其利益的组织"巴达赫尚运动"。2006—2007年,杜尚别一度出现多起塔吉克族针对帕米尔人的暴力活动和恐吓。2007年2月5日,塔吉克斯坦下院出台一项关于处理戈尔诺-巴达赫尚地位的法律草案。草案提出对帕米尔语的保护,并且建议给予戈尔诺-巴达赫尚更大的自治权,由此引发了"巴达赫尚自治水平问题"的讨论。经济学家乌马罗夫认为,应该给予戈尔诺-巴达赫尚更多的经济自主权,而以总统战略所副所长萨弗洛·萨法罗夫为首的另一方却担心自治权的扩大会加强该州的分离,他们认为:"宪法规定塔吉克斯坦是一个统一的国家,故而没必要加强这一地区的自治,这有可能导致未来的分裂主义。"[2] 有一些为获取更多自治权的帕米尔游击队组织仍在活动,当地的局势依然紧张。总统拥有任命戈尔诺-巴达赫尚自治区议会议长、最高法官的权力,使塔中央政府对戈尔诺-巴达赫尚自治区的控制有所加强。

塔政府对民族统一十分重视。内战结束以后,1998年,塔政

---

[1] 李雅:《塔吉克斯坦独立后的语言政策变迁》,《新疆师范大学学报》2014年第1期。

[2] 文丰:《十字路口上的塔吉克斯坦:世俗化还是伊斯兰化》,《新疆师范大学学报》2011年第6期。

府将每年的 6 月 27 日定为"民族统一与和解日"。总统每年会在不同的城市参加庆祝活动,并发表讲话,呼吁民众珍惜和平;节日当天还表演一些爱国性的歌曲和舞蹈。[1]

---

1 贾晓敏:《基于塔吉克斯坦民族统一与和解日的调查报告》,《产业与科技论坛》2019 年第 19 期。

第十一章
社会问题

在政治、经济转型中,政治和经济利益在不同人群中分配,塔吉克斯坦经历了两极分化。政治上处于无权、经济上处于弱势的人群不断涌现,沦为贫困阶层;在改革中握有权力的政治和经济精英却获得改革的好处,成为富裕阶层。社会分化导致了诸如贫困、失业、腐败和吸毒等社会现象,它们成为塔吉克斯坦迫切需要解决的社会问题。

第一节 市场经济下的两极分化

近代以来,塔吉克人先后处于沙俄统治和苏联领导之下。沙俄时期,塔吉克人中的主要阶层是农牧民、工人、知识分子,以及少数地主、富农;苏联时期,塔吉克共和国消灭了地主、富农,以后个体劳动者也通过合作化道路逐渐消失,因此,塔吉克共和国只剩下了工人、农民阶级和知识分子阶层。在苏联社会主义制度下,塔吉克共和国实行高度集中的计划经济体制,政府对社会财富的分配基本上采取平均主义的方式,在社会成员之间只有社会劳动分工的不同、劳动收入上的微小差别,不存在拥有资本、支配生产资料的阶级和阶层,社会利益的分配仅仅是由社会制度决定的国家政策行为。[1]

---

[1] 李景阳:《基本经济制度转变中的社会冲突——对俄罗斯的实证分析》,东方出版社,2002年,第12—13页。

在这种分配制度下,社会各阶层之间的劳动收入差距不显著,尽管存在着贫富差距,但两极分化并没有成为社会问题。独立以后,在经济转型的过程中,私有制的确立以及收入与分配机制的变化导致了贫富差距的拉大,伴随而来的是社会阶层迅速分化。两极分化和贫困人口的增多是塔吉克斯坦面临的社会问题之一。

私有制的确立导致了两极分化。独立以后,塔吉克斯坦于1995年开始实施《深化经济改革和加快向市场关系过渡的紧急措施》和《1995—2000年经济改革纲要》,确立了以市场经济为导向的国家经济政策,并推行私有化改制。在非国有化和私有化的转型中,由于经济转型和人口增长迅速等原因,塔吉克斯坦失业人员增加,接受低工资就业的现象十分突出,很多人处于失业或者不能充分就业的状态,妨碍了他们有效参与社会分配,开始了两极分化的过程。

两极分化的速度可以从衡量总体收入差距的基尼系数[1]中了解到。苏联时期,塔吉克共和国就是中亚五国中收入分配差距较大的国家,1989年的基尼系数是0.308,这一数字表明收入分配刚过了"较为平等"的标准。独立以后,由于内战,尚未见到这方面的统计数据,据2004年的统计数据,基尼系数是0.336[2],虽有所上升,但与其他中亚国家相比,升幅算最小的,说明在独立后的十多年中,塔吉克斯坦的贫富差距没有迅速拉大。按贫困的理论观点,对于经济整体落后的国家,由于没有更多的社会资源可以参与分配,

---

[1] 基尼系数是经济学家用来衡量收入分配公平程度的指标,即在全体居民收入中,用于不平均分配的那部分收入占总收入的百分比。"基尼系数=0"表示收入分配绝对平均;"基尼系数=1"表示绝对不平均;一般把"基尼系数=0.4"作为警戒线,高于这一数字的国家居民收入和分配差距巨大,社会分层明显。

[2] 杨进:《贫困与国家转型:基于中亚五国的实证研究》,社会科学文献出版社,2012年,第35页。

因而大家处于"共同的贫穷"[1]，因此贫富差距指数不是很高。

两极分化中的贫富差距可以从塔吉克斯坦贫富收入差距上反映出来。1999年，塔吉克斯坦20%最富裕人口收入是20%最贫困人口收入的5倍；而同期乌兹别克斯坦的这一数字是6.1，吉尔吉斯斯坦1993年的这一数字是22.7，哈萨克斯坦2003年这一数字是5.61。[2] 可以说，塔吉克斯坦两极分化的速度和贫富差距程度在中亚国家中是最低的，当然，这一切都与塔吉克斯坦经济增长滞后和工资水平普遍偏低有关。

塔吉克斯坦两极分化的原因之一是收入的变化。苏联时期，塔吉克共和国实行按劳分配原则，劳动者的主要收入来源是工资，无论城市工人还是农庄农民的雇主均为国家，国家劳动部门根据劳动性质、强度、技能水平、对社会贡献大小等方面以划定工资标准，尽管存在工资差别，但是由于人们没有获得劳动以外的其他收入，因而不同社会阶层之间的劳动收入差距并不显著。独立以后，由于私有制的确立，收入的原有体系被打破，收入多元化取代了单一的工资收入，收入已经不仅仅只是劳动报酬，而且包括了工资以外的生产要素投入的收入。

初次分配的不公平也是两极分化的原因之一。独立以后，塔吉克斯坦很快制定了国有资产非国有化和私有化的计划和措施，由于内战的干扰，私有化进展十分缓慢。内战结束以后，非国有化和私有化进展迅速。首先，国有资产分配不公。在非国有化和私有化过程中，国有企业或公有制资产的重新分配成为优势地位者攫取私人利益的手段。如在农业私有化领域，政府解散了一部分亏损的国营

---

1 〔美〕马丁·瑞沃林：《贫困的比较》，赵俊超译，北京大学出版社，2005年，第6—13页。

2 杨进：《贫困与国家转型：基于中亚五国的实证研究》，第36页图2-6。

农场和集体农庄，建立起两千多个农业生产合作社和私人农场。在此过程中，个体农户和牧户所得到的土地往往面积少、土质差，而集体农庄占有了面积大而土质肥沃的地段，此后，这些集体农庄又被有权者通过各种手段转到个人名下。[1]

其次，劳动工资分配不公。在市场规则还未真正建立起来之时，市场化改革已经开始，于是出现了市场失序和劳动工资分配不公的现象。一些具有垄断性质的行业，如通讯、交通、金融等行业的职工工资要远远高于农业、林业、渔业、文化艺术、科研等传统行业。以2000年为例，塔吉克斯坦通讯业年均收入为469索莫尼，文化艺术行业的年均收入为136.29索莫尼，通讯业工资是文化艺术行业的3.8倍（高出70.9%）；到2004年，这一数字分别是2563.2索莫尼和528.71索莫尼，通讯业工资是文化艺术行业工资的4.8倍。[2] 垄断是市场机制的大敌，经济学认为，政府通过对进入某些市场的严格限制，或者通过管制给予特权的方式，制造一些人为的稀缺，创造出不合理的垄断利润，这种利润实质上是全社会资源的转移而不是创造财富，也就是说它制造了新的社会不公，同时阻碍了市场的自由竞争。[3] 目前，实施市场经济的国家都把反垄断作为完善和净化市场秩序的重要措施，塔吉克斯坦也颁布了有关反垄断的法律，但是这些法律在实践中并没有得到很好实施，行业差距现象仍然存在，垄断没有得到根本遏制。

在私有化过程中，获利的往往是掌握了政治或经济管理权的上层人士。社会学家指出，权力差异决定了社会报酬的不平等分配体

---

[1] 杨进：《贫困与国家转型：基于中亚五国的实证研究》，第88页。
[2] 同上书，第87页。
[3] 董全瑞：《收入分配差距因素论》，中国社会科学出版社，2008年，第233—234页。

系，那些处于上层的人能够获得更有价值的资源。[1] 独立以后，在政治资源的重新分配中，苏联时期在政府部门和经济部门任职的官员利用手中的资源合法地占据了国家政治和经济部门的管理权，并且形成了利益集团。于是，社会资源和财富流向精英阶层，没有掌握这些资源的普通老百姓收入水平不能与前者相比，这一点从底层人群的消费中反映出来。1999年，塔吉克斯坦GDP增长幅度为3.7%，2003年为10.2%[2]，增长趋势显著。然而同期，塔吉克斯坦最贫困的五分之一人口的消费在国民总消费中的占比却从8%下降到7.1%。[3]尽管降幅不大，但底层民众消费份额在经济较快增长时反而出现了下降，说明经济增长的成果没有让底层民众分享，经济的发展反而导致了"穷者愈穷，富者愈富"。这不仅是从理论上推断，从贫困居民的实际感受中也可以知道。2003年，世界银行在塔进行了社会调查，调查的问题是"你的家庭经济状况三年来是否有所改善"，其中，在最贫困的10%家庭中只有2%回答"有改善"，54%的家庭认为没有变化。这一数据反映了贫困家庭很少感受到国家经济发展所带来的利益。[4]

理论上说，市场经济体制下的社会公正要求国家在再次分配中制定并执行合理的财税与社会保障体系，对初次分配中的社会不公提供修正。1994年，塔吉克斯坦通过第一部税法，由于税率高达收入的30%—50%，税收十分困难。1997年对1994年税法进行了修改，新税法对个人所得税率的规定是：低于最低收入者不缴税，超

---

[1] 〔美〕马丁·N.麦格：《族群社会学》，祖力亚提·司马义译，华夏出版社，2007年，第33页。
[2] 杨进：《贫困与国家转型：基于中亚五国的实证研究》，第23页表1-8。
[3] 同上书，第37页图2-7。
[4] World Bank, *Republic of Tajikistan Poverty Assessment Update January 6, 2005*, Document of the World Bank, Report No: 30853-TJ.

过最低收入 14 倍者缴纳 10% 的税，超过 14—21 倍者缴纳 15%，超过 21—28 倍者缴纳 20%，超过 28—43 倍者缴纳 25%，超过 43 倍以上者缴纳 30%。[1] 个人所得税的详细规定体现了塔政府企图拉平高、低收入者之间差距的初衷，但税收只是依靠国家政权强制力量从纳税人手中获取的用于社会公共支出的财政资源，对于普通民众而言，把财政资源真正在全社会层面进行合理公正的分配，才具有直接的意义。换言之，对社会底层来说，社会福利和社会保障政策将更加有意义。

尽管两极分化随着经济的发展仍在继续，然而，分化的速度开始减慢，更可喜的是在塔出现了一批收入和消费水平相对稳定的中产阶级。据报道，截至 2013 年，塔中产阶级的人数占 22%。[2] 中产阶级群体多为政府机关人员、企业中高级管理者、各领域专家，他们大多数接受了中高等教育和职业技术教育。中产阶级的出现、发展和壮大不仅上调了贫困线标准，而且在很大程度上缓和了两极分化的矛盾。

第二节　内战中的极贫问题

苏联解体前夕，塔吉克共和国已经有一半以上的人处于贫困之中。据世界银行公布的数据，1989 年苏联的贫困率为 11%，而塔吉克共和国的贫困率却高达 51%[3]；据联合国世界发展数据库的数

---

[1] 刘启芸编著：《塔吉克斯坦》，第 127—128 页。
[2] 《塔吉克斯坦确定中产阶级人数》，中华人民共和国商务部 2014-07-11。
[3] 1989 年，哈、吉、土、乌、塔的贫困率分别是 16%、33%、35%、44%、53%；51% 的居民月收入不到 75 卢布，见 World Bank, *World Bank (2005a) Growth, Poverty and Inequality, Eastern and the Former Soviet Union*, Washington D.C., 2005。

据，1990年塔吉克共和国国民营养不足率达34%[1]。由此可见，在苏联时期，塔吉克共和国国民的贫困现象就已经成为一个严重的社会问题。

独立以后，塔吉克斯坦很快陷入内战，生产力受到极大破坏，人民生活水平急剧下降，国家沦入世界上最贫穷之列。20世纪90年代，中亚五国有三分之二以上的居民沦为贫困阶层，而塔吉克斯坦的贫困人口超过了90%。[2]独立初期，没有外援就无法保障最低消费，塔居民中有近三分之一的孩子吃不饱、穿不暖，每千名新生儿中有72人活不到5岁。[3]高贫困率的状况在一些地区直到21世纪初期都未得到根本转变，如戈尔诺-巴达赫尚自治州在2003年的贫困率高达84%。[4]

塔吉克斯坦沦入世界上最贫穷之列的因素很多，其中，地理位置、地形、气候、土地、生态环境等自然禀性是其因素之一。与哈萨克斯坦和乌兹别克斯坦相比，塔吉克斯坦的可耕地面积在国土面积中只占5.3%（哈乌两国分别为8.4%和10%），人均耕地面积仅为0.1公顷。此外，塔吉克斯坦自然灾害频繁，据统计，塔每年都会发生约500起自然灾害，直接经济损失达1亿美元。其中，国土面积的85%左右深受泥石流和洪水的威胁，塔南部地区的喷赤河、瓦赫什河、卡菲尔尼甘河流域和北部的泽拉夫善河流域都是洪水泛滥频繁的地区。除洪灾外，还有旱灾，在过去60年里，塔吉克斯坦遭遇了8次严重干旱，2001—2002年发生的旱灾造成农业产量下

---

[1] World Bank Source, *World Development Indicators Database*, Millennium Development Goals.

[2] 〔哈萨克〕科沙诺夫：《年轻的中亚国家当前的经济形势》，《东欧中亚译丛》1994年第1期。

[3] 王海霞、王海燕：《中亚地区的贫困问题》，《新疆社会科学》2006年第1期。

[4] 杨进：《贫困与国家转型：基于中亚五国的实证研究》，第101页。

降 30%—40%，受波及的人口达 50%。自然灾害严重影响了塔吉克斯坦经济的稳定，其中，农业生产受到的影响最为突出。农业生产的稳定发展关系到居民的食品安全保障，对减少贫困有重要影响。

除了自然资源等自然禀性外，造成贫困的主要因素还有塔吉克斯坦内战导致的物质匮乏。持续五年的内战给塔带来破坏和动荡，致使 GDP 急速下滑，1996 年实际 GDP 产值不到 1989 年的 40%。[1] 在此时期，人民必需的消费品缺乏。苏联时期，塔吉克共和国生活必需品就处于严重短缺的状况，如独立前夕的 1988 年，苏联消费品（包括食品、非食品和轻工产品）人均生产水平为 1224 卢布，而塔的这一数字只有 526 卢布，其中食品领域的生产水平只有苏联平均水平的 30% 左右（苏联为 473 卢布，塔只有 174 卢布）。[2] 当时，生活必需品由苏联中央调节，1989 年，苏联中央补足塔吉克共和国的消费品总额为 8.93 亿卢布。[3] 独立以后，与原加盟共和国经济联系中断，本国企业停工或半停工，消费品缺乏的问题严峻，乃至导致了生存危机。据相关报道，在塔吉克斯坦"没有肥皂，没有面粉，什么都没有……唯一能得到食物的办法就是加入叛军。家庭把他们的孩子送去打仗的原因不是为了库洛布的荣誉，或是得到权利，……而是孩子们可以带回几个土豆，这样他们就能挨过明天了"。[4] 不难看出，在内战期间居民连基本的生存都困难，普通居民已经较少食用肉、蛋、奶、鱼等高质量食品，个别年份出现半饥荒现象。[5]

1　黄群、王维然：《塔吉克斯坦贫困问题探析》，《西伯利亚研究》2017 年第 1 期。
2　杨进：《贫困与国家转型：基于中亚五国的实证研究》，第 9 页表格 1-1。
3　同上书，第 78 页。
4　John Heathershaw, *Post-Conflict Tajikistan: The Politics of Peacebuilding and the Emergence of Legitimate Order (Central Asian Studies Series)*, Routledge, 2009.
5　杨进：《贫困与国家转型：基于中亚五国的实证研究》，第 22 页。

塔吉克斯坦沦入最贫困国家之列的另一主要因素是物价高涨。物质匮乏导致通货膨胀，人们的购买力下降，贫困呈现出扩大化趋势。独立以后，1992年，塔吉克斯坦的平均工资提高了10倍，而食品和日用必需品的价格大都上涨50—100倍，有的甚至可达200倍。[1] 在1990—1993年间，塔通货膨胀率分别是4.0%、111.6%、1157.0%、2195.0%[2]；到1997年内战结束之时，通货膨胀率仍高达105.2%[3]。在高通胀率下，人民手中的货币贬值，居民购买力下降，大批居民加入了贫困人群。

收入不高也是塔吉克斯坦贫困化的因素之一。由于经济危机以及内战的双重影响，塔吉克斯坦居民收入不断降低，独立以前，塔职工的月平均工资是286美元，到1995年降至8.8美元。[4]

内战结束以后，塔政府集中精力发展经济，1997年塔经济开始走出低谷，呈现出恢复性增长。2000年至2014年，塔经济保持快速增长的势头，2000、2002、2004、2006、2008、2010、2012和2014年的GDP分别为8.61亿美元、12.21亿美元、20.76亿美元、28.30亿美元、51.61亿美元、56.42亿美元、76.33亿美元和92.36亿美元。[5] 在此经济形势下，塔吉克斯坦领导者开始解决贫困问题，2002年6月，在国际组织的帮助下，塔制定了国家减贫战略。根据这一战略，塔政府成立了由总统直接领导的总统办公厅

---

1 孙壮志：《中亚五国贫困化问题初探》，《东欧中亚研究》1995年第1期。
2 据国际货币基金组织提供的数据。
3 World Bank, *World Bank (2005a) Growth, Poverty and Inequality, Eastern and the Former Soviet Union*, Washington D.C., 2005.
4 塔吉克斯坦共和国统计局：《塔吉克斯坦：国家独立20年》，2011年，第12—14页，转引自蒲开夫：《塔吉克斯坦共和国的人口发展与劳动就业》，《俄罗斯中亚东欧市场》2012年第8期。
5 王华：《"一带一路"倡议下中国与中亚国家纺织产能合作研究》，中国纺织出版社，2020年，第128页图5-2。

直属减贫战略监测办公室,这一机构的目标是对减贫战略的实施情况进行监测和评估。从2000年起,塔吉克斯坦逐年提高了对民生资金的投入,为弱势群体提供社会保障和保证居民的最低生活标准。在2000—2011年间,社会保险的财政支出逐年增加,其中2000年这方面的财政支出为0.28亿索莫尼,2005年为2.26亿索莫尼,2010年为8.57亿索莫尼,2011年为10.58亿索莫尼。[1]

塔吉克斯坦减贫成效还是比较显著的。1999年,塔有83%的居民生活在贫困线以下。[2]据世界银行公布,2003—2007年,塔贫困率已经下降了18.9个百分点,其中17.4个百分点得益于经济高速增长。到2009年,贫困率降为47.2%,2015年为31.3%,年平均贫困率下降约3.8%。到2004年底,塔人均工资已经比六年前的1998年增长8倍,就业人口日均收入低于1美元的比例下降到21.5%。[3]

尽管塔吉克斯坦在消除贫困方面取得了一些成就,但由于自然生态环境的严峻,以及国内经济发展的不稳定性和高人口增长率等因素,影响了国家减贫工作的进展,目前,塔吉克斯坦还属于贫困率高的国家。据世界银行数据,2012年,塔平均月工资水平为110美元,最低仅为17美元,年人均GDP为800美元,生活在贫困线以下即每日生活费用低于2美元的人有46.7%。[4]

现实的种种因素成为减贫的障碍。贫困问题在该国不仅严重,而且减贫难度巨大,任务十分艰巨。促进就业是摆脱贫困的重要途

---

[1] 刘启芸编著:《塔吉克斯坦》,第51页。
[2] 世界银行按照人均日消费2美元的贫困标准线计算塔1999年贫困率为78.5%,塔官方按照2.15美元标准得出数据为83%。见 World Bank, *World Bank (2005a) Growth, Poverty and Inequality, Eastern and the Former Soviet Union*, Washington D.C., 2005。
[3] 以上数据均来自联合国统计司网站:http://mdgs.un.org/unsd/mdg/Data.aspx。
[4] 《塔吉克斯坦帕米尔地区居民急需粮食援助》,人民网2012-03-19。

径，增加就业是塔政府消除贫困的核心任务。

第三节　经济下滑中的失业问题

失业是塔吉克斯坦的又一个社会问题。塔吉克斯坦居民大多数仍以工资为主要生活来源，获得就业机会是保障生活和摆脱贫困的关键。高贫困率和贫困程度的加剧在很大程度上与就业率低、失业人口比例大有关。苏联时期，塔吉克共和国基本上不存在失业者，或者说只存在隐性失业。独立以后，塔吉克斯坦很快陷入经济衰退之中，工农业生产不景气，失业成为塔吉克斯坦的社会问题之一。

据官方提供的统计数据，塔在1994—1999年间的失业率分别是1.7%、2.0%、2.6%、2.8%、2.9%、2.9%。[1]这些数据表明，塔的失业率处于3%—6%的合理范围之内。[2]然而，以上是官方的统计数据，即到政府有关部门登记注册的失业人数，而真正的失业人数却远远超过了这些数据。有数据表明，塔吉克斯坦是中亚各国中就业率最低的国家。塔吉克斯坦就业人数1991年为197.1万。与1991年相比，1998年在工业和建筑业的就业人数由1991年的40.4万人减少到20.5万人，几乎减少一半；在服务业领域的就业人数由1991年的70.2万人减少到44.5万人。[3]

在塔吉克斯坦，人口增长迅速、经济持续低迷、中小企业发展缓慢等等因素是失业率较高的主要原因。

其中，人口的自然增长迅速是失业人口激增的主要原因之一。

---

[1] 许新主编：《转型经济的产权改革》，社会科学文献出版社，2003年，第315页。
[2] 失业率在3%—6%之间为正常性失业，见张跃庆、张念宏主编：《经济大辞海》，海洋出版社，1992年，第590页。
[3] 刘启芸编著：《塔吉克斯坦》，第33页。

塔吉克斯坦的多子女家庭十分普遍，城市家庭一般有 2—4 个孩子，农村家庭普遍有 4—5 个孩子。在中亚五国中，塔吉克斯坦是人口增长最快的国家之一。据 1989 年统计，塔总人口数是 510.86 万，到 2000 年人口普查时已经达到 613.20 万[1]，十多年间人口增加了 100 多万。独立以后，塔吉克斯坦劳动力资源不断增长，在 1991 年至 2009 年的近二十年中，劳动力资源逐年上升，从 252.6 万增至 443.5 万，增长 75.6%。[2] 而在 1997 年以前，由于内战和经济衰退，政府不能为这么多劳动力提供工作，因此，新增劳动力的大量产生是造成失业人数增加的原因之一。

失业率较高的原因之二是塔吉克斯坦经济的急剧恶化，不能提供足够的工作岗位以满足大量的劳动者。从宏观经济学的理论出发，一般而言，经济增长往往带来就业率的增长，反之则是失业率的增长。独立以后，由于与原苏联各加盟共和国之间的经济关系中断，以及一批俄罗斯族技术人员外迁，很多企业处在停产或半停产状况。加之内战爆发，本来就处于衰退状态中的经济雪上加霜，已经达到崩溃的边缘。在 1991 年到 1998 年间，中亚五国的 GDP 与 1990 年相比呈整体下降趋势，其中，塔吉克斯坦的经济下降程度最为严重，塔 GDP 从 1991 年的 27 亿美元降到 1997 年的 9.1 亿美元。[3]

---

[1] 另有资料显示，两次人口普查的数字分别是 510.86 万和 612.75 万。见 The Population of the Republic of Tajikistan 2000, State Committee on Statistics Republic of Tajikistan, p. 155。

[2] 塔吉克斯坦 1991—2009 年劳动力人数：252.6 万、266.9 万、268.8 万、275.2 万、281.1 万、284.0 万、290.9 万、303.8 万、312.5 万、318.6 万、330.1 万、346.3 万、364.4 万、377.7 万、389.3 万、404.7 万、417.2 万、431.0 万、443.5 万。见塔吉克斯坦共和国统计局：《塔吉克斯坦：国家独立 20 年》，2011 年，第 10—11 页，转引自蒲开夫：《塔吉克斯坦共和国的人口发展与劳动就业》，《俄罗斯中亚东欧市场》2012 年第 8 期。

[3] 《塔独立三十年来经济发展回顾》，中华人民共和国商务部 2021-09-16。

经济危机导致对劳动力需求的下降，加重了失业状况。

经济结构不合理也是造成失业率较高的一个因素。苏联时期，塔吉克共和国经济在全苏处于落后状态，经济基础薄弱，工业主要是铝锭生产和出口，农业主要依靠植棉和棉花出口。铝业在工业生产总值中占有较高比重，铝业本身是资本密集型产业，吸纳就业人员有限，加之塔吉克斯坦的铝深加工产业没有发展起来，其产品主要是附加值较低的铝锭，对于解决就业的贡献不大。即使到了经济调整若干年之后的 2015 年，铝业吸纳就业人员也十分有限。植棉业虽然可以吸纳大量劳动力，但由于纺织工业不发达，劳动力得不到充分吸纳，这种状况一直没得到根本改观。2015 年，棉花出口在塔出口总值中占 11.3%，而是年塔从国外进口的轻纺制品占进口总值的 14.2%。这些数字在一定程度上反映出塔没有充分利用本国棉花和劳动力资源优势建立起具有竞争优势的棉纺织工业。[1] 独立初期，在塔工业领域中的就业人数只占 10.9%[2]，大批失业者转向农村。到 2015 年，塔在工业方面的增加值只占 GDP 的 12.8%[3]，吸纳农村剩余劳动力的能力十分有限。

内战结束以后，塔吉克斯坦开始治理失业问题。政府制定了扩大就业的社会政策。社会政策集中在以下方面：第一，确保在尊重社会成员劳动成果、社会地位、消费水平等情况下拥有自由选择的权利；第二，确保公民的工作权并做到同工同酬；第三，提供最新技能培训。[4]2002 年 6 月，塔制定了《2002—2006 年减贫战

1　黄群、王维然：《塔吉克斯坦贫困问题探析》，《西伯利亚研究》2017 年第 1 期。

2　孙壮志：《中亚五国经济转轨中的失业与就业问题》，《东欧中亚研究》1997 年第 3 期。

3　黄群、王维然：《塔吉克斯坦贫困问题探析》，《西伯利亚研究》2017 年第 1 期。

4　R. Rakhimov, "The Social Policy of Tajikistan in a Transition Economy", *Problems of Economic Transition*, Vol. 46, No. 7, 2003, pp. 68-69.

略》，2006年，出台了新的《2007—2009年减贫战略》，强调了实现经济平稳增长、提升人力资源等问题。2010年2月，塔又颁布了《2010—2012年减贫战略》，提出行政体制改革和发展教育，保证劳动者的工作效率等。

塔政府解决失业的具体措施之一，是建立了一些就业中心、职业介绍所，帮助失业者寻找工作。在国内经济未能恢复正常运转之时，外出务工是解决失业的主要方式。独立以后，总统拉赫蒙下令在政府内设移民局，负责协调劳务和处理劳务输出，维护外出务工人员的权益，负责与境外的侨胞和外国公民保持联络。此外，还加强对劳务输出人员的职业培训，保障他们能尽快找到工作。俄罗斯是塔劳务输出的最大市场，由于俄罗斯经济形势、工作前景好转，以及塔俄两国之间较大的工资差异，大批塔吉克人远赴俄罗斯打工。据塔官方统计，在俄罗斯打工的塔吉克人已达到60余万，而据非官方资料，该项数据已接近100万人。[1]事实上，每个家庭都定期收到出国打工的亲人寄回的汇款。据世界银行测算，2007年塔出国打工人员寄回国的汇款占塔GDP的37%，而2008年超出了40%。[2]

鼓励失业者自谋职业和创建私人企业也是政府解决失业的一项具体措施。据统计，到1995年底，在私人商业和企业就业的人数已经占就业总人数的47.5%。[3]政府扶持劳动力密集的中小企业。

此后的改革依然保留了对棉花、皮革和化肥等的许可证制和配额制。2008年，外国投资占塔国民生产总值的比例为5.8%。此外，塔利用联合国工业和发展组织（UNIDO）投资的100万美元以促进

---

[1] 徐慧、杨恕：《塔吉克斯坦人口现状》，《西北人口》2004年第5期。
[2] 《全球金融危机对塔吉克斯坦劳动移民造成的影响》，杨建梅译，《中亚信息》2009年第6期。
[3] 赵定东、朱励群：《1999—2000年前苏联与东欧国家的失业状况与治理》，《东北亚论坛》2006年第3期。

和改善食品工业,特别是干果加工业领域。[1] 这些领域可以吸纳大量的失业人员。

尽管塔政府采取了多项措施,失业问题仍未得到根本解决,据塔吉克斯坦的官方数据,2010 年塔失业率为 2.2%,美国联邦统计局称,11.5% 的适龄劳动力没有工作。[2]

第四节 权钱交易的腐败问题

腐败在塔吉克斯坦盛行,2012 年,索格特州累计查获超过 400 起贪污腐败案。2014 年,全球清廉指数表明,在 185 个国家中,塔吉克斯坦排名第 154 位。

腐败现象滋生的领域主要集中在政府管理部门,从事管理的部门拥有政策制定、法规调控、审核批准、调拨供给、检查监管等权力,一些公职人员利用这些权力非法获取个人好处。以棉花种植为例,地方政府强制规定棉花须完成的产量目标,并按政府规定的低于市场的价格进行收购。在工业领域,尽管出台了一些限制垄断的法律法规,但政府本身就通过"自然垄断"控制了经济各主要部门。腐败不仅使企业得不到发展,而且造成了极大的经济损失,2006—2011 年,国家腐败规模增长了三倍,如果 2005 年塔平均受贿额为 620 索莫尼,那 2011 年这一指标已经达到 1800 索莫尼(约 380 美元),这意味着有数十亿索莫尼资金绕过国家预算,流入私人口袋,其规模接近国家一年预算。[3]

---

1 《塔吉克斯坦将停止对中小企业的检查》,杨建梅译,《中亚信息》2008 年第 8 期。
2 赵常庆:《中亚五国新论》,第 137 页。
3 《塔吉克斯坦受贿规模相当于国家预算》,中华人民共和国商务部 2011-07-29。

2017年，国家经济发展和贸易部的投资和区域发展规划总局副局长阿斯卡尔·努拉利佐夫因受贿50万美元被国家金融监管和反腐败署逮捕，最终因受贿罪被判处11年徒刑。此后，制定政府投资规划的权力不再属于经济发展和贸易部，收归专门的政府委员会。

另一种腐败现象是"影子经济"的盛行。影子经济又称地下经济，指国家无法实行税收管理与监控的经济市场。参与"影子经济"的人大多数是掌握了国家经济命脉的特权阶层，他们利用代理人或代理公司，参股企业的经营活动，以获取高额利益。政府行政管理的越位不仅制约了企业的发展，而且一些官员利用手中权力随意勒索或刁难，以获取不正当的好处，使一些企业走上不正规的途径，导致了塔影子经济的产生。影子经济盛行的另一个原因是塔吉克斯坦的税率过高。塔政府制定的税率水平总体较高，2008年的一项调查显示，超过30%的中等规模以上的公司认为税负过重。此外，塔吉克斯坦申报税收的流程复杂冗长，公司法人不能雇用正规机构解决有关税务问题，高昂的申报成本使一些企业不愿申报，甚至转向不合法经营。据2012年国际货币基金组织的估算，影子经济占塔GDP的30%，如此大规模的不合法经营，导致了塔财政收入的大量流失。

塔吉克斯坦腐败现象集中在权力部门，其中，缉毒部门是塔最腐败的领域之一。塔吉克斯坦与毒品生产国阿富汗毗邻。独立以后，由于内战和经济形势恶化，塔经济犯罪占了很大比例。据塔国家反腐机构宣称，不仅犯罪集团进行贩毒，还有一些塔高级执法机构也参与到贩毒活动中。如塔打击贩毒犯罪部门的负责人法拉敦·乌马洛夫因走私大约42公斤毒品被捕。有关调查出示了法拉敦涉嫌犯罪的证据材料，材料表明法拉敦与其他一些执法机构的高官涉及贩毒案件。这些官员不仅为毒贩提供保护，而且还亲自参与了跨国组织的犯罪活动，将阿富汗的毒品通过塔吉克斯坦贩运到哈萨克斯坦和俄罗斯等国。据反腐败办公室的消息，这些参与贩毒活动者曾经想通过巨额贿赂获得释放和豁免刑事责任，但最终受到法律制裁，法拉敦以贩卖毒品罪被判7年徒刑。除缉毒部门外，塔吉克斯坦的公路稽查人员的腐败也很严重，64%的受访者承认在一年内曾向上述警务人员行过贿。[1]

独立初期，腐败现象主要发生在立法、执法、登记、财政、金融、税收、外贸、交通、能源、资源等领域。随着塔政府对权力部门的治理，权力部门的腐败在某种程度上得到了控制，而教育和医疗卫生部门却上升为腐败严重的领域，这些部门往往拥有较大经济活动空间，非法经济活动也时常发生。2012年，有关机构对苦盏大学招生办公室进行调查，发现了14起贪污刑事案件，查实了该校14人存在贪污的罪行。据塔反腐败局公布的数据，2014年塔吉克斯坦教育部门的腐败案件高达101起，其次是医疗部门（70起）、内务部（46起）、国防部（14起）、司法部（12起）和海关（7起）。[2]

塔政府整治腐败采取了以下措施：

一是实行财产申报制度。由于许多官员在被问到汽车、豪宅等财产来源之时，总是强调所有财产都是在任职以前购置的，因此，检察机关很难将官员的财产与侵占或盗用公共财产区分开来。为了让官员的财产透明化，2017年，塔政府宣布，进入国家机关工作的应聘者必须提交财产申报表。金融监管和反腐败署指出，政府机关的每一次招聘都必须提供申报材料。除此而外，鉴于一些公务员将

---

[1] 《塔吉两国进入欧洲和中亚最腐败国家前五之列》，亚欧网2016-11-25。
[2] 《2014年塔反腐败情况》，中华人民共和国商务部2015-02-04。

动产和不动产登记在亲属（子女、妻子）的名下，塔政府有关部门决定，从 2018 年起，塔政府将对纳税申报提出新的要求：不仅公务员本人而且他的妻子、子女和其他家庭成员也要进行申报。有的公务员还在为明显与工资收入不符的资产寻找其他的藏匿办法。

二是经济发展和贸易部计划借助监控设备打击腐败。塔政府批准在经济发展和贸易部的办公大楼的走廊和各办公室安装了摄像头，以这种方式打击该部门存在的腐败现象。

三是将反腐败列为普通高中的法律课程。塔政府对教育领域存在的腐败非常关切，塔总理拉苏尔扎达在教育部的会议上表示，反腐败将成为塔普通高中学生的法律课程。这一提议得到了多数教育专家的赞同。教育法专家哈基莫娃表示，许多人毕业后通过行贿成为政府官员或获得学位，将反腐课列为教学大纲有助于遏制国家的腐败问题。[1]

尽管采取了以上措施，腐败问题依然没有得到有效遏制。据《国际腐败晴雨表 2016》研究报告提供的数据，吉尔吉斯斯坦的腐败指数为 38%，哈萨克斯坦为 29%，乌兹别克斯坦为 18%，中亚国家中这一指数最高的是塔吉克斯坦（50%）。

有人指责拉赫蒙政府未能对腐败有效监管，有关数据显示，国家银行的资金流失高达 10 亿美元，接近该国全年的财政收入。[2] 更多人则认为，腐败滋生是高层领导人公然违反国家《反腐败法》的结果。以拉赫蒙为首的高层领导人的一些做法直接有损于国家利益。

塔社会民主党副主席哈基莫夫认为，地方主义、腐败、亲属家

---

[1] 柳玉鹏：《塔吉克斯坦中学将开反腐课》，《共产党员》2015 年第 9 期。
[2] 张云圣：《塔吉克斯坦总统要求摘除自己肖像整治个人崇拜》，国际在线 2009-05-19。

族关系是塔吉克斯坦干部政策的显著特征。只有国家元首真正下定政治决心，议会和社会进行监督，媒体独立，政党之间真正开展竞争，用人问题中的腐败才能减少。

塔吉克斯坦的腐败为极端主义的产生和蔓延创造了条件，削弱了政府打击恐怖主义的能力。

第五节　走私严重的毒品问题

位于毒品源"金新月"地带[1]北缘的塔吉克斯坦在独立以后一直饱受毒品的侵害，打击毒品走私是政府面临的一个社会问题。

罂粟、大麻之类的草本植物适应性很强，在全球大部分地区都能够生长，塔吉克斯坦也有地区在种植毒品。据统计，塔吉克斯坦在内战期间（1991—1996），罂粟种植从91.8公顷上升到了134.5公顷[2]，据1998年的统计，塔吉克斯坦大麻种植地8公顷，罂粟种植地9.3公顷，制造冰毒的材料麻黄在本国种植面积最多，达到了3484公顷[3]，毒品种植主要集中在塔吉克斯坦东南部。在政府的打击下，从2001年起，罂粟种植基本停止。据说在阿富汗和塔吉克斯坦边界地区，大约有一百多个地下窝点在加工鸦片制品。[4]

---

[1] "金新月"地带起于土耳其东部，向东南穿越伊朗、阿富汗、巴基斯坦，其中包括伊朗西北部与东南部、阿富汗南部和巴基斯坦西北部，所辖区域形如一轮新月，故名。

[2] 杨全民：《中亚国家毒品问题现状及其禁毒措施》，《现代世界警察》2009年第5期。

[3] 莫斯科卡内基中心：《丝绸之路上的毒品交易：中亚安全》，莫斯科，2000年，第15页，转引自邓浩：《中亚毒品问题：现状与前景》，《国际问题研究》2001年第4期。

[4] 贾铁军：《毒品走私——中亚公害》，《光明日报》1998-08-07。

塔吉克斯坦的吸毒情况在中亚五国中尚不算最严重的。[1]2001年，在官方注册的吸毒人员超过 4600 人，尽管更多人相信这个数字应该在 10 万左右。[2] 吸毒人员还在增加，据塔卫生部公布的数据，2007 年登记毒品吸食者有 8000 人，而禁毒署称真实的数字大约是 5.5 万或 7.5 万。[3] 针对吸毒人员增加的趋势，塔政府制定了《2005—2010 预防吸毒计划》，此后吸毒人数增长速度减慢。尽管如此，预防吸毒仍是政府禁毒中一项长期的任务。

塔吉克斯坦禁毒的主要任务是打击毒品走私和贩卖。塔吉克斯坦与毒品生产大国阿富汗毗邻，阿富汗生产和加工的毒品大部分经塔吉克斯坦运往世界各地的消费市场。以阿富汗为中心的"金新月"毒品区兴起于 20 世纪 80 年代，90 年代以后逐渐发展为全球第二大罂粟、大麻种植基地和海洛因、鸦片的主要产地，成为具有国际影响力的新的毒品区。据联合国的调查报告，2014 年阿富汗鸦片种植面积 22.4 万公顷，鸦片产量已经占全球毒品交易的 90%。[4]

阿富汗毒品流向世界各地的途径主要有两个方向。其中南线通过巴基斯坦和伊朗运出，抵达土耳其以后，分运到欧洲各地；北线通过与之接壤的塔吉克斯坦、乌兹别克斯坦和土库曼斯坦中亚三国运出。根据联合国毒品控制署的估计，阿富汗每年毒品出口的 65%（相当于 80 吨海洛因）通过中亚国家运往西欧和其他市场。[5] 在中亚

---

[1] 据 2005 年以前的统计，哈、吉、塔、乌每 10 万人中吸毒人员分别是 1000—1251 人、1644—2054 人、734—991 人、262—367 人。见许勤华：《解析毒品与毒品走私对中亚地区安全的影响》，《俄罗斯中亚东欧研究》2007 年第 2 期。

[2] *Director of the Tajik Centre of AIDS Revention and Control*, National for the UNAIDS Project, in Dushanbe, July 2001.

[3] *Tajikistan: Afghan Narcotics Fuel Drug Addiction*, the New Humanitarian, 2007-06-26.

[4] 《联合国：2014 年阿富汗鸦片产量又创新高》，中国新闻网 2014-11-13。

[5] 苏·威廉斯：《中亚毒品贸易猖獗》，《科技潮》1999 年第 10 期。

地区，99%的鸦片和鸦片制剂来源于阿富汗。[1]所以，打击毒品走私是中亚国家的主要任务。

从乌兹别克斯坦和土库曼斯坦的情况来看，由于乌阿边境线不长，政府便于控制，通过乌阿边境贩运到乌兹别克斯坦的毒品并不多。而土阿边境地区地势平坦，便于监控，毒品走私者也很少走土阿边境。[2]因此，塔吉克斯坦成了阿富汗毒品出口的重地。塔阿边境线超过了1300千米长[3]，其中很大部分是以高山河谷为界，对边界线的控制有一定难度。于是，塔阿边境线成为毒品走私的首选路线。阿富汗毒品通过塔阿边境的两个地点输入：一处是从昆都士经塔阿边境的喷赤河流域，阿姆河上游的喷赤河平时流量不大，易于穿越。另一处是从毒品加工地阿富汗与巴基斯坦边境的白沙瓦，沿兴都库什山区北上，经奇特拉尔到巴达赫尚，从帕米尔南缘山区进入塔吉克斯坦。帕米尔南缘地势险要、交通闭塞、人烟稀少，加之塔边防武力有限，难以完成查获任务。因此，塔吉克斯坦是中亚国家中毒品走私最猖獗的国家。每年阿富汗毒品产量的四分之一，大约95吨海洛因是经塔运往中亚地区，其中70吨运往俄罗斯。[4]

塔吉克斯坦的毒品走私贸易被贩毒集团操纵，贩毒集团的成员多以部落或家庭为单位，这种家族式的贩毒组织规模不大，通常是3—15人的小团伙，组织内部分工明确，接货、分装、存储、销售都有专人负责。据统计，大约80%的毒品贸易控制在这些组织手

---

1 阿地力江·阿布来提：《中亚毒品问题研究》，中央民族大学出版社，2017年，第20页。

2 吉尔吉斯斯坦毒品问题专家克尼亚泽夫则认为，经乌兹别克斯坦和土库曼斯坦转运的毒品可能更多，只是由于缺乏这两国的相关信息而已。

3 邓浩《中亚毒品问题：现状与前景》(《国际问题研究》2001年第4期)中记为1206千米；联合国毒品与犯罪问题办公室于2013年11月公布的数据为1344千米。

4 《新疆周边国家年度报告（2011年）》，新疆社会科学院中亚研究所，2012年，第64—65页。

里，他们大多只负责将毒品运出塔吉克斯坦国界。除贩毒集团外，两国边境附近的许多村民也参与贩运，边界两侧的阿富汗人和塔吉克人语言相通，甚至沾亲带故，很容易就能组织起来共同参与走私。[1]2011年1月25日，塔毒品监控局称，在塔南部与阿富汗毗邻的边境地区捣毁了一个有组织的跨国犯罪团伙，抓获一名来自阿富汗的大毒枭。2012年1—9月，塔抓获毒品走私嫌疑人687人，其中有20人是阿富汗籍。[2]

毒品在抵达塔吉克斯坦后，用汽车或者畜力车运至塔吉克斯坦各地，一小部分被本国国民消费，大部分运往塔吉克斯坦北部人口最多的索格特州，该州交通发达，便于毒品分运。据联合国有关机构分析，阿富汗毒品中89%（约69吨）的海洛因经陆路、7%（约5吨）经铁路、4%（约3吨）经航空运入俄罗斯。其中，空运的海洛因中大约有2.4吨在塔吉克斯坦登机。[3]杜尚别与俄罗斯、伊朗、哈萨克斯坦等国有直通航线，空运走私十分便利。

此外，塔境内的大多数毒品通过陆路进入乌吉两国。由于塔乌边境贸易频繁，往来货车多，因此，乌的毒品大多数从塔流入；而吉南部地区经济比较落后，民族成分复杂，宗教极端组织活动频繁，因此，毒贩们愿意将毒品运到吉尔吉斯斯坦。

塔的大部分毒品通过吉乌两国再运往哈萨克斯坦。2008年的一份报告指出，一旦毒品到达哈萨克斯坦，截获率低于5%，即95%的毒品会被安全运到俄罗斯。[4]不难看出，毒品进入的塔阿边

1　文丰：《阿富汗毒品及其对中亚的影响》，《新疆社会科学》2014年第6期。
2　中国现代国际关系研究院反恐怖研究中心：《国际恐怖主义与反恐怖斗争年鉴（2012）》，时事出版社，2014年，第65页。
3　吴大辉：《后反恐时代阿富汗的重建：关于中亚国家作用的探讨》，《俄罗斯研究》2014年第2期。
4　同上。

境，以及毒品出口的塔乌、塔吉边境成为遏制毒品走私的关键。尽管塔政府不断加强对塔阿边境的巡查力度，但由于塔南部地理条件复杂，因此效果并不明显。此外，塔吉、塔乌边境均存在着边界争议，塔吉边境上大约有 30% 处于无人监管状态，这些因素给禁毒工作带来困难。除了地理因素外，塔吉克斯坦恶劣的经济状况加大了缉毒工作的难度。据报道，塔吉克斯坦 30%—50% 的经济活动与毒品有关。[1] 据联合国毒品和犯罪问题办公室公布的数据，2009 年，从阿富汗运进俄罗斯的海洛因为 75—80 吨，每千克净利润约为 1.9 万美元，仅此一项，贩毒组织约获利 14 亿美元，而 14 亿美元约占塔吉克斯坦当年 GDP 的 31%。[2] 在毒品经济面前，塔吉克斯坦的经济显得十分脆弱，打击毒品走私的力度不大。

此外，贩毒的高利润也阻碍了禁毒工作的进展。在塔南部，鸦片的价值在每公斤 100—150 美元，而运到吉南部，价格升到每公斤 800 美元。[3] 在高利润下，一些政府机构如海关、边防和安全执法部门的官员被毒贩行贿，有的官员甚至直接参与毒品贸易，从中牟取暴利，如 2000 年，哈萨克斯坦的特工在塔驻哈外交官的汽车里和塔驻哈商务代表的车库里分别发现了 62 公斤和 10 公斤海洛因。按阿拉木图的市价，72 公斤海洛因总价为 100 多万美元，运到俄罗斯至少是 200 万美元，若运到欧洲，其价格则要暴增 10 倍。[4]

尽管存在以上不利因素，塔政府在禁毒工作中仍然取得了一些成绩。1994 年至 2014 年上半年的二十年中，塔政府查缴的毒品超

---

[1] Tajikistan Poverty Pushes People to Drug Trafficking, Expansion, 21 December 2000.

[2] 吴大辉：《后反恐时代阿富汗的重建：关于中亚国家作用的探讨》，《俄罗斯研究》2014 年第 2 期。

[3] 贾铁军：《毒品走私——中亚公害》，《光明日报》1998-08-07。

[4] 汪嘉波：《毒品泛滥，中亚告急》，《光明日报》2000-09-01。

过 102 吨，其中海洛因 33 吨、鸦片 36.1 吨、大麻制品 31.6 吨。[1]不过，与毒品的走私量相比，这一数字只是九牛一毛。据联合国 2010 年公布的一份调查报告，2009 年，大约有 90 吨阿富汗海洛因走私进入中亚地区，其中约 75—80 吨最终抵达俄罗斯，约 11 吨在中亚地区消费，中亚各国截获 3.4 吨。[2]

塔政府仍在继续与毒品走私和贩毒做斗争。其中，1994 年在内务部成立了一个反非法贩运毒品的机构。1996 年 4 月 12 日，塔政府根据《采取紧急措施，加强与非法贩运毒品的斗争》的总统令，于 6 月成立了国家禁毒委员会。在联合国的帮助下，塔禁毒署于 1999 年 6 月 1 日成立，归总统直接领导。2004 年，成立了戒毒协调委员会。2007 年，在联合国毒品和犯罪办公室的支持下，在塔内务部成立了流动禁毒队。这些机构的建立加强了对毒品贩运的打击，在一定程度上封锁了从阿富汗向塔吉克斯坦运输毒品的通道和路线。[3]目前，塔政府正在执行《2013—2020 年国家禁毒战略》，这一战略为控制非法毒品交易、维护社会稳定提供有力保障。

除此以外，塔吉克斯坦在地区和国际禁毒工作中表现积极。1996 年以后，塔加入了联合国的《1961 年麻醉品单一公约》、《1971 年精神药物公约》等公约。1999 年，塔政府承办了第一次世界禁毒大会。2000 年 10 月，中亚五国召开了名为"加强中亚安全与稳定——采取统一行动打击毒品、有组织犯罪和恐怖主义"的国际会议，会议就改进协作、互换信息、增强预防、加强控制和完善司法体系等方面进行了商讨。从 2003 年起，塔吉克斯坦参加了独联

---

[1] 史天昊：《中亚各国打击毒品犯罪效果显著》，《法制日报》2014-06-24。

[2] 吴大辉：《后反恐时代阿富汗的重建：关于中亚国家作用的探讨》，《俄罗斯研究》2014 年第 2 期。

[3] 张雪宁、杨恕：《塔吉克斯坦禁毒斗争简述》，《兰州大学学报》2011 年第 3 期。

体集体安全条约组织每年举行的"渠道行动",收缴来自阿富汗的毒品。2004年6月,包括塔在内的上海合作组织(简称"上合组织")成员国签署了《联合打击毒品走私的协定》。同年,塔边防部队和海关总署及禁毒署参加了欧盟和联合国开发计划署合作的中亚毒品控制项目,此项目帮助塔培训缉毒人员、训练警犬、建立毒品检验中心。2005年,俄罗斯军队向塔方移交了塔阿边界的防务后,应塔方的要求,欧盟中亚边界管理项目[1]开始管理塔阿边界,其中两项任务:一是在霍罗格建造警犬中心,为边防部队提供运输工具和高频收音机,增强他们的行动能力和效率;二是在苦盏机场建造设备齐全的毒品检验处。

独立近二十年中,塔在截获毒品、逮捕贩毒分子、捣毁毒品实验室等禁毒工作中的成绩有目共睹。2009年,联合国代表詹姆斯·卡拉汗在参加塔禁毒署成立十周年庆祝活动时指出:在过去十年里,禁毒署逐渐加强了与其他主体的合作,增强了自己的行动能力。禁毒署分析中心在信息能力建设上的专业水平与欧洲同类组织相当,已经成为地区的典型。然而,应该指出,打击毒品走私和贩毒的形势还没有发生根本改变。每年通过塔吉克斯坦的海洛因和鸦片大约分别有95吨和120吨,而在塔的截获率仅为3%。[2] 禁毒仍然是塔政府的一项艰巨任务。

---

[1] 欧盟为保证在中亚的能源和安全利益,积极推广欧盟边界一体化管理经验,主要通过BOMCA(边界管理)和CADAP(毒品行动)两个援助项目予以实施。
[2] 张雪宁等:《塔吉克斯坦禁毒斗争简述》,《兰州大学学报》2011年第3期。

下编
步入稳定时期

  2003年以后，塔政权在打击极端主义和恐怖主义中逐渐巩固，国家进入了政治稳定时期。在稳定的政治局面下，塔政府开始了经济建设和社会保障体系的构建。其中2005年，吉乌两国政权经历了"颜色革命"危机，而塔政权采取措施制止了国内的反政府思潮。2003年以后，塔吉克斯坦经济改革的主要任务是优化经济结构和继续推进对外开放。由于资金匮乏，产业结构调整的进展不大，国家继续实施"水电兴国"和"交通兴国"的战略方针；对外开放则取得了一定成就，并于2013年成为世贸组织的正式成员。关于社会方面的改革，塔政府于2008年提出了六项社会改革的战略目标，扩大了社会保障范围，提高了社会保障的水平。

第十二章
在世俗和民主化道路上前行

1994年,塔吉克斯坦颁布了独立之后的第一部宪法,截至2016年,1994年宪法经历了三次修改(1999、2003、2016);在此三次修改中,塔吉克斯坦在国体上坚持了民主的、法制的、世俗的发展道路,在政体上坚持了立法、行政、司法三权分立的政治制度。2003年以后,拉赫蒙政权在打击极端主义和恐怖主义的旗帜下日益巩固,塔吉克斯坦进入政治相对稳定时期。

第一节 三次宪法修订的重点

自1994年塔吉克斯坦宪法颁布后,截至2016年,1994年宪法经历了三次修改(1999、2003、2016)。1994年宪法确立的塔吉克斯坦国家制度是:主权的、民主的、法制的、非宗教的单一制国家。1994年宪法将国家的主权性放在了第一位。由于塔吉克斯坦作为一个独立国家已经得到了国际社会的承认,在1999年宪法中不再将国家的主权性写入宪法,而是突出了国家的民主和法制的性质。在1999年宪法修正案中,对国体的表述是:国家建设的目标是建立民主的、法制的、世俗的国家;这一表述在以后的宪法修正案(2003、2016)中一直坚持下来。

关于国家的民主性原则,拉赫蒙总统在2003年修宪以后,于

11月6日在杜尚别举行的宪法日庆祝会上指出：如果1999年第一次修宪使塔吉克斯坦恢复了和平与稳定的话，那么，2003年的第二次修宪将使塔吉克斯坦的民主生活进程不断加深。[1]而在2003年宪法中，看不出比前两次宪法有什么促进民主进程的规定。在2005年的国情咨文中，拉赫蒙总统认为：塔吉克斯坦虽然民主法制建设的历史不长，但经过十多年的努力，已经取得了预期成果，为塔吉克斯坦营造了一个和平、安宁和稳定的发展环境。[2]

尽管步伐缓慢，但塔吉克斯坦正在向宪政民主迈进。2012年，塔对以往出台的一系列法律进行了修订，体现了政府推进政治体制民主化改革的意向。在刑法修正案中，将原刑法中的第135条"诽谤"和第136条"侮辱"两项刑事罪名改为"行政违规行为"；按刑法修正案的规定，触犯行政法规的行为将处以罚款而不是承担刑事责任，取消追究诽谤和侮辱行为的刑事责任将有助于塔言论自由和民主的发展。[3]

在世俗性于1999年宪法修正案中再次确认的基础上，2003年的宪法修正案又规定：塔司法部正式解除对反对派政党活动的禁令。可以说，在经过了五年内战的较量之后，世俗性原则的确定是塔吉克斯坦多方努力和妥协的结果。世俗性原则以及允许任何政党存在的原则在以后的宪法修正案（2003、2016）中都没有改变。允许包括宗教性质在内的任何政党活动的规定反映了塔吉克斯坦政治上的包容性，根据这一规定，伊斯兰复兴党获得了合法地位，从此走上了议会斗争的道路。

---

1 孙力：《塔吉克斯坦庆祝宪法日》，人民网2003-11-07。
2 《塔吉克斯坦总统年度咨文》，资源网2006-12-08。
3 徐海燕：《危与机：2012年塔吉克斯坦国家发展评述》，《新疆师范大学学报》2013年第4期。

目前，世俗性在塔吉克斯坦仍然存在着一些不确定的因素。从外部环境来看，在中亚伊斯兰激进势力"回归"的大环境下，伊斯兰教信仰在塔吉克斯坦掀起了新的热潮；在阿富汗塔利班武装的压力下，乌兹别克斯坦的伊斯兰运动（简称"乌伊运"）开始了战略性转移，一些"乌伊运"成员来到了塔东部地区，如果塔政府无力阻止"乌伊运"，那么将会对塔吉克斯坦的世俗化道路造成威胁。

从内部形势来看，伊斯兰极端组织活动仍然频繁。在民族和解进程中，拉赫蒙总统走的是一条"世俗-伊斯兰"的中间道路；2006年以后，塔政府在打击宗教派别的基础上，坚定了国家的世俗性。一方面，塔当局对伊斯兰复兴党领导人采取边缘化政策，伊斯兰复兴党的政治空间不大，取得政权的机会很小；另一方面，由于腐败现象弱化了政府对社会的控制能力，伊斯兰化氛围日渐浓厚，据自由欧洲网站2010年10月6日的报道，民众对宗教的热情正在高涨，伊斯兰教名成为塔吉克斯坦的新时尚。此外，大多数居民生活贫困，导致人们通过宗教寻求公正，加之伊斯兰复兴党采取了一系列与执政党争夺民心的社会帮扶计划，因此，伊斯兰复兴党还是有一定的基础。截至2011年，伊斯兰复兴党已经继执政的人民民主党成为第二大社会政治组织，拥有45万党员。[1]

可以说，塔民主化和世俗化的成功与否主要取决于塔政府发展经济、消除贫困以及打击腐败的决心，不过，拉赫蒙政府平息以伊斯兰复兴党为核心的反对派，尊重他们的信仰，也是塔吉克斯坦在民主化和世俗化道路上顺利前行的保证。

1994年宪法规定塔吉克斯坦的政体是立法、行政、司法三权

---

[1] 孙超：《我们是谁？——塔吉克斯坦的认同政治》，《俄罗斯东欧中亚研究》2014年第1期。

分立的政治制度。此后的三次（1999、2003、2016）宪法修正案对此规定都没有改变。

1999年宪法修正案扩大了议会权力。1994年宪法规定，行使立法权的塔议会由最高苏维埃更名为最高会议，实行一院制议会；在1999年宪法修正案中，塔议会由一院制改为两院制，设立了上院和下院，两院都拥有立法权。从权力的角度来看，塔议会的权力在宪法中得到加强。1994年宪法规定，国家元首总统有任命政府首脑的权力；1999年宪法修正案规定：政府首脑由议会产生，政府向议会负责；在以后的两次宪法修正案中，这一规定没有变化。

1999年以后，塔吉克斯坦分别于2000、2005、2010、2015年举行了四次两院制议会的选举；下文将介绍2005年及其后塔议会下院的三次选举情况。

2005年，塔议会下院于2月27日举行第三次选举，有6个政党参与本次的下院选举，它们是人民民主党、伊斯兰复兴党、共产党、塔吉克斯坦民主党、社会主义党和社会民主党；选举结果与2000年的情况一样，人民民主党、伊斯兰复兴党、共产党进入议会，在63个席位的分配中，人民民主党占了48席，共产党5席，伊斯兰复兴党2席。[1] 伊斯兰复兴党对选举结果不满意。在此次选举中，伊斯兰复兴党推出35名候选人[2]，但只获得了2个席位，伊斯兰复兴党组织抗议活动指责拉赫蒙总统压制民主。

2005年议会选举以后，塔国内掀起了创建政党的高潮。2005年9月，经济改革党成立，其纲领主要是经济方面的诉求，主张政府应该为中小企业的发展创造条件，由国家统筹合理地使用土地资

1　《塔吉克斯坦议会》，人大网 2011-05-20。
2　孙力：《塔吉克斯坦举行议会选举》，《人民日报》2005-02-28。

源，反对土地私有化。同年10月，农业党成立，其纲领注重改善农村状况，主张加强经济独立性，提高农产品产量和改善农民的生活条件。2006年4月，以马苏德·索比罗夫为首在塔吉克斯坦民主党内组建了祖国党，司法部给予登记。祖国党鼎盛时期曾有成员1.62万余人。[1] 从以后的议会选举来看，祖国党没有什么作为。以上新成立的三个政党基本上是拥护政府的。

2010年2月28日，塔议会举行了第四次下院选举，有8个党派参加角逐。除2005年的6个政党外，新增加的政党是大约有1.8万党员的经济改革党和党员只有1300人的农业党。[2] 在进入议会的5个政党中，执政的人民民主党获得了55个议会席位，而亲政府的农业党、共产党、经济改革党各获得2席，伊斯兰复兴党是唯一进入议会的反对派政党，仅获2席。[3]

2015年3月1日，塔吉克斯坦举行了第五次议会下院选举，有6个政党进入议会，其中人民民主党赢得51个席位，农业党获得5个席位，经济改革党获得3个席位，共产党获得2个席位，社会主义党和塔吉克斯坦民主党各获得1个席位。[4] 应该指出，2015年进入议会的政党都是亲政府的，政府反对派伊斯兰复兴党只获得1.5%的选票，未能进入议会。

在第五次议会下院选举中，反对党伊斯兰复兴党和社会民主党未能获得议会席位，沦为体制外政党。两党指责选举不公，拒绝承认选举结果。[5] 伊斯兰复兴党在得知选举结果以后，发表了议会选举

---

1 《塔吉克斯坦民主党》，中华人民共和国外交部2009-07-30。
2 《塔吉克斯坦共和国政党概况》，中华人民共和国外交部2010-08-10。
3 文丰：《十字路口上的塔吉克斯坦：世俗化还是伊斯兰化》，《新疆师范大学学报》2011年第6期。
4 《塔吉克斯坦议会下院选举结果正式公布》，新华网2015-03-06。
5 王明昌：《塔吉克斯坦》，孙力、吴宏伟主编：《中亚黄皮书：中亚国家发展报告（2016）》，社会科学文献出版社，2016年，第325页。

不透明的议论，不过，该党强调将一如既往地在法律范围内行事。

关于总统的选举和任期，历次修宪对现任总统都是有利的。1994年宪法规定：塔吉克斯坦总统是国家元首和执行权力机关（政府）首脑；总统任期五年且只能连任两届。而在1999年宪法中，总统任期由原来的五年改为七年，由原来可以再连任一届改为只有一届；在获得连任把握性不大的情况下，将任期从五年延至七年对现任总统来说是有利的。2003年6月22日，塔全民公决通过了宪法修正案，改变了总统只任一届的规定，这对现任总统也是有利的；于是，埃·拉赫蒙可以参加2006年的总统大选。

2006年11月6日，塔总统大选如期举行。此次大选共有5名候选人参与角逐：人民民主党代表总统拉赫蒙，共产党代表塔尔巴科夫，社会主义党代表加弗福罗夫，经济改革党代表博博耶夫，农业党代表卡拉库洛夫。其中没有一个是反对派政党的代表。人民民主党的代表拉赫蒙以79.3%的得票率胜出，并于当月18日宣誓就职。

按2003年宪法修正案规定，拉赫蒙2006年的当选只是他的第一任总统任期，他还可以参加7年后的2013年选举。2013年11月6日，第四次总统大选拉开序幕，总统拉赫蒙成为6名候选人之一，选举结果，拉赫蒙以83.6%的选票顺利实现连任。排在第二位的塔吉克共产党候选人塔尔巴科夫只获得了大约5%的选票。[1] 拉赫蒙迎来了第4届总统的任期，他将担任总统至2020年。

2015年12月，塔出台了《民族首领法》，该法确定了拉赫蒙总统的"民族首领"地位；确立这一地位的依据是拉赫蒙完成了"民族救星"的历史使命以及为人民做出的巨大贡献；这一地位给拉赫蒙提供了参与国家政治生活的无限制的可能性。2016年1月

---

1 《塔吉克斯坦总统大选结束，拉赫蒙获连任》，中国新闻网2013-11-07。

22 日，塔议会批准了修宪的建议，并决定就修宪举行全民公投；5月 22 日，塔对新的宪法修正案举行了全民公投，在修改的 40 个条款中，有一条规定：宪法对总统任期两届的限制不适用于民族首领，即作为民族首领的现总统拉赫蒙可不限次数地参加总统选举。至此，拉赫蒙成为继哈萨克斯坦和乌兹别克斯坦之后的又一位由宪法规定的国家民族英雄和终身总统。

第二节 评说不一的安全稳定措施

2003 年以来，以拉赫蒙为首的人民民主党在执政期间经历了政治和安全危机的严重考验，塔政府采取强硬措施，保证了塔吉克斯坦的政治稳定。

首先，以总统拉赫蒙为首的塔政权成功抵御了"颜色革命"。在中亚"颜色革命"发生前夕，塔吉克斯坦出现了政党和社会团体活动频繁的局面。2004 年，西方国家的一些非政府组织在塔吉克斯坦积极从事宣传活动，据统计，塔境内有 50 多个西方非政府组织在活动，它们举办研讨会，发放关于选举法的资料。美国的国家民主研究所、国际研究与交流委员会和教育发展学院在塔实施所谓维护人权和言论自由的计划，为此，美国于 2004 年支出了 700 多万美元。[1]

在此形势下，塔总统及时调整了一批政府领导人，加强了政府对社会治安的管理。2005 年 1 月 11 日，塔总统拉赫蒙免去了阿布杜拉·阿兹莫夫边防委员会主席的职务，任命负责监察强力部门工

---

[1] 〔俄〕С. И. 切尔尼亚夫斯基：《变革时代的中亚》，《国外社会科学》2007 年第 6 期。

作的副总理萨伊达米尔·祖胡洛夫担任；解除了内务部所属内务部队的一些指挥员、一名内务部副部长和毒品监控局副局长的职务，理由是他们贪污受贿、营私舞弊。[1] 在加大政府行政震慑力的形势下，塔议会下院于 2005 年 2 月 27 日在平静氛围中进行了选举。

自吉尔吉斯斯坦 2005 年 3 月 24 日发生"郁金香革命"和乌兹别克斯坦于 2005 年 5 月 12 日发生"安集延事件"后，塔政府果断地关闭了塔吉边界；出台了一些诸如在塔议会进行下院选举前夕，各参选党派不得举行宣传活动等措施；加大了对国内非政府组织和反对派候选人经费来源的控制，限制了非政府组织的活动，制约了西方国家所谓民主思想的输入。

与此同时，塔政府还借助国际组织和多国合作以保障塔政权的安全。2005 年 7 月，塔总统出席了在哈萨克斯坦首都阿斯塔纳举行的上海合作组织元首峰会，会上塔与中、俄、吉三国签署了《上海合作组织成员国宣言》和《上海合作组织成员国合作打击恐怖主义、分裂主义和极端主义构想》等一系列文件；这些文件的签订有利于塔吉克斯坦阻止"颜色革命"在国内的蔓延。

其次，拉赫蒙政权成功地打击了恐怖主义犯罪，保证了国家的安全与稳定。自 2009 年以来，恐怖活动在塔境内频繁发生。2009 年 7 月 25—26 日，"乌伊运"在塔首都杜尚别国际机场和距离总统府 200 米的一家宾馆制造两起爆炸事件，这是一起"恐怖主义行动"，实施恐怖袭击的是来自巴基斯坦、阿富汗和俄罗斯车臣地区的极端组织。2010 年 9 月 10 日，塔安全部队在塔阿边界与一些塔利班武装分子发生激烈交火，击毙至少 20 名塔利班武装分子，一

---

[1] 《塔吉克斯坦总统免去一些高官的职务》，岳萍译，《中亚信息》2005 年第 2 期。

名安全部队成员殉职；该团伙大约有40人。[1]同年9月19日，塔吉克军方车队在拉什特地区遭遇不明身份的武装分子袭击，造成至少23人死亡，10人受伤。同年10月，塔第二大城市苦盏的一处警务机构遭到恐怖袭击，造成两名警官死亡，25人受伤。2012年7月21日，塔国家安全委员会副主席阿卜杜拉·纳扎罗夫遇袭身亡，塔政府军在塔南部城市霍罗格展开清剿行动，导致塔政府军与反政府武装交火，塔政府军12人死亡，23人受伤。

塔吉克斯坦以法律手段对付恐怖主义。塔在独立初期就颁布了《反恐怖主义法》，2012年，塔吉克斯坦对《反恐怖主义法》进行了修改。根据新的《反恐怖主义法》，塔确认的恐怖主义组织有："基地"组织、穆斯林兄弟会、突厥斯坦伊斯兰党、伊斯兰解放党、安拉战士等十多个。其中，接受"基地"组织资助的"安拉战士"宣称效忠"伊斯兰国"，主张用武力确立伊斯兰教法在塔政治生活中的优先地位；该组织在塔煽动民众参加"圣战"，并为"伊斯兰国"招募人员。2010年9月3日，"安拉战士"在索格特州对"有组织犯罪控制"的办公大楼进行自杀式炸弹袭击。2012年5月3日，塔最高法院正式取缔"安拉战士"，禁止该组织在塔境内活动。

依据《反恐怖主义法》，国家安全委员会有权没收或者冻结嫌疑人的银行账户以及其他财产，最高法院有权禁止恐怖组织在塔吉克斯坦运作，以及有权根据总检察长办公室的建议决定没收他们的财产。[2]2014年，最高法院审议对35名涉恐犯罪的25项刑事诉讼，同年，塔内务部逮捕116名恐怖分子和极端分子。2015年10月7

---

[1] 李瑞生：《塔吉克斯坦恐怖主义犯罪及其预防研究》，《犯罪研究》2016年第3期。

[2] 古丽阿扎提·吐尔逊等：《中亚跨国犯罪问题研究》，中央民族大学出版社，2013年，第33、34、78页。

日，塔总统拉赫蒙签署新《国籍法》，取消参加境外恐怖组织者的公民身份。

再次，鉴于大多数恐怖行动与宗教极端组织有关，塔政权加强了对宗教极端分子的打击。2009年，塔议会通过了新的《宗教法》。2010年，被判刑的宗教极端分子有158名，而2009年这一数字仅为37人；2010年，与伊斯兰解放党有关的刑事案件有31起之多，被判刑入狱有135人；2011年，塔抓获了200余名各类恐怖和极端组织成员，其中168人已经被起诉和获刑。[1]

为了打击宗教极端分子，塔加强了对清真寺的管理。《宗教法》规定，塔清真寺只有在宗教事务管理局通过注册以后，才能正常开放；对不受政府监管的宗教活动进行打击。其中主要是限制活动规模。规定参加生日活动的人员限于家庭成员；割礼只能1天，参加的人数不得超过60人；婚礼不得超过2天，参加婚宴的双方来宾总数不得超过150人，请客不得超过200人；殡礼只能在清真寺举行，参加40日祭的人数不得超过80人，周年祭不得超过100人；朝觐迎送仅限于家庭成员范围并禁止宴请；婚礼和各类仪式的举行时间限3小时以内，工作日自18时至23时，休息日自8时至23时。[2]

塔政府加强了对私人伊斯兰教育机构的管控。按《宗教法》规定，宗教教育机构必须到塔文化部登记。据此，塔政府关闭了一批未通过注册的伊斯兰学校。2010年，几十所伊斯兰学校被警方关闭；2011年1月，塔宗教事务委员会为清真寺制定了52个宣教主题，规定宣教活动限制在1分钟以内；为完善对宗教人员的管理，

---

[1] 中国现代国际关系研究院反恐怖研究中心：《国际恐怖主义与反恐怖斗争年鉴（2011）》，第50、52、62、63页。

[2] 张真真：《塔吉克斯坦独立后的政治经济发展》，第81页。

2012 年，塔宗教事务委员会颁布法令，规定只有伊玛目方可带领教众做礼拜，否则要施以罚款。

塔政府采取措施杜绝国外宗教极端分子的影响。拉赫蒙总统强调："我们应当尽力阻止外来的极端主义思想的传播，这些思想可能渗进我们的同胞，特别是青年人的头脑里。"为了防止境外宗教机构和人员向塔传播宗教极端主义思想，塔政府采取了以下措施：一、宗教机构邀请境外宗教人员来访必须得到政府的批准，未能获得登记或已经被取缔的宗教组织不能邀请境外宗教人士，按新的《行政犯罪法》规定，在未告知国家安全机构的情况下，私自与境外宗教报纸保持联系的宗教组织处以 1200—1600 索莫尼的罚款。二、加强对出境留学和朝觐的管理。首先，召回了在境外宗教学校学习的留学生，《行政犯罪法》规定，违反在境外接受宗教教育规定者被处以 2000—4000 索莫尼的罚款。截至 2015 年 7 月，在境外学习宗教知识的 3360 名学生中已有 3008 名返回。其次，限制中青年人的朝觐。2015 年，塔宗教事务委员会宣布未满 35 周岁塔国人不能出境朝觐，2016 年，塔宗教事务委员会宣布 40 周岁以下的公民不能进行朝觐。三、塔电信部门加强了对互联网的监管。2012年 11 月，塔政府一次性关闭了 131 个网站，其中具有欧美背景的 Facebook（脸书网）两次被封锁。

与此同时，塔政府大力提倡发挥宗教的积极作用。2010 年 12 月，塔出台了《父母抚养子女责任法》，该法规定，除在官办宗教学校就读的儿童和青少年可以在清真寺参加宗教活动外，其余青少年只有在宗教节日和葬礼期间才能在清真寺做礼拜。塔宗教事务委员会派人监督清真寺的执法情况，2014 年，塔政府在星期五清真寺和中心清真寺安装监控设备，严防未成年人参加宗教活动。2015 年9 月 23 日，塔总统拉赫蒙在宰牲节来临之际发表电视讲话，呼吁每位公民用伊斯兰价值和人道主义来实现社会与国家的稳定,加强国家道德建设,鼓励青年发扬友谊、慈善、宽容和团结精神。

总的来看,塔政府对付恐怖主义和宗教极端主义的措施起到了稳定国内秩序、保证政权的积极作用。在《2015年全球恐怖主义指数报告》中,塔吉克斯坦成为受恐怖主义影响较小的国家之一。然而,塔政府实施的强制措施也引起了国内外一些人的担忧和不满。

在国内,一些地方宗教组织、独立法学家和人权律师谴责塔政权限制了宗教自由。他们认为,限制宗教自由将为极端主义的滋生和恐怖活动提供条件,如叛逃"伊斯兰国"的塔特警部队指挥官海里莫夫曾公开表示对塔政府实施的限制穆斯林的政策不满。塔学者约翰·汉德肖指出,塔政府使用的遏制措施产生了两种不同的效果:一些人可能被这些措施吓到而遵守国家认可的伊斯兰教指导方针,而有些人则可能暗地里成为武装分子。[1]

国外学者也提出了建议和批评。著名伊斯兰研究专家约翰·埃斯波西托指出:伊斯兰教可以作为让恐怖主义者失信,限制恐怖主义蔓延的有效武器,关键在于政府如何采取正确的公共政策去赢得穆斯林的头脑和心灵。[2] 有学者认为,塔司法部门的腐败和官员有效执法训练的不足阻挠了政府制止恐怖主义分子的能力,特别是司法部门滥用反恐和限制宗教极端主义的法律以压制政治反对派,将阻碍政府反恐努力的有效性。[3]

事实上,塔吉克斯坦宗教极端主义的蔓延态势并未得到根本

---

[1] As Tajikistan Limits Islam, Does It Risk Destabilization? [N/OL]. 2015-12-01[2016-06-20], http://www.eurasianet.org/node/76361.

[2] 〔美〕约翰·L.埃斯波西托、〔美〕达丽亚·莫洛海德:《谁为伊斯兰讲话?——十几亿穆斯林的真实想法》,晏琼英等译,中国社会科学出版社,2010年,第221页。

[3] 2013 Country Reports on Terrorism, Content downloaded from HeinOnline (http://heinonlie.org) 2014, pp. 201-202.

遏制。目前，塔吉克斯坦相当多的穆斯林，特别是教职人员，倾向于萨拉菲主义。[1]2014年，塔最高法院正式把"萨拉菲"定性为极端主义组织。近几年来，在塔被禁的宗教团体和宗教极端分子绕道俄罗斯、土耳其去叙利亚参加"圣战"，而且屡禁不止。2016年1月，塔内务部长拉希姆佐达透露，根据塔官方掌握的信息，近千名塔吉克斯坦人在叙利亚和伊拉克帮助"伊斯兰国"作战，有的甚至举家投奔"伊斯兰国"。[2]是年5月22日，塔下院批准了有关法律的修正案，将出境参加"圣战"的行为视为违法，允许政府对在境外参加"圣战"的本国公民进行审判，对未犯重罪且脱离极端组织的归国公民，给予赦免和发放政府补助的宽大处置。然而，出境参加"圣战"的人数还在增加，2016年，塔总检察长表示有1094名塔公民在伊拉克和叙利亚作战。[3]

大多数学者认为，塔吉克斯坦能否消除宗教极端主义和恐怖主义，在政治方面，取决于塔政权是否能够建立利益表达机制并引导民众以正确方式参与政治，这才是疏通民众不满情绪的渠道和杜绝极端主义滋生的前提条件；在经济方面，取决于塔政府能否促进经济的快速发展，在消除贫困、打击腐败等方面取得成功和赢得民众的认可，这是保证国家稳定的根本。

第三节　政绩显著的拉赫蒙政权

拉赫蒙总统执政二十多年，在他的领导下，塔吉克斯坦经历了

---

[1] 苏畅：《中亚国家政治风险量化分析》，《俄罗斯东欧中亚研究》2013年第1期。
[2] 周良：《塔吉克斯坦政府反恐通缉名单新添29人》，新华社2016-11-25。
[3] 张维维：《塔吉克斯坦应对宗教极端主义举措探析》，《江南社会学院学报》2017年第19卷第1期。

内战—和解—稳定—发展的过程。从政治方面看，拉赫蒙政权保证了国家在民主和世俗的道路上前行；从社会经济方面看，经济呈现出稳定发展的态势，居民贫困率在下降，社会保障制度逐渐建立起来。可以说，在极其复杂的政治条件和极其衰弱的经济形势下，塔吉克斯坦能够沿着稳定发展的方向前行，实属不易，以拉赫蒙为首的塔领导人为此付出了艰辛的努力。

政权建设方面的主要成就之一是巩固人民民主党在塔议会中的强势地位，立法权被控制在总统手中。自塔总统拉赫蒙于1998年4月当选为人民民主党主席后，该党的政治主张和理念成为主流价值观。1999年，塔吉克斯坦议会实施两院制议会，开始了多党参与议会的政治改革。在2000年至2015年的四次议会下院的竞选中，人民民主党以绝对优势（在63个席位中分别获得34、48、55、51个席位）成为塔吉克斯坦的执政党。目前，议会下院和政府的重要岗位都被人民民主党的代表占据，其中塔议长、副议长、总理和副总理等重要位置都是人民民主党党员。执政党地位的巩固为国家的稳定和塔政府的施政提供了有力保障。

与人民民主党蒸蒸日上的态势形成对比的是，反对派势力逐渐走向没落。1997年，塔政府与反对派联盟签署和平协议实现和解，包括伊斯兰复兴党在内的反对派得到一部分政府职位。民族和解之后不久，伊斯兰复兴党领导人开始被以总统为核心的塔政府边缘化。在2000年至2010年的三次多党制议会选举中，反对派虽得以进入议会，但只得到两个席位，2015年的选举中没有达到法定的5%的选票，未能进入议会。

伊斯兰复兴党在2015年3月的下院竞选中遭到失败以后，塔政府利用宗教工具打击伊斯兰复兴党，成功缩小了伊斯兰复兴党的活动空间，最终导致了伊斯兰复兴党的非合法化。2015年8月，塔政府在打击"极端组织"的旗号下,展开了对伊斯兰复兴党的打压。塔司法部以没有法定政党所需数量的分支机构为由,规定这些组织于 9 月 7 日以前停止活动。此后,塔最高检察院指控塔国防部前副部长、伊斯兰复兴党成员阿布杜哈里穆·纳扎尔佐达,说他在 2010 年至 2015 年 8 月期间,曾招募以往反对派联盟的士兵建立犯罪组织。2015 年 9 月,纳扎尔佐达率领手下人袭击塔国防部中央机关,失败后在逃跑中被击毙。9 月 29 日,塔最高法院以触犯刑法,涉及"恐怖主义、煽动种族和宗教仇恨、地方主义、试图武力夺取政权、鼓动推翻宪政制度和军事政变"等相关条款,将伊斯兰复兴党列入恐怖主义和极端主义名单。塔政府宣布:如果伊斯兰复兴党成员自动脱离该组织,或在该党活动受到禁止后与该党停止一切合作,根据塔吉克斯坦法律,将不予追究责任。10 月 6 日,有 23 名伊斯兰复兴党领导成员和积极分子因涉恐怖主义、煽动种族和宗教仇恨被捕,伊斯兰复兴党主席卡比里流亡土耳其,大批党员退党。至此,伊斯兰复兴党基本上被清除出塔政治生活。2016 年,塔吉克斯坦就 2003 年的宪法修正案再次进行修正并举行公投,此次修正案第 3 条规定:禁止在民族和宗教信仰基础上建立政党。这一修改被认为是针对塔吉克斯坦唯一合法的宗教性政党——伊斯兰复兴党的"删除"运动。

除伊斯兰复兴党外,塔政府对其他反对派也采取同样手段。反对派组织的"24 小组"是库瓦托夫在莫斯科建立的反政府组织。库瓦托夫曾与总统家族有着密切的商业联系,后因欺诈罪被警方通缉而逃到莫斯科,在此成立了"24 小组",从事反拉赫蒙总统的活动。2014 年 10 月 8 日,塔最高法院将"24 小组"列为极端组织,2015 年 3 月 5 日,库瓦托夫在安卡拉遭暗杀。

对反对派的打压尽管产生了一些负面影响,破坏了反极端主义政策的权威性和公正性，降低了政府打击宗教极端主义的公信力，但是，这些行动巩固了人民民主党的地位，树立了以总统为首的塔政府的绝对权威。

稳定政权的另一个成就是总统对行政权的控制。按1999年宪法修正案，总统拥有建立和撤销各部和国家委员会的权力，有任命和解除政府总理和其他成员职务的权力，不过这些任命要得到议会的批准。2002年以后，总统拉赫蒙几次对政府进行改组，确保了行政权运行的稳定。总统在2005年国情咨文中表示：今后要加大改革国家政府管理部门的力度，根据市场经济规律整顿国家机关，完善各部委职责范围和组织机构，增加各政府机关和公务员工作透明度，在短期内制定出国家机关管理部门改革框架。2006年12月1日，阿基尔·阿基洛夫出任总理，2013年获得连任。阿基洛夫一直与拉赫蒙总统共同承担着治理国家的重任，保证了经济稳定发展。

与此同时，拉赫蒙政权注意处理中央与地方政权的关系，遏制了地方分裂势力的发展。塔吉克斯坦境内多山，全境被山脉分割为三部分：北方是索格特州和姆尔加布区；西南部哈特隆州是塔吉克斯坦较为平缓的地区，也是塔吉克斯坦的中心地带，首都杜尚别市在此州；东南部的戈尔诺-巴达赫尚自治州和加尔姆地区位于"世界屋脊"的帕米尔高原。由于山脉的阻碍，这三个区域的交通不便，难以实现国内频繁互动，三个区域在不同维度上各自发展。北方地势较为平坦，人口密集，是工业集中的地区，如塔西北部的索格特州农业占国民总收入的25.3%，工业和服务业占了74.7%。[1] 南方州在经济、社会方面并没有获得很大发展；东部帕米尔高原地区则始终处于边缘位置。历史上，北方的列宁纳巴德州（今索格特

---

[1]《塔吉克斯坦索格达州简介》，维嘉译，《中亚信息》2006年第2期。

州）是政府的主要基地。

苏联时期，塔吉克共和国的一些关键职位被北方人士占有；独立初期，塔吉克斯坦的领导人多来自北方，形成了南北之间对立局面；内战期间，北方支持政府，南方成为反对派的根据地。目前，塔吉克斯坦根据不同地区习俗和传统已经分化成北方人、卡拉捷金人、库利亚布人、吉萨尔人和帕米尔人五大地域集团[1]，并且以卡拉捷金和帕米尔人为核心的南方集团与以苦盏人、库利亚布人、吉萨尔人为核心的北方联盟形成对抗。

塔吉克斯坦的地域对立往往与部族因素结合在一起，独立初期，拉赫蒙总统在政府中大量任用来自南方的干部，引起北方人的不满；内战结束以后，塔中央政权日益集中于由拉赫蒙总统所属的库利亚布部成员组成的总统办公室，这一做法引起了包括人民民主党在内的一些人的不满。2012年1月，塔政府开始对上层官员进行调整，拉赫蒙总统撤换了教育部、司法部和内务部的领导人。据塔政治学家阿布都加尼·马马达齐莫夫分析，政府高层官员的任命更多的是依据官员对领导的忠诚度；以往地区领导人只能从当地的行政机构中任命，但新一批地方领导人的任命正在抛开地域因素，新任官员的地域范围在扩大。

在意识形态方面，以拉赫蒙为首的塔政权注意引导公民对国家的认同。塔总统在多个场合宣传民主政治要与本国国情结合起来，塔民主政治的进程具有长期性、复杂性，这些宣传加强了塔民众的国家认同。2006年，拉赫蒙以强硬的态度面对西方对塔民主制的指责，他说："我们不能依据欧安组织所谓的国际标准行事。在塔吉克斯坦99%的人口是穆斯林，因此国际惯例在此行不通，我们有自

---

[1] 吴家多：《塔吉克人与塔吉克斯坦内战》，《民族论坛》1998年第5期。

己的道路。"[1] 塔当局强调塔必须在保证国家稳定的前提下，渐进式地分步进行国家政治体制改革，而不是像美欧等西方国家所设想的大步迈向民主化。[2]

在政治稳定的形势下，塔政府集中精力发展经济，在经济上取得的成就使塔民众对以拉赫蒙为首的政府基本认同。2003年以后，塔政府致力于实现能源独立、解决交通问题和保障粮食安全三项战略目标。在2003年至2015年的十多年中，经济基本上呈现平稳增长的态势，大多数年份GDP的增长率在7%左右。新的经济建设目标是继续实施"水电兴国"、"交通兴国"的战略方针。拉赫蒙总统指出：确保能源独立是解决社会经济问题的关键。独立以来，塔政府在能源领域投入了120亿索莫尼[3]；拟加大基础设施建设，制定了15个交通等发展项目；在粮食安全方面，鼓励开荒，在2004年至2013年间，共开垦5万公顷种植园[4]，提高了农业发展水平。塔领导人一直将民生问题放在政府工作的首位，2003年以来，政府出台了新的福利政策，提高了社会福利，赢得了民众的支持。

外交上的成功也是拉赫蒙政权得以巩固的原因之一。塔政府一直实施务实多元的外交政策。独立以来，塔政府一直推行有侧重的全方位外交：与中亚邻国保持友好关系，深化与俄罗斯的安全合作，参与美国、中国主导的区域性安全和经济合作。近年来，塔乌（乌兹别克斯坦）关系出现"解冻"迹象，中塔关系进入快速发展，加入世界贸易组织也使塔吉克斯坦面临新的机遇和挑战。

在塔政权中，总统拉赫蒙的作用不容忽视，在某种程度上，拉

---

1 李淑云：《中亚转型研究》，经济科学出版社，2013年，第122页。
2 刘治海：《中亚国家的"颜色革命"应对策略》，《法制与社会》2016年第6期。
3 王明昌：《塔吉克斯坦》，孙力、吴宏伟主编：《中亚黄皮书：中亚国家发展报告（2016）》，第324—337页。
4 张维维：《塔吉克斯坦议会下院选举评析》，《国际研究参考》2015年第6期。

赫蒙总统被视为国家稳定的象征。在国内战争中，拉赫蒙总统将国家从内战中拉了出来，在民众中树立了威信；在民族和解过程结束以后，总统调和了各方势力的矛盾，使政府能够集中力量发展经济；通过几次宪法修改，特别是2016年的宪法修正案巩固他的地位。他的长期执政有利于国家政权的稳定和政府的管理；总统与大国势力保持平衡外交的政策也为塔争取到许多贷款和投资。

应该指出，塔吉克斯坦政局稳定的主要原因是人心思定。塔吉克斯坦民众在经历了内战以后，更加珍惜国家政治和社会的稳定，即使是反对派也遵从于政治稳定的大局。正如塔吉克斯坦政治学家穆洛扎诺夫所指出的，大部分居民都不问政治，对普通老百姓来讲，重要的是不要发生战争，而这将决定一切。[1]

---

[1] 吴敏杰:《"老人当政"尚难撼动：中亚五国政权更替迷局》，《凤凰周刊》总第604期。

第十三章
平稳发展的经济

内战结束以后，塔吉克斯坦得以集中力量进行以市场经济为目标的经济体制改革，经济状况逐渐好转，2000年以后，经济迈入了平稳增长时期。在此形势下，塔吉克斯坦继续进行私有制改造，并且开始了产业结构的调整。政府规划了国家优先发展的领域和实现经济可持续发展的总体方向，明确了能源、交通和粮食安全三大发展战略。由于资金匮乏，产业结构调整的进展不大。但是，在对外开放方面取得了成就，2013年，塔吉克斯坦成为世贸组织的正式成员。

第一节 平稳发展中的经济改革

内战结束以后，塔政府得以集中力量进行经济改革。2003年以后，塔陆续制定了中长期经济发展规划。2004年，塔制定了《2015年前经济发展纲要》，将2015年以前的经济任务划分为三个阶段：2001—2005年的经济任务是防止经济衰退和走出危机，这一目标已基本实现；2006—2010年的经济任务是稳定发展，将GDP的增速预定在不低于10%，这一目标因国际金融危机的冲击未能实现；2011—2015年的经济任务是将GDP的增速预定在不低于10%，以后下调为7%，7%的增长目标前三年达到了，后两年未能达到。[1]

总的来说，塔吉克斯坦国民经济的情况还是比较好的。2002年至2017年，塔经济基本上呈现平稳增长的态势，在此16年中有10年的GDP增长率在7%及以上。[2] GDP在7%以下的年份基本上是受国际市场的影响。2008年初，由于塔吉克斯坦遭受罕见的严寒灾害，损失接近10亿美元[3]，加之，受全球金融危机的影响，2009年GDP的增长率为3.9%；2010年开始复苏，是年GDP的增长率为6.5%；2012和2013年，塔GDP平稳增长（7.5%、7.4%）；2014年至2015年，受国际市场价格疲软和俄罗斯经济下滑等因素的影响，GDP的增速放缓，增长率分别为6.7%和6.0%。[4]

经济平稳发展的情况还从塔吉克斯坦固定投资的上升趋势中反映出来。2008年的基本建设投资总额比2007年增长了60%，增长幅度在独联体国家中处于领先地位。[5]2012年，固定资产投资总额为9.11亿美元，2013年增加到11.95亿美元，同比增长17.2%[6]；2014年全年固定资产投资额为73.86亿索莫尼，约

---

1 《塔吉克斯坦经济发展规划》，中华人民共和国商务部2014-07-28。
2 世界银行《塔吉克斯坦历年GDP增长率（1986—2021）》：2002（10.8%）、2003（11%）、2004（10.3%）、2005（6.7%）、2006（7%）、2007（7.8%）、2008（7.9%）、2009（3.9%）、2010（6.5%）、2011（7.4%）、2012（7.5%）、2013（7.4%）、2014（6.7%）、2015（6.0%）、2016（6.9%）、2017（7.1%）。
3 吴宏伟：《2008年中亚地区发展形势》，邢广程主编：《俄罗斯东欧中亚国家发展报告（2009年）》，社会科学文献出版社，2009年。
4 王海燕：《中亚国家经济形势现状与趋势》，孙力、吴宏伟主编：《中亚国家发展报告（2016）》，第65页表1。
5 《塔吉克斯坦的基本建设投资增幅在独联体国家领先》，谷维译，《中亚信息》2009年第3期。独联体国家在2008年的基本建设投资总额平均比2007年增长了10%；2007年比2006年增长了21%。
6 《塔吉克斯坦的宏观经济情况》，中华人民共和国商务部2014-07-28。

合 14.97 亿美元，同比增长 25.3%[1]；2015 年，固定资产投资增长 21.2%[2]。

在经济平稳发展的前提下，塔吉克斯坦继续进行所有制改造。2003 年以后，多种经济成分在农业领域形成，私营经济的作用越来越大。1991 年，公有和私有经济在农业产量中分别占 64.1% 和 35.9%；2006 年，公有经济在农业产量中仅占 14.9%，农民占 60.6%，私营农场占 24.5%。[3]1991 年国有农场占农用地的比例为 98%，到 2007 年私营土地占农用地的比例达到了 70%，土地经营结构发生了巨大改变。[4]

2003 年以后，产业结构的调整成为塔吉克斯坦中长期规划中的重要方面。2004 年制定的《2015 年前经济发展纲要》规划了国家优先发展的领域和实现经济可持续发展的总体方向，明确了能源、交通和粮食安全三大发展战略。然而，塔吉克斯坦经济结构的调整没有大的进展，产业结构单一的状况仍然存在。

第一产业（农业）在 GDP 中的占比有所下降，从 2000 年的 27.42% 下降到 2015 年的 21.9%。[5] 在农业领域，传统的棉花产业占主导地位，而粮食仍依赖进口。2011 年的棉花产值占农作物产值的 10.2%，其出口额占总出口额的 13%。[6] 尽管如此，农业的发展是比较平稳的。

---

1 《塔吉克斯坦 2014 年固定资产投资增长 25.3%》，中华人民共和国商务部 2015-01-16。

2 《2015 年塔吉克斯坦经济形势总体评价》，中华人民共和国商务部 2016-03-18。

3 《塔吉克斯坦农业发展简况》，李鸿林译，《中亚信息》2008 年第 6 期。

4 牛海生等：《塔吉克斯坦农业资源与农业发展分析》，《世界农业》2013 年第 4 期。

5 黄群：《浅析塔吉克斯坦三大产业存在问题》，《北方经贸》2017 年第 2 期。

6 宋耀辉、马惠兰：《产业结构变动对经济增长贡献——塔吉克斯坦共和国的实证分析》，《资源与产业》2014 年第 2 期。

第二产业（工业）在 GDP 中的占比从 1993 年的 46.53% 到 2015 年下降到 24.6%，工业发展处于萎缩状态，至今未达到独立以前的水平。[1] 工业领域以采掘业和能源的占比较大，其中以铝锭生产为主导，轻工业发展比重过低，其中制造业 2015 年的产值在工业中的占比为 12.8%，远低于 1992 年的 34%。依赖铝锭（初级产品）出口的经济容易受国际市场波动的影响，一旦它们的价格下跌，将对塔经济增长有较大影响。

第三产业发展迅猛，在 GDP 中的占比逐年增加，1991 年占比为 26.45%，到 2015 年增加到 53.5%，塔吉克斯坦 GDP 一半以上来源于第三产业。[2] 特别是信息业的发展尤其显著。独立初期，塔通信网主要沿用苏联时期留下来的 PCM（脉冲编码调制）设备及模拟微波设备，信息业因设备老化而处于低发展水平。内战期间，信息业的发展受阻，电话普及率低至每百人不足 5 部。1996 年，荷兰一家公司在塔首都杜尚别开通了 AMPS 制式模拟手机业务；2000 年以后，塔电信及运输部吸引外资，信息业得到迅速发展，成为该国经济发展中最具潜力的一个行业。截至 2017 年，塔互联网普及率 33.1%，互联网用户 301 万人。[3] 此外，国家邮政事业也有了长足的发展，2006 年，全国有 551 个邮政所和 60 个邮政中心在进行设备更新，为居民提供更加完善的服务。

尽管如此，塔吉克斯坦服务业的发展基本上停留在传统阶段，金融保险业、物流业、电子商务等现代服务业还没有发展起来。2015 年，根据世界银行的报告，塔吉克斯坦个人或企业获得信用贷

---

1 黄群：《浅析塔吉克斯坦三大产业存在问题》，《北方经贸》2017 年第 2 期。
2 同上。
3 商务部国际贸易经济合作研究院、中国驻塔吉克斯坦大使馆经济商务参赞处、商务部对外投资和经济合作司：《对外投资合作国别（地区）指南·塔吉克斯坦（2018 年版）》，第 24 页。

款指数在全球189个国家中的排名为第116位[1]，低于中亚其他国家。

2003年以后，塔吉克斯坦继续实行对外开放的经济政策，与各国开展了广泛的经济合作。截至2008年底，塔与97个国家建立了贸易关系[2]，主要贸易伙伴有俄罗斯、荷兰、土耳其、中国、哈萨克斯坦、伊朗、立陶宛、乌兹别克斯坦等。然而，塔吉克斯坦对外贸易的结构仍然没有改变，出口商品主要是原铝、皮棉、矿产品和农作物等。据塔海关总署统计，2013年塔出口量占前3位的是贱金属及其制品（占比33.4%）、棉花（占比16.3%）、矿产品（占比15%）；塔从国外进口商品占比较大的有车辆（占比19%）、石油产品（占比18%）、机械设备（占比11%）、化工产品（占比10.7%）。[3]

塔吉克斯坦在发展经济的过程中积极引进外资。截至2008年，塔在索格特州的苦盏市建立了第一个自由经济区，在自由经济区内实行特殊的海关和税收制度；在下喷赤地区划出400公顷土地建立自由经济区的方案也在研究之中。[4] 截至2007年，塔吉克斯坦有20多家工业企业从事对外经济活动，主要是采矿、机器制造、电子技术、化工和轻工业等领域的企业。

由于电力缺乏、通讯不畅、行政审批手续烦琐等因素，在中亚国家中，塔吉克斯坦是吸引外资较少的国家。据世界银行发布的《2014年营商环境报告》，在全球189个被测评的国家中，塔吉克斯坦排在第143位；其中2012年的直接投资额为22308.52万美元。

---

1 黄群、王维然：《塔吉克斯坦贫困问题探析》，《西伯利亚研究》2017年第1期。
2 《2008年塔吉克对外贸易统计》，中华人民共和国商务部2009-02-27。
3 《塔吉克斯坦的对外贸易》，中华人民共和国商务部2014-07-27。
4 《塔第一个自由经济区将建在索格特州》，聂书岭译，《中亚信息》2008年第7期。

2001年5月29日,塔吉克斯坦向世贸组织秘书处递交入世申请,开始与世贸组织成员进行长达11年的谈判,直至2012年10月26日谈判完成;2012年12月10日,世界贸易组织在日内瓦召开的总理事会非正式会议上通过了塔吉克斯坦加入世贸组织的一揽子协议;2013年3月2日,塔吉克斯坦成为世贸组织正式成员,成为第二个加入世贸组织的中亚国家。

在政治局势平稳的前提下,塔吉克斯坦的经济实现了大幅度的增长,但由于原来的基础较差,经济总量偏低,塔吉克斯坦经济仍处于较低水平。据世界经济论坛发布的2012年至2013年全球竞争力报告,在全球144个国家中塔吉克斯坦排名第100位。[1]

第二节 能源的开发与利用

开发油气资源是保证国家能源独立的重要措施,总统拉赫蒙宣称:确保能源独立是解决社会经济问题的关键。塔吉克斯坦的油气储量分别为1.131亿吨和8630亿立方米。[2] 塔石油勘探和油田开发工作始于沙皇俄国时期,首次在费尔干纳盆地获得油流是1904年,日产石油7吨;1913年,原油产量9300吨。[3] 苏联时期,塔吉克共和国于1964年成立了石油工业管理局,加强了对石油的勘探;70年代至80年代,塔吉克共和国几乎每年都能发现新油气田或者新油气矿床;80年代,塔吉克共和国内有15—20个区域在进行钻井作业。

独立初期,塔吉克斯坦每年95%以上的石油产品及天然气依

---

[1] 《塔吉克斯坦投资环境概观》,中华人民共和国商务部 2014-07-28。
[2] 《塔吉克斯坦支柱产业》,中华人民共和国商务部 2014-07-28。
[3] 胡振华主编:《中亚五国志》,中央民族大学出版社,2006年,第125页。

赖进口[1]；国家对石油、天然气产品的进口采取零税率政策以满足国内需求。因此，保证国家能源独立的手段之一是继续油气资源的开发。在2005年的国情咨文中，塔总统敦促塔能源部在本年内开始勘探霍加巴基尔干天然气田；此后，政府要求各部委广开能源渠道，积极开展石油和天然气的勘探工作，研究和开发铀元素的利用。从2005年起，塔吉克斯坦原油开始恢复性开采，当年开采原油2.16万吨，天然气2940万立方米。[2]2007年至2013年，塔政府投入120亿索莫尼用于能源领域的发展[3]；尽管如此，原油的开采没有多大起色，到2017年，原油和天然气的开采量仅为2.35万吨和154.55万立方米[4]。塔吉克斯坦每年95%以上的石油产品及天然气依赖进口。[5]

在油气资源缺乏的情况下，塔吉克斯坦的能源形式主要是电能，政府继续独立初期的"水电兴国"、"交通兴国"战略。在发展能源中，水力资源是塔吉克斯坦得天独厚的优势。塔吉克斯坦水资源丰富，北部有泽拉夫善河、中部有卡法尔尼冈河和瓦赫什河、南部有喷赤河水系，潜在发电能力每年有5270亿千瓦时，居世界第八位。依托丰富的水力资源，塔吉克斯坦把大力发展水电站作为国民经济发展的优先领域。

塔吉克斯坦的水电事业是在苏联时期发展起来的。塔吉克共和国第一座小型水电站是1936年建成的瓦尔佐布1号水电站，功率

---

1 《塔吉克斯坦支柱产业》，中华人民共和国商务部2014-07-28。
2 同上。
3 王明昌：《塔吉克斯坦》，孙力、吴宏伟主编：《中亚黄皮书：中亚国家发展报告（2016）》，第324—337页。
4 商务部国际贸易经济合作研究院、中国驻塔吉克斯坦大使馆经济商务参赞处、商务部对外投资和经济合作司：《对外投资合作国别（地区）指南·塔吉克斯坦（2018年版）》，第18页。
5 同上书，第3页。

为7.15兆瓦，至今仍在运行。[1] 到1978年，塔吉克共和国的小型水电站已经有69座，其总功率达到32兆瓦。[2] 80年代以后，塔吉克共和国的经济开始滑坡，1988年的发电量是188.4亿千瓦时，到1991年只有175亿千瓦时。[3] 独立初期，塔吉克斯坦因资金不足，导致水电开发不足。经济好转以后，政府对现有电站和电网进行改造，加强了电力基础设施的建设；与此同时，兴建了一些大、中、小型水电站，以保障国家能源独立。截至2015年，塔吉克斯坦的电力总装机容量为5408兆瓦，此外，还有装机容量共318兆瓦的两座热电厂；基本输电线路长度为4927千米，电压等级有500、220和110千伏三种，变电所装置容量为13465兆瓦，与吉尔吉斯斯坦连接的输电线路长度为53千米。[4]

独立以后，塔吉克电力股份公司利用外资对努列克水电站、凯拉库姆以及罗贡等水电站进行现代化改造。

努列克水电站是中亚最大的水电站。努列克水电站位于瓦赫什河中游的布利桑京峡谷处，利用发源于雪山冰川的瓦赫什河的巨大落差而建，坝高300米，目前是已建的世界最高土石坝。努列克水电站于苏联时期的1961年开工兴建，1972年开始发电。1979年9月，9台永久机组全部投产，总装机容量270万千瓦，年平均发电量112亿千瓦时，占塔吉克共和国全年发电总量的三分之一。[5] 努列克水电站一期改造项目于2019年3月启动，改造任务包括：对9个水力发电机组中的3个进行大修，更换和维修水力机械设备和

---

1 《塔吉克斯坦水电站分布现状和近期规划》，北极星电力网 2005-08-30。
2 《塔吉克斯坦改变水电发展模式》，聂书岭译，《中亚信息》2006年第11期。
3 马大正、冯锡时主编：《中亚五国史纲》，第248页。
4 乔刚等：《中亚5国电力发展概况及合作机遇探析》，《电力电容器与无功补偿》2015年第3期。
5 《世界著名水电工程：努列克水电站》，北极星电力网 2014-05-28。

关键基础设施部件，更换 6 个变压器，采取提高大坝安全性的措施，包括防震防洪措施。改造资金来自世界银行（2.257 亿美元）、亚洲基础设施投资银行（6000 万美元）和欧亚开发银行（4000 万美元）。[1]

在塔吉克斯坦北部锡尔河上游的凯拉库姆水电站建于 20 世纪 40 年代，于 1951 年投入使用，装机容量 12.6 万千瓦，设备老化。2011 年 3 月，欧盟驻中亚代表皮埃尔·莫列尔称，欧盟将援助塔 6000 万美元帮助改造凯拉库姆水电站。[2]

1975 年开工兴建的罗贡水电站位于瓦赫什河上游，距中游的努列克水电站有 70 千米，最大坝高 335 米，建成后将成为世界第一高坝。工程具有发电、灌溉和防洪等综合效益。水库总库容 133 亿立方米，设计安装 6 台各 60 万千瓦的混流式水轮发电机组，总装机容量为 360 万千瓦，年发电量 130 亿千瓦时。该工程由于苏联解体、塔吉克斯坦内战、洪水泥石流灾害而在 90 年代停滞。[3] 2004 年 10 月 16 日俄罗斯总统普京访塔期间，俄塔两国政府签署了《塔吉克斯坦与俄罗斯铝业公司间长期合作协议》，根据协议，俄罗斯铝业公司向罗贡公司注资 5.6 亿美元。2005 年俄罗斯铝业与塔吉克斯坦政府委托德国拉梅耶公司（LI）进行项目的可行性论证，在论证中建议以二期工程 285 米高度作为大坝最终坝高，并对部分设计进行了优化，但整体枢纽布局延续了苏联时期的设计。罗贡水电站可以增加瓦赫什河下游各水电站 8% 的电力，并有可观的灌溉供水

---

[1]《世界银行援助努列克水电站改造项目 6500 万美元》，中华人民共和国商务部 2021-12-28。

[2]《欧盟欲援助塔改造其北部凯拉库姆水电站》，中华人民共和国商务部 2011-03-18。

[3] 宋志芹：《乌兹别克斯坦与塔吉克斯坦水资源之争》，《西伯利亚研究》2017 年第 2 期。

效益。2006 年，由杰里帕斯卡掌控的俄罗斯铝业公司未能就罗贡水电站与塔吉克斯坦达成进一步协议，2007 年塔政府废除了与俄铝业公司的长期合作协议。2016 年 7 月 1 日，塔总统新闻中心宣称，意大利萨利尼工程建设公司于 6 月 27 日的国际招标会上中标，将承建罗贡水电站，总造价为 39 亿美元。[1]

2005 年，桑格图德 1 号水电站动工。桑格图德 1 号水电站为俄塔联合企业。2004 年 10 月，俄塔两国政府签署了《关于俄出资参与桑格图德 1 号水电站建设程序及条件的协议》，俄政府以购买桑格图德公司 2.5 亿美元股份的方式，投资建设桑格图德 1 号水电站。[2] 电站建成以后的控制和管理权在塔方，此外，俄方承诺培训塔吉克斯坦的水电专业技术人才。桑格图德 1 号水电站总装机容量 670 兆瓦，截至 2011 年，发电量占塔吉克斯坦总发电量的 15%。其中，2010 年 10 月 1 日—2011 年 3 月 31 日发电 11.24 亿千瓦时；2011 年 1 月发电达到历史最高纪录的 2.43 亿千瓦时。[3]

2006 年 2 月，由塔吉克斯坦与伊朗合资建设的桑格图德 2 号水电站开工。2011 年 9 月 5 日，桑格图德 2 号水电站一期投入使用。桑格图德 2 号水电站计划于年底全部交付使用，届时总装机容量达 22 万千瓦，年发电量提高至 10 亿千瓦时。电站的使用将有助于塔泽拉夫善河谷一带部分解决电力短缺问题。[4]

发展小水电站也是塔吉克斯坦发展水电工程的一个目标。截至 2008 年，有 95 个小水电站已建成投入使用，正在建设中的有 21 个，还有 20 个即将投资开工。[5]

---

1 《意大利公司与塔吉克斯坦签署承建罗贡水电站合同》，中国新闻网 2016-07-03。
2 莉达：《中亚水资源纠纷由来与现状》，《国际资料信息》2009 年第 9 期。
3 《塔桑格图德 1 号水电站发电量大增》，中华人民共和国商务部 2011-04-28。
4 《塔吉克桑格图德 2 号水电站一期投入使用》，亚洲快讯 2011-09-07。
5 《塔吉克斯坦总统 2008 年国情咨文》，中华人民共和国商务部 2008-06-12。

2007年以后，塔吉克斯坦为建设和改造水电站已投入了大约120亿索莫尼（1索莫尼合0.21美元）；然而，时至2013年，塔电力能源还未得到解决。总统拉赫蒙在面向全国发表的讲话中，鼓励国民踊跃购买罗贡水电站股票。他说，保障能源独立是国家三大战略目标之一，"罗贡水电站不仅是塔人民的光明之源，也是民族的荣耀，是国家力量与民族团结的象征，是保障民族与国家安全的基本要素"。[1]

除水电站外，塔吉克斯坦还有两座热电厂，即杜尚别热电厂和亚万热电厂，两厂年发电量近10亿千瓦时。塔境内藏褐煤、岩煤，探明储量共计46亿吨；焦炭质量及储量都属中亚之最，品位高达80%，燃烧值高于9100卡路里，煤炭含硫量小，为0.1%—2%，其储量近14亿吨，是精炼优质金属不可缺少的燃料。[2]

塔吉克斯坦经济形势好转之后，杜尚别2号热电厂投入使用，杜尚别热电厂等大型企业逐渐由天然气转变为煤，煤炭需求量逐年增大。2004年开采量为9.22万吨，而国内需求量为53万吨。目前，哈萨克斯坦、英国等国企业已经与塔签署协议合作开发焦炭。2013年塔原煤开采量超过51.55万吨。[3]

截至2015年，塔吉克斯坦的电力总装机容量为5408兆瓦，此外，还有装机容量共318兆瓦的两座热电厂；基本输电线路长度为4927千米，电压等级有500、220和110千伏三种，变电所装置容量为13465兆瓦，与吉尔吉斯斯坦连接的输电线路长度为53千米。[4]

根据塔吉克斯坦《2030年前国家发展战略》，现阶段是全面建

---

[1]《塔吉克斯坦全民集资建电站》，人民网2010-01-07。
[2]《塔吉克斯坦支柱产业》，中华人民共和国商务部2014-07-28。
[3] 同上。
[4] 乔刚等：《中亚5国电力发展概况及合作机遇探析》，《电力电容器与无功补偿》2015年第3期。

成罗贡水电站、确保国家电力安全的关键时期；考虑到发展塔吉克斯坦国内电能的现实需求和现有财政状况，现阶段应继续在能源多元化和所有权多样化的基础上，落实小型水电站建设规划。文中指出，建设水电站，发展煤炭开采业，实施降低电能损耗和提升用电效率项目，对塔吉克斯坦电力来源多样化具有重要意义。[1]

第三节 以铝加工为主的矿产业

塔吉克斯坦矿产资源较为丰富，目前已探明矿藏有铅、锌、铋、钼、钨、锑，以及金、银和宝石等50多种矿物质。其中金矿28处，总储量达429.3吨；银矿多以与铅、锌伴生矿，储量7500吨；锑储量占整个独联体的50%，在亚洲仅次于中国和泰国位居第三。[2] 苏联时期，塔吉克斯坦的重工业得到很大发展。其中，采矿业和有色金属业（主要企业位于图尔松扎德和伊斯法拉）是两大部门。卫国战争期间，苏联欧洲部分的许多企业撤到中亚，塔吉克斯坦建立起几十个采矿、纺织和食品企业，工业基金增加了42%。[3] 独立以后，除轻工产品外，塔吉克斯坦贵金属的出口额排名第二，大约占总出口额的30%。[4] 在塔吉克斯坦的经济规划中，采矿业是国家优先发展的工业部门。政府制定的目标是：扩大矿物开采量，提高矿物资源的就地加工量。然而，由于本国资金和技术力量有限，矿产的勘探开发进展不大。

---

1 《塔吉克斯坦工业在国民生产总值中占比大幅降低》，中华人民共和国商务部 2017-02-27。
2 《高山之国：塔吉克斯坦》，《中国对外贸易》2010年第3期。
3 陈联璧等：《略论苏联中亚地区经济和文化的发展》，《中亚研究资料》1984年第3期。
4 《塔吉克斯坦工业发展简况》，岳萍译，《中亚信息》2007年第12期。

塔吉克斯坦采矿企业主要有塔吉克斯坦东方稀有金属生产集团、塔吉克斯坦铝业公司、安佐布矿业股份公司、科布矿业股份公司、阿德拉斯曼采矿冶金联合工厂、泽拉夫善合资公司，等等。其中，铝业是国民经济的支柱产业，在国民经济中一直占有重要地位。

位于塔吉克斯坦图尔松扎德市的塔吉克斯坦铝业公司前身是兴建于1975年的塔吉克铝厂，该厂设计能力为年产51.7万吨，目前仍是独联体国家中的第三大铝厂。[1] 塔吉克斯坦铝业公司的生产原料铝矾土主要从阿塞拜疆、罗马尼亚和意大利等国家进口，占塔吉克斯坦进口总额的四分之一。国家对铝矾土的进口实行零关税政策，尽管如此，塔铝业的生产还是受到了原料的限制。2010年，在世界铝价格有所增长的形势下，塔铝业的生产只增长了2.8%，影响它的主要原因就是乌兹别克斯坦的贸易壁垒阻碍了氧化铝的足量供应。[2] 近年来，塔境内发现了可以提炼优质铝矾土的霞石、正长岩矿，以及十字石和白云母矿，塔正在研制一种独有工艺用以上矿石生产铝矾土，据专家估算，利用以上矿产，将来生产的铝矾土可以满足塔铝业的用量，以实现铝业原料国产化。此外，设备、技术和资金等因素也制约了塔铝业的发展，目前，塔铝业仍然只生产初级产品铝锭。

铝是塔国民经济支柱产业，在塔GDP中一直占有较高比重。2004年，塔共生产铝锭35.57万吨，其中出口31.67万吨（约占生产总量的89%），创汇4.295亿美元；2005年共生产铝锭37.96万吨，其中出口34.26万吨（约占生产总量的90.3%），创汇5.634亿美元；2004年铝产值占全年工业总产值的比重达到42%，其出

---

1 《塔吉克铝厂简介》，聂书岭译，《中亚信息》2005年第8期。
2 《塔吉克斯坦2010年经济情况总结》，亚心网2011-01-05。

口额占总出口额的 47%；2005 年这两项数字分别达 41% 和 62%。2008 年金融危机爆发，国际铝价下跌，塔铝业下调了产量。2008 年，政府开始计划改变目前生产初级铝出口的产销模式，计划提高产品的经济附加值，改为利用当地矿石资源炼铝，并发展本地铝加工行业，拟定到 2015 年自产铝锭的 40% 必须用于就地加工。2017 年，塔吉克铝业公司生产铝锭 10.3 万吨，出口铝制品 10.1 万吨，铝制品出口占塔出口总额约 16.38%。[1]

塔吉克斯坦铝业制订了改造方案，并寻找外国投资，开展企业合作。目前，塔吉克斯坦铝业公司与俄罗斯铝业公司已签署来料加工协议，所产铝锭的大部分由俄罗斯铝业公司销售，仅 15% 的铝锭由塔吉克斯坦铝业公司自营销售。[2]

塔吉克斯坦铝业公司是国家最大的纳税企业之一，在 2008 年以前，企业缴纳的税费逐年增长。2005 年上缴税费 1.34 亿索莫尼；2006 年预算上缴的税费达 1.56 亿索莫尼。[3] 2007 年，政府决议对其实行私有化改造，但由于铝在国家经济中的重要地位，这一计划被搁置，到 2007 年，塔吉克斯坦铝业公司仍由国家完全控股，俄罗斯铝业公司欲收购该厂并改造其中的 10 个电解车间的计划也一直未能付诸实施。[4]

2008 年以后，因国际需求量减少以及价格低迷等因素，中亚最大的铝冶炼企业——塔吉克斯坦铝业公司将铝产量大幅下调，

---

[1] 商务部国际贸易经济合作研究院、中国驻塔吉克斯坦大使馆经济商务参赞处、商务部对外投资和经济合作司：《对外投资合作国别（地区）指南·塔吉克斯坦（2018 年版）》，第 17—18 页。

[2]《塔吉克斯坦铝业现状及发展前景》，中华人民共和国商务部 2006-10-26。

[3]《塔吉克斯坦铝厂 2006 年发展概况》，岳萍编译，《中亚信息》2007 年第 3 期。

[4]《塔吉克斯坦铝业现状及发展前景》，中华人民共和国商务部 2006-10-26。

2014年的铝产量为12.50万吨，这是该公司连续第七年下调产量数据。[1]虽然自2008年以后，塔吉克斯坦铝业公司铝产量一直处于下滑的状况，但据经贸部副部长布里耶夫说，塔政府不会关闭该公司，因为它提供了9000个就业岗位，对塔来说具有社会意义。[2]

第四节　摆脱"死胡同"的交通建设

塔吉克斯坦地处中亚腹地，运输主要依靠公路和铁路。塔吉克斯坦公路和铁路交通设施大部分是苏联时期修建的，由于自然灾害和国内战争的破坏，交通状况已经无法满足国民经济的发展，其中70%的交通设施需要修复。在经济好转之后，塔政府提出了"交通兴国"的战略方针，公路和铁路的修复工作提上日程。

公路是塔吉克斯坦主要的运输方式，全国90%以上的运力靠公路承担。[3]因此，修建标准规范的公路对塔吉克斯坦经济具有重要意义，既可将国内各个地区紧密联系在一起，促进人员和物资的交流，又可以摆脱地缘经济孤立的境地。[4]

塔吉克斯坦公路总长度30000千米，13747千米为通用公路，其中大部分是苏联时期修建的。独立以后，因国内战争和资金短缺，现有交通基础设施没有得到正常的维修，道路状况进一步恶化，据1997年至2001年间的统计，大约有3168千米的路段和517座桥梁被毁，公路两旁的建筑物和服务设施也遭到破坏。[5]交通

1　《塔吉克斯坦铝业公司连续七年下调产量数据》，全球铁合金网 2015-01-27。
2　《2014年塔铝产量预计为15万吨》，中华人民共和国商务部 2014-02-08。
3　《塔吉克斯坦2014年交通运输业有所增长》，中华人民共和国商务部 2015-01-22。
4　《塔吉克斯坦交通现状和发展规划》，中华人民共和国商务部 2003-07-10。
5　同上。

不便严重制约了国家经济发展。

内战结束以后，政府提出"交通兴国"战略，希望将塔吉克斯坦的交通转运潜力充分发挥出来。"交通兴国"战略的主要方面是公路建设，在国际社会的帮助下，政府开始了公路的恢复、改善和重建工作，其中重点修复通往周边国家的国际公路。

地处中亚东南部的塔吉克斯坦是中亚国家与中国、伊朗、阿富汗、巴基斯坦等国联系的南北通道。通往邻近国家的通用公路的修复不仅可以畅通与邻国的经贸往来，推动山区旅游业的发展，而且还可以带动公路沿线地区采矿业和农业的发展。因此，塔吉克斯坦在"交通兴国"的战略下，重点建设通往邻国的几条国际线路。

与中国交通的塔中公路是塔吉克斯坦交通建设的重要方面。塔中公路起于首都杜尚别，一路向东经过丹加拉—库里亚布—卡拉伊胡姆—穆尔加布—库利马山口，最终与中国的喀喇昆仑公路对接。内战结束以后，塔吉克斯坦开始了这条公路的修复工作。2014年，全长约150公里的中塔公路一期，即从杜尚别至丹加拉路段改造正式完工，有力地推动了当地经济社会发展，满足了沿线居民的交通需求。中塔公路的二期项目位于基础设施薄弱的帕米尔高原，多处地段存在泥石流和山体塌方危险，各类自然灾害每年都会造成道路中断1个月以上。截至2017年，中方已在积极推进二期项目。

塔吉克斯坦通往阿富汗的塔阿公路北起杜尚别，南至边境城市下喷赤，全长185千米。该公路跨越喷赤河后，抵达阿富汗北部的巴达赫尚省。其中，杜尚别至南部哈特隆州府库尔干秋别的99千米由意大利托基尼公司承建，库尔干秋别至杜思吉的62.3千米地段的路面还未修复；杜思吉至下喷赤向北地段的23.7千米由日本援助和修复，项目于 2006 年 9 月开工，目前已经完工。[1]2002 年 4 月，跨越喷赤河的第一座桥开始动工修建，截至 2011 年 8 月，横跨喷赤河，连接塔阿两国的第五座桥梁落成。塔总统拉赫蒙在通车仪式上说："塔阿交通基础设施项目的实施，一方面保障了阿富汗商品进入中亚市场，促进阿国内局势恢复稳定；另一方面也可为塔吉克斯坦商品通往印度洋以及西亚、南亚、东南亚市场提供通道，具有重要的政治和地缘战略意义。"[2]

通往吉尔吉斯斯坦的塔吉公路始于杜尚别，途经东北边境城市卡拉梅克，全长 368 千米。塔吉公路过境后抵达吉尔吉斯斯坦南部城市奥什，在此分别与中吉乌公路，以及吉尔吉斯斯坦通往哈萨克斯坦的西方国际交通干线对接。该公路分三期已经完成。

通往乌兹别克斯坦的塔乌公路始于杜尚别，向北可抵达塔北部重镇索格特，至北部边境小镇恰纳克，全长 368 千米。该公路过境后可抵达乌兹别克斯坦首都塔什干和吉尔吉斯斯坦南部城市奥什。塔乌公路的西段从杜尚别向西到图尔松扎德市的 64 千米路段由中国路桥公司承建，于 2011 年 10 月 30 日正式开工，预计 2014 年 11 月完工。[3] 塔乌公路途中要翻越安佐布山口、沙赫里斯坦山口，两个山口的海拔高度大约有 3400 米，道路在秋冬季节路面积雪和雪崩严重，两个山口之间的路段于每年 10 月至次年 5 月封闭，不能通行。[4] 为使公路能全年畅通，改造工程主要是修建安佐布隧道和沙赫里斯坦隧道。

安佐布隧道于苏联时期开始修建，独立以后，安佐布隧道被列为国家重点工程建设项目。1999 年，安佐布隧道重新开工，隧道长

---

1 《塔吉克斯坦的基础设施：公路》，中华人民共和国商务部 2014-07-27。
2 《塔阿边境又一座新的桥梁投入使用》，人民网 2011-08-16。
3 《塔吉克斯坦的基础设施：公路》，中华人民共和国商务部 2014-07-27。
4 《塔吉克斯坦交通现状和发展规划》，中华人民共和国商务部 2003-07-10。

5千米，所需资金为2亿美元以上。因隧道建设所需资金巨大，而本国财力有限，塔努力寻求外援加快安佐布公路隧道的建设进度。2003年5月，伊朗政府允诺向塔提供500万美元和技术援助，帮助安佐布公路隧道的建设。[1]

为了保证首都杜尚别至北部重要城市苦盏全年公路畅通，塔政府在距杜尚别199千米的沙赫里斯坦修建长4.3千米的隧道，隧道工程造价为5170美元。[2] 该隧道由中国路桥公司承建，资金来源为中国政府向上海合作组织成员国提供的政府优惠贷款。2006年7月11日项目正式开工，随着沙赫里斯坦隧道的完工，2012年10月27日塔乌北段全线交付使用。[3]

塔吉克斯坦境内公路布局不平衡，公路网相对密集的地区是吉萨尔盆地、瓦赫什盆地、库里亚布地区，而戈尔诺－巴达赫尚自治州、加尔姆地区和泽拉夫善河流域由于高山阻隔，公路网稀疏。国内公路交通修复和改建工程集中在从杜尚别到南部地区的交通主干线，即杜尚别—库尔干秋别—丹加拉—库里亚布—卡拉伊胡姆—霍罗格。其中杜尚别—丹加拉的100公里路段已利用中国政府优惠贷款修复，项目由中国路桥公司承建，2009年8月30日开工，分两期完成，路面部分已交付使用。2014年，伊斯兰开发银行投资对库里亚布—卡拉伊胡姆路段进行分段修复。塔政府曾对霍罗格以东至中国边境的城市库利马之间的路段进行修复，但由于其通行能力及路面状况远远无法满足实际需要，因此塔政府正积极筹划对这一路段进行大规模重建及扩建。[4]

---

1 《塔吉克斯坦交通现状和发展规划》，中华人民共和国商务部2003-07-10。
2 《中国路桥公司承建的沙赫里斯坦隧道将按期完成》，中华人民共和国商务部2011-04-19。
3 《塔吉克斯坦的基础设施：公路》，中华人民共和国商务部2014-07-27。
4 同上。

铁路是塔国民经济重要的战略枢纽。塔吉克斯坦铁路总长1000千米，分别由索格特州、吉萨尔盆地和哈特隆州境内的三个区段组成，区段之间的连接依靠乌兹别克斯坦和土库曼斯坦的铁路线实现，故因过境他国而南北运输受阻。国内旅客列车从杜尚别出发，经乌土可抵达北部索格特州的卡尼巴达姆铁路站；国际列车从杜尚别出发，经乌土两国抵哈萨克斯坦，最终可达俄罗斯。

目前，塔交通状况仍不能充分满足国内需要，其中铁路运输还存在车辆老化等问题。客运车厢和机车的使用时间均超过20年，三分之一火车车厢和机车过了报废期限仍在运营。由于资金不足，铁路电气化改造和技术更新任务十分繁重，进展十分缓慢。[1]

第五节 棉花的种植与加工

塔吉克斯坦是一个以农业为主的国家，然而，境内可耕地面积不到国土面积的7%，主要集中在费尔干纳盆地的西北部、瓦赫什谷地、吉萨尔谷地和喷赤河流域一带。独立以后，塔吉克斯坦的可耕地面积总体处于下降趋势，2004年可耕地面积有90.56万公顷，2014年下降到82.84万公顷。[2]

独立初期，农业用地的调整主要是为了保证塔粮食安全。国家对农村经济投资巨大，然而农业发展的收效不大。塔粮食作物主要有小麦、大麦、燕麦、水稻和玉米，2009年，塔小麦生产首次达到100万吨，但仍不能满足国民的需求，每年粮食缺口在40万吨左右。为保证粮食供应，塔政府每年都要通过多种渠道进口粮食。[3]直

---

[1]《塔吉克斯坦交通现状和发展规划》，中华人民共和国商务部2003-07-10。
[2] 黄群：《浅析塔吉克斯坦三大产业存在问题》，《北方经贸》2017年第2期。
[3] 张春友：《塔吉克斯坦出现粮食危机》，《光明日报》2008-05-13。

到 2013 年，粮食短缺的现象才有所改善。由于新的《土地法》实施，农民有权在银行进行土地使用权的抵押，非棉作物种植增加，截至 2013 年，粮食种植面积为 40.55 万公顷，粮食产量达到 128 万吨[1]，是年，塔从哈萨克斯坦进口小麦和面粉有所减少。

在解决粮食困境的同时，2007 年，塔吉克斯坦减少了棉花种植面积，以发展果蔬的种植。其中蔬菜从 2007 年的 6 万公顷增加到 2010 年的近 8 万公顷，增长了 30%；水果种植面积从 2007 年的 1.1 万公顷增加到 2010 年的 2.1 万公顷。[2]

传统经济作物棉花在塔吉克斯坦农业结构中仍然占据主导地位，截至 2013 年，棉花播种面积仍维持在 25 万公顷左右。[3]原棉出口在塔经济中起着重要作用，年出口额保持在 1 亿美元左右[4]，是国家外汇的重要来源之一。独立初期，由于资金短缺，化肥、农药缺乏，机械设备无法更新，塔棉花产量呈下滑趋势。1990 年至 1997 年，塔吉克斯坦籽棉的产量从 83 万吨减少到 35 万吨，降幅达到 58%。1998 年经济好转，棉花产量逐年增加，1998 年至 2004 年，塔吉克斯坦籽棉的产量增加了 74%。[5]

国家对棉花种植业的支持主要体现在税收、收购价格和政府拨款方面。2006 年，政府将棉农的土地税减少了 50%；将棉花收购价提高到每公斤 20 吉拉姆（1 吉拉姆约合 2.31 美分）[6]；2008 年，国家拨款 1.4 亿索莫尼发展棉花种植业[7]。

---

1 《塔吉克 2013 年粮食产量 128 万吨》，中华人民共和国商务部 2013-12-02。
2 牛海生等：《塔吉克斯坦农业资源与农业发展分析》，《世界农业》2013 年第 4 期。
3 同上。
4 同上。
5 杨建梅：《中亚五国纺织工业发展状况》，《中亚信息》2007 年第 3 期。
6 《塔吉克斯坦的棉花产业》，杨建梅译，《中亚信息》2007 年第 1 期。
7 《塔吉克斯坦总统 2008 年国情咨文》，中华人民共和国商务部 2008-06-12。

然而，由于国内纺织业落后于棉花种植业，近85%的皮棉用于出口，本国的加工只占15%。[1]在此形势下，塔政府开始调整种植业结构，鼓励增加水果、蔬菜和饲料作物的用地，到2013年，棉花种植面积大约为19万公顷。[2]

此外，政府还采取措施提高棉花的亩产量。塔吉克斯坦是世界上重要的优质细绒棉产区，在塔吉克共和国时期，棉花的生产水平一直是比较高的。独立初期，由于资金和技术人员的缺乏，棉花种质资源研究停滞不前，保持在原有水平上。经济好转之后，政府鼓励棉农引进先进的设备和种植技术，特别是提高优质细绒棉的产量。近几年来，棉花的种质资源有一定起色，到2010年，籽棉单产比1997年增长了18%。[3]2011年，塔吉克斯坦引进中国先进的种子技术、栽培技术和农业机械，棉花从每公顷2.5吨的产量一跃达到每公顷6吨。[4]拉赫蒙总统亲切地将中国科技人员培育的棉花品种命名为"友谊1号"，号召全国推广种植。

棉花为塔吉克斯坦大规模发展纺织业提供了充足的生产原料。然而，在独立初期经济危机的形势下，纺织业陷于困境之中。1997年，塔吉克斯坦纺织工业产值尚不到1990年的32%。[5]

塔吉克斯坦纺织企业主要是对棉花进行加工，产品有棉纱、棉布、地毯、医用纱布。主要企业有苏联时期建设的杜尚别纺织厂，2002年，该厂的棉纱产量只有一万多吨，坯布8000万米，成品布7400万米，服装24.5万件，产品主要在国内销售。[6]杜尚别纺

---

1 杨建梅：《中亚五国纺织工业发展状况》，《中亚信息》2007年第3期。
2 《塔吉克斯坦纺织产业结构调整趋势初现》，《大陆桥视野》2014年第4期。
3 牛海生等：《塔吉克斯坦农业资源与农业发展分析》，《世界农业》2013年第4期。
4 《郑州：在内陆开放高地上迎风起舞》，《河南日报》2015-07-29。
5 杨建梅：《中亚五国纺织工业发展状况》，《中亚信息》2007年第3期。
6 《塔吉克斯坦纺织工业现状和发展前景》，《中亚信息》2004年第2期。

织厂被杜尚别市政府列为引资促进工业发展的重要项目,是塔吉克纺织股份公司和莫斯科商务决策股份有限公司共同建立的棉纱生产企业。2010 年,该项目投资金额约 400 万美元,每年可加工生产 4000 吨皮棉,为当地居民提供 150 个就业岗位。[1]

对棉花进行深加工的部门还有针织业和服装加工业。其中,针织业有五家,包括首都杜尚别市的艾列干特和纳费萨股份公司,伊斯塔拉夫尚市的苏鲁什和法伊兹股份公司,以及沃谢地区的萨马尔股份公司。以上企业都是私营,生产规模不大,无论是产品数量、种类还是质量都无法满足国内市场的消费需求。此外,索格特州的卡伊拉库姆制毯厂也是国内有名的纺织厂,该厂在苏联时期享有盛名,年设计产量 1200 万平方米地毯制品。以棉布、棉纱、地毯、缝纫品为主的轻工产品是塔吉克斯坦的主要出口产品,占出口总额的 50% 左右,纺织品远销 18 个国家。[2]

为了保护纺织业,国家对针织布料、丝绸等纺织品征收 10% 进口税,此外,国家对棉花的销售征收高达 23% 的销售税,无论是在境内还是境外市场销售,都应缴纳销售税,销售税必须用外汇支付。然而,由于大部分纺织企业仍然存在设备陈旧老化、经济效益低、产品质量差等问题,纺织业的发展受到限制。在 2004 年塔吉克斯坦政府发布的《2015 年前经济发展纲要》中,纺织业的发展方向是:确保棉花深加工;组织完整的产业链,生产各种制成品;利用棉花废料进行再加工生产(棉绒,小绵桃)。政府制定了纺织行业发展纲要,棉花的深加工工业被列入政府鼓励的投资行业目录;在全国每个棉区恢复原有和新建工厂,建立从纺纱到织布、漂染和

---

[1]《俄塔合资设立杜尚别纺织厂》,中华人民共和国商务部 2010-05-06。
[2]《塔吉克斯坦工业发展简况》,岳萍译,《中亚信息》2007 年第 12 期。

成品生产一条龙的生产体系；鼓励外资新建和在原有老企业基础上并购，对其进行现代化改造。[1] 尽管纺织业在塔有很大进步，然而，产品大多是纱线、粗布等初级产品和花色品种单一的服装，在国际市场上没有竞争力。

为了发展纺织业，在2011—2013年的三年中，塔新建或翻新了一些棉纺厂，其中于2013年开工的一家棉纺厂，每年可产两万吨棉纱。[2] 限于资金和技术，塔政府希望与外国建立合资企业，改善纺织业落后的状况。目前与塔合资的棉纺织企业有：塔意（意大利）、塔韩（韩国）、塔美、塔塞（塞浦路斯）、塔越（越南）；其中，索格特州的塔意和塔韩两家合资棉纺织企业的产品质量较高，在国际市场上有一定的竞争力。塔意合资棉纺织企业主要从事棉花加工和服装制成品生产；塔韩合资棉纺织企业主要从事棉花加工和布料生产，绝大部分产品销往欧洲诸国和韩国，年出口额约3000万美元。[3] 在杜尚别和苦盏等城市，纺织业已经形成产业链。2014年，中国新疆中泰集团投资在塔哈特隆州建纺织产业园区，该项目包括20万亩棉花农业园、15万锭纺纱。[4] 纺织产业园建成后，可实现年产籽棉8万吨、皮棉3.2万吨、棉纱2.4万吨、棉布9150万米，有效增强塔轻工业的发展实力。

第六节　继续开放的对外经济

继市场经济建设和所有制改造之后，塔吉克斯坦于2000年开

1　《塔吉克斯坦经济发展为引资提供时机》，《中国经贸》2013年第6期。
2　《塔吉克斯坦纺织产业结构调整趋势初视》，《大陆桥视野》2014年第4期。
3　《塔吉克斯坦纺织工业现状和发展前景》，《中亚信息》2004年第2期。
4　马薇：《中塔新丝路农业纺织园奠基》，《纺织机械》2015年第1期。

始了扩大与外部世界的联系。2003 年以后，塔吉克斯坦继续实行对外开放的经济政策。

塔吉克斯坦的对外贸易政策继续放宽。从 2001 年 12 月 1 日起，塔吉克斯坦将消费税的征收从 17 个种类减少到 5 个种类（即烟、酒、燃料、轮胎及汽车）。[1] 2003 年 10 月 25 日出台的《关于塔吉克斯坦共和国关税税率》（第 450 号决议）对外资企业以下两种情况做了免缴关税的规定：一、作为外资企业注册资本或进行现有生产技术改造而进口的，根据企业注册文件直接用于生产产品或完成工作或提供服务的，并且不属于应缴消费税产品的生产技术设备和与之配套的产品；二、在外国投资企业工作的外籍工作人员为满足个人直接需要而进口的商品。[2]

2003 年以后，塔吉克斯坦的对外贸易额逐年上升，除 2009 年受金融危机的影响呈现负增长外，进出口贸易额在 2004 年至 2014 年中呈现正增长，增长率依次是 36.5%、6.3%、39.4%、25.6%、16.5%、-23.6%（2009）、7.7%、15.4%、15.1%、2.9%、6.6%。[3]

尽管对外贸易额不断上升，但与独立初期相比，塔吉克斯坦进

---

[1] 段秀芳：《中亚国家现行外贸政策及其评价》，《俄罗斯中亚东欧研究》2007 年第 3 期。
[2] 《塔吉克斯坦海关管理规章制度》，环俄网 2023-07-28。
[3] 以上数据分别引自：《塔吉克斯坦总统年度咨文》，资源网 2006-12-08；《2005 年塔吉克斯坦对外贸易回顾》，中华人民共和国商务部 2006-04-08；《塔吉克斯坦 2006 年社会经济发展简况》，贠玲译，《中亚信息》2007 年第 3 期；《塔吉克斯坦 2007 年对外贸易情况》，中华人民共和国商务部 2008-02-25；《2008 年塔吉克对外贸易统计》，中华人民共和国商务部 2009-02-27；《2009 年塔吉克对外贸易情况》，中华人民共和国商务部 2010-02-08；《2010 年塔吉克斯坦现价 GDP 总量 247.047 亿索莫尼》，中华人民共和国商务部 2011-01-20；《2011 年塔吉克斯坦对外贸易简析》，中华人民共和国商务部 2012-07-02；《2012 年中国为塔吉克斯坦第三大贸易伙伴》，中华人民共和国商务部 2013-01-15；《2013 年塔吉克对外贸易额 52.85 亿美元》，中华人民共和国商务部 2014-01-29；《2014 年塔吉克斯坦宏观经济情况》，中华人民共和国商务部 2015-05-13。

出口商品结构的变化不大。非贵金属及制品、棉花纺织品仍然是主要的出口商品，据塔海关总署统计，2013年，塔出口量占前3位的是贱金属及其制品（3.89亿美元，占比33.4%）、棉花（1.89亿美元，占比16.3%）、矿产品（占比15%）。[1]

2003年以后，与塔吉克斯坦有经济往来的国家不断增加，截至2009年，已经与世界101个国家和地区发生了经贸往来。[2] 然而，塔吉克斯坦的对外贸易额中有近一半是与独联体国家进行的，如2011年，塔与独联体国家的贸易额仍占外贸总额的45.2%。[3] 2015年，塔吉克斯坦的主要贸易伙伴有俄罗斯（11亿美元）、中国（7.93亿美元）和哈萨克斯坦（7.02亿美元）[4]；中国是塔吉克斯坦第二大贸易伙伴，两国建交以来贸易快速增长，从几百万美元发展到每年近20亿美元。[5]

2003年以后，政府在引进外资中将重点仍然放在放开投资领域、改善投资环境方面。为吸引外资，塔政府采取建立有价证券市场等措施加速了私有化进程。截至2005年，塔境内共建了250多家外资企业，引进外国资金3.466亿美元[6]；其中最大企业有塔英合资的扎拉弗索恩黄金加工企业、中塔合资的利事达纺织厂、中塔合资的杜尚别卷烟厂、塔意合资的阿布列什伊蒙和扎瓦尼棉花加工、塔美合资的阿比如罗尔冷饮生产企业，等等。2007年5月12日，新的《塔吉克斯坦共和国投资法》出台。新法在总结旧法的基础

---

1 《塔吉克斯坦的对外贸易》，中华人民共和国商务部 2014-07-27。
2 《2009年塔吉克对外贸易情况》，中华人民共和国商务部 2010-02-08。
3 《2011年塔吉克斯坦对外贸易简析》，中华人民共和国商务部 2012-07-02。
4 《塔吉克斯坦2015年对外贸易额下降了18%》，中华人民共和国商务部 2016-01-27。
5 《2015年塔吉克斯坦对外贸易额为43亿多美元》，中华人民共和国商务部 2016-01-28。
6 《塔吉克斯坦现代经济状况》，中华人民共和国商务部 2005-03-29。

上，采用了对内外商投资关系统一立法的"单一轨制"模式，使国内外投资主体具有平等的地位，为内外资投资者提供了一个公平、公正的法律环境。

为了创造吸引外资的条件，政府在国内建设了自由经济区。2008 年，第一个自由经济区在索格特州的苦盏市建立，地址选在该市西南部的工业区，总面积达 320 公顷。入驻自由经济区的企业将获得优惠政策。一是享受税收优惠，在自由经济区的企业，比塔境内的通行税率低 50% 以上，还可以享受较低的进出口关税；二是收取较低的土地和其他自然资源租金或使用费。[1]2011 年，中国河南经研银海种业有限公司在塔哈特隆州亚湾市建立中国农业科技示范园；2014 年，中国新疆中泰集团投资 20 亿元在塔哈特隆州丹加拉市建立纺织产业园区。纺织产业园区是中塔合作的重点项目，塔方给予 12 年免税以及优惠工农业用电等政策支持，目前，该项目进展顺利，无偿获得的 1.5 万公顷土地已基本到位，项目于 2015 年 4 月 3 日正式开工。[2]

塔吸引外资的主要领域是以公路修复为主的基础设施建设，以水力发电为主的能源开发，贵金属矿的开采和加工，以及食品加工业等方面。2004 年，塔俄签订了恢复罗贡水电站的修建和建造桑格图德 1 号水电站的协定；2007 年，塔伊（伊朗）签署了合建桑格图德 2 号水电站的协定，同年，中塔两国签署了利用中方 2 亿美元贷款修建 15 万千瓦泽拉夫善水电站的合同[3]。截至 2015 年，中国在塔投资公路桥梁的公司有：中国路桥工程有限责任公司、中铁五局（集团）有限公司、中国水电建设集团（16 局）、中国土木工程集

---

1 黄运良等：《中亚五国外贸合作法律法规》，《大陆桥视野》2005 年第 11 期。
2 《专业园区合作连接中国和塔吉克斯坦》，《中国企业报》2015-07-23。
3 《塔吉克斯坦重视发展同邻国的合作》，聂书岭译，《中亚信息》2007 年第 6 期。

团有限公司、新疆北新路桥建设有限公司、华新亚湾水泥有限公司等；投资电力工业的有：中国水电建设集团（16局）、新疆特变电工集团等；投资矿业的有：中国地质矿业总公司、中国有色国际公司、紫金矿业西北公司；投资加工行业的有：中泰丹加拉新丝路纺织产业有限公司等。[1]

除了与许多国家和地区发生经贸往来外，塔吉克斯坦积极参与国际和地区组织。独立以来，塔吉克斯坦参与了独联体、中亚区域经济合作组织、欧亚经济共同体和上海合作组织。2013年3月2日，塔吉克斯坦成为世贸组织正式成员。

然而，由于电力缺乏、通讯不畅、行政审批手续烦琐等因素，塔吉克斯坦在中亚国家中吸引的外资是较少的。截至2014年6月底，塔吉克斯坦吸引外资总额为26.59亿美元，中国对塔吉克斯坦投资额为4.67亿美元，是塔吉克斯坦第二大投资来源国。[2]

总的来说，导致塔吉克斯坦招商引资困难的原因如下：一是自然资源缺乏制约了经济发展；二是经济政策影响了外资的注入，其中不合理的税率占比17.1%，整体税收管理占比16.6%，腐败占比15.4%[3]；三是政府管理不当和投资环境不善。以上因素使塔吉克斯坦吸引外国直接投资的规模较小，这一方面表现在塔吉克斯坦在全球外国直接投资（FDI）流入量中占比很少；据世界银行发布的塔吉克斯坦2016年经济报告称，自2008年起，塔GDP中吸引投资占比平均约为15%，远低于地区和国际水平。[4]

---

[1]《塔吉克斯坦主要中资企业》，中华人民共和国商务部2015-11-03。
[2]《数据解读：中国已成塔吉克第二大投资国第三大贸易伙伴》，中国经济网2014-09-11。
[3]《资金短缺严重影响塔吉克斯坦商业发展》，欧亚网2012-12-25。
[4]《塔吉克斯坦投资环境及中塔投资合作》，环球印象2020-02-05。

第十四章
社会改革与社会保障

社会保障是影响社会稳定的因素之一。独立初期,塔吉克斯坦继承了苏联时期的养老、医疗、教育保障以保证社会的稳定。经济形势好转之后,政府着手解决因市场经济转型引起的一些社会问题。2008年,政府在社会改革中提出了六项战略目标,其中主要是:扩大社会保障的覆盖范围;提高居民社会保障水平;提高政府在社会保险和养老金领域的财政管理效率等。目前,塔吉克斯坦以社会保险为主要手段的社会保障体系还处于建设之中。

第一节 建设中的社会保障制度

苏联时期,塔吉克共和国的社会保障采取国家保障的模式:国家承担全部社会保障费用,个人和企业不承担缴费责任,社会领域的支出由苏联中央政府的预算转移支付;社会保障待遇与个人的工龄和工资挂钩。在苏联加盟共和国中,塔吉克共和国的资源短缺,经济不发达,到1991年苏联解体之时,塔吉克共和国的固定资产仅有230亿卢布,其中生产性固定资产为149亿卢布,占苏联的0.7%。苏联中央政府每年为塔吉克共和国教育、卫生、社会保障等方面提供大量的财政援助,在苏联解体前夕的20世纪80年代末,社会领域方面的转移支付总额相当于塔吉克共和国GDP的40%;因此,尽管塔吉克共和国的人均GDP不高,但人类发展指数（0.629）却几乎接近了中等收入国家（0.649）的水平。[1]

苏联解体以后，塔吉克斯坦由于内战的发生和经济不景气，政府财政困难，对社会保障的投入不足，苏联时期的社会保障体系难以为继。独立初期（1991—2003），塔吉克斯坦的社会保障只限于社会救助和社会福利，而作为社会保障中重要内容的社会保险制度还未建立起来。

社会救助（或称社会帮扶）主要针对弱势群体，即对残疾人、儿童、单亲母亲、寡妇等社会特定的弱势群体给予生活救助和补贴。塔政府用于社会保障的财政投入只占GDP的0.5%，可见，社会救助的覆盖面是不高的。其中对残疾人的救助覆盖率只有8.8%（2003），2007年，这一数字下降到5.2%；其他社会救助项目的覆盖率由2003年的7.85%缩小到2007年的0.4%。[2] 除了覆盖面小外，救助标准也很低，满足不了弱势群体的基本需要，大部分救助对象不想领取救助金。

社会福利主要体现在提高工资、退休金和学生奖学金方面。2003年，塔总统拉赫蒙签发了《关于增加现行国家机关企事业单位公职人员的最低工资和现行养老金、奖学金》的命令，按此命令，从2003年4月1日起，国家企事业单位公职人员的职务工资和工资税率将增长20%，现行养老金和奖学金也上浮20%。塔政府规定了最低工资和退休金每月不得低于12索莫尼（约合4美元），预计调整以后的塔平均工资水平将有望突破25美元。[3]

为适应市场经济的发展，塔社会保障的方式开始改变。塔总

---

1 黄群：《塔吉克斯坦贫困问题探析》，《西伯利亚研究》2017年第1期。
2 同上。
3 阿里木江·阿不来提：《中亚社会保障问题研究》，企业管理出版社，2013年，第134页。

统拉赫蒙认为,社会政策要"顺应时代需要,向着公正的公民社会方向发展,所创造的现代社会政策体系要反映每一位低收入和需要帮助的人们的利益"[1]。2008年,塔吉克斯坦在社会保障领域进行了改革。

新的社会保障制度改变了以往社会保障资金完全依赖国家预算的做法,开始采取国家、企业和个人共同承担的方式。尽管如此,与中亚其他国家相比,塔吉克斯坦社会保障制度仍未摆脱苏联时期社会保障制度的影响,政府在社会领域方面的开支仍主要从国家预算中支出。2006年,总统拉赫蒙在其就职演说中指出,每年均拿出一半以上的财政收入优先发展社会领域,尤其是教育、卫生和对弱势群体的社会保障等。[2] 目前,塔吉克斯坦在社会改革领域中的市场化程度不高,社会保障中最有效的社会保险制度还未建立起来。

社会保障制度中最重要的组成部分是养老保障。苏联时期,养老保障主要由国家和企业提供,个人不承担缴费责任,塔吉克共和国养老金待遇比较高,一般可以拿到60%左右的工资并每年按1%的比例增长。[3] 独立初期,塔吉克斯坦继续实施苏联时期的养老保障制度。

塔吉克斯坦的养老保障制度由退休制度和国家保障型养老两部分组成。其中,退休制度在塔养老保障制度中处于核心地位。按苏联时期的退休制度,男性退休年龄为60岁,女性退休年龄为55岁,男职工工龄满25年,女职工工龄满20年可以申请退休;此外,凡是从事比较艰苦或危险的工作者、切尔诺贝利事故受害者、英雄母亲、有三个以上子女的妇女均可申请提前退休。独立以后,根据塔

---

[1] 杨进:《贫困与国家转型:基于中亚五国的实证研究》,第159页。
[2] 同上书,第122页。
[3] 阿里木江·阿不来提:《中亚社会保障问题研究》,第131页。

吉克斯坦养老保障法的规定，男性退休年龄为63岁，女性退休年龄为58岁，男性工龄满25年，女性工龄满20年可以办理退休。与此同时，也规定了特殊人群的退休年龄和退休金领取的方式。

独立初期，塔吉克斯坦提供的退休金是很低的。随着经济的好转，退休金逐步提高。退休金的调整按退休时间划分：1994年以前（含1994年）退休人员的退休金按现行工资的86.5%发放，1995—2004年退休人员的退休金发放系数分别为19.8%—103%不等；此外，按年龄和贡献大小，将在上述退休金的基础上增加3—6倍，但最高限额不得超过20索莫尼。[1]

尽管逐年增加，但塔吉克斯坦平均退休金仍然很低，难以维持退休人员的基本生活。如2009年，塔月平均退休金为90索莫尼（20.4美元），居住在农村的适龄退休者领取82索莫尼（18.6美元），城市为112索莫尼（25.4美元）。2010年1月1日，塔吉克斯坦领退休金居民为55.39万人，占居民总人口的7.3%，自2010年10月份起退休金数量提高30%。退休金的支出占塔社会保障支出的绝大部分，2010年，塔退休金的支出高达1.8亿索莫尼。[2]

苏联时期的养老保障不是全覆盖，国家只对公务员、国有企业职工、集体农场员工等国家工作人员提供养老保障；而个体劳动者、私人农场主等人群被排斥在养老保障制度之外。独立以后，塔吉克斯坦实施的养老保障基本上做到了全覆盖。对于无退休金的老人和残障人士的养老采取了国家保障的方式，国家保障型养老的覆盖范围逐年扩大，有一个或一个以上成员享受国家养老津贴的家庭比例由2003年的27.2%增加到2007年的33.3%。[3]

---

1 阿里木江·阿不来提：《中亚社会保障问题研究》，第134页。
2 同上书，第133页。
3 黄群：《塔吉克斯坦贫困问题探析》，《西伯利亚研究》2017年第1期。

塔吉克斯坦是一个年轻人占多数的国家,据塔吉克斯坦统计局的相关数据,17 岁以上的人口占总人口的 48%,人口结构属于年轻型,人口老龄化的压力不大。2009 年,塔吉克斯坦社会保障支出为 6.012 亿索莫尼,其中养老保障支出占总支出的 87.7%。[1]

2008 年以来,塔政府开始实施养老保险制度。在保险制度中,个人所缴比例还未见到,据了解,企业承担主要的缴费任务,由于养老保险制度加重了企业的负担,增加了用工成本,从而影响就业。

不难看出,塔吉克斯坦社会保障中的重要一项,即社会保险制度还未建立起来。塔吉克斯坦坚持市场经济改革的目标不会改变,根据中亚其他国家的经验,建立强制性社会保险可能是塔吉克斯坦为人民提供保障的有效方式。

第二节 以促进就业为主的劳动保障制度

就业是人们赖以生存的基础,关系到经济发展及社会稳定,塔吉克斯坦将就业保障视为最重要的民心工程;即使在劳动力按市场化模式运行的形势下,国家仍然把创造就业机会作为社会政策的首要任务。

劳动保障首先是保障劳动者的劳动权。苏联时期,塔吉克共和国受计划经济的影响,就业问题由政府统一解决,每个人都能得到一份稳定的工作,就业难的问题基本上不存在。独立以后,塔吉克斯坦于 1994 年通过的第一部宪法明确了对劳动者劳动权的保障:每个人都有劳动、工作、选择职业、劳动保护和对失业者的

---

[1] Hyun H. Son, *Evaluating Social Protection Programs in Tajikistan*, Asian Development Bank, 2011, pp. 2-3.

社会保护的权利。然而,由于独立后不久就陷入内战,经济遭到严重破坏,就业成了塔吉克斯坦突出的社会问题,直到民族和解进程完成以后的 2004 年,失业率为 40%。[1] 因此,解决就业成为塔政府的中心任务之一。

随着经济形势的好转,塔政府采取了以下促进就业的措施:一、大力发展私人企业、零售贸易、服务业,为它们提供无息贷款;二、创造条件吸引外资,加强基础设施的建设以提供更多的工作岗位;三、扩大劳动力出国务工。尽管如此,在塔吉克斯坦仍然有一部分人未能找到工作。

其次,劳动保障保障劳工权益。独立以后,塔吉克斯坦先后颁发了《劳动法》和《劳动保护法》。《劳动法》规定:所有公民机会平等,禁止因种族、民族、性别、年龄、宗教、政治信仰、出生地、家庭出身而拒绝或偏好招工,以免导致劳动领域的机会平等受到破坏。《劳动法》还规定,国家机关与地方机关行使劳动领域内的管理,并承担制定、执行、协调该领域政策的责任,其中,包括劳动和就业条件、劳动关系、培训工人干部和劳动移民。

按《劳动法》的规定,劳动关系双方(雇主与求职者)必须签订劳动合同;劳动合同只能以书面形式签订,一式两份,双方签字有效,职工、雇主各执一份;禁止强迫签订劳动合同。关于签订劳动合同的规定具体包括:一、年满 15 岁的公民可以与雇主签订劳动协议,年满 14 岁的学徒可以签订劳动合同。二、劳动合同的签订分为非固定期限和固定期限(一般不超过 5 年),如果在劳动协议中没有写明有效期限,合同期限视为非固定的,不经职工本人同意,不得将合同改为固定期限;为履行义务的缺勤职工保留工作

---

1 阿里木江·阿不来提:《中亚社会保障问题研究》,第 140 页。

岗位和完成一定职责的时间。三、在合同中必须明确职工的劳动地点、工作职能、开工日、工资额、假期时间等，劳动者的劳动权利和保障是由法律及其他法规决定的，不得在签订劳动合同时降低。四、经双方协商，劳动合同中可以规定试用期，试用期一般不得超过3个月，试用期满时，任何一方未提出终止劳动合同的，劳动合同继续有效，经双方同意，方可终止。五、为获得企业所在行业的初始专业知识，雇主有权和寻找工作者签订学习合同，培训期限和劳动报酬应在合同中明确，培训期限结束以后，再签订劳动合同。六、在劳动合同中必须指出劳动条件，雇主无权调动职工从事其身体健康禁忌的工作；如果双方约定完成工作的劳动条件发生实质性改变，需征得职工同意并以书面形式确定；如果劳动条件没有实质性改变的，不需要征得本人同意。在企业停产时，征得职工同意可以调到本地区其他企业，但时间不得超过一个月，停工被调去从事较低工资的工作，职工的劳动工资不应低于当月平均工资。

《劳动保护法》规定了劳动者在劳动过程中的权利。一、在招工之时，雇主必须在劳动合同中指明劳动条件，如在有害环境下劳动可能产生的后果和企业采取的保护措施，以及给予劳动者的优惠和补偿；二、在危险和有害环境下工作的劳动者享有免费的预防-治疗伙食或其他等值食品、缩短工作日、补充休假，以及按塔吉克斯坦法规规定的其他优惠和补偿；三、受到工伤、职业病以及劳动中对身体造成损害的劳动者，以及遇难者的家庭成员，根据塔有关法律确定的赔偿制度和金额，享有获得损失赔偿的权利。

为了保证《劳动法》和《劳动保护法》的实施，塔政府采取了一些组织措施。一、成立了国家劳动条件鉴定委员会；二、由雇主和工会（或员工授权的其他代表机构）成立劳动保护委员会；三、在人数超过100人的单位，成立直属企业领导的劳动保护部门，在人数少于100人的企业，雇主视业务的特点，可以成立劳动保护部门或设立安全与劳动保护专家，或把劳动保护的职责委托给其他部门或专家。

再次，劳动保障还对劳工组织提供保障。按《劳动法》的规定，工会或职工选举的机构，在劳动关系中代表职工利益和保护职工利益。职工代表机构的权利：一、监督《劳动法》的遵守和执行情况，如果雇主及其全权代表的决定与劳动方面的法律及其他法规抵触，或以其他方式损害职工权利时，向法院提起诉讼；二、进行集体谈判，签订集体合同与协议，参加企业有关劳动的其他法律文件的起草并向雇主提供这些法律文件的草案；三、参与研究企业发展的问题；四、审议劳动争议，保护职工利益；五、按法定程序宣布罢工。

此外，《劳动法》还规定了雇主对职工代表机构的义务：应当向职工代表机构的成员提供保护，保障代表免遭雇主方面任何形式的迫害；对于因选入代表机构而脱产的职工，在其选举授权期满后，为其提供原来的工作（职务），如果没有，改为该企业同等工作（职务）；为工会等职工代表机构提供场所、交通工具、通讯工具等保障职工代表机构活动必需的条件。

尽管《劳动法》规定了劳动者的权益，然而，塔吉克斯坦的劳动保障仍然存在一些问题。主要问题之一是非正规就业者得不到保障。非正规就业者没有与雇主签订正式的书面劳动合同，雇主与务工者之间实际上没有建立正式雇佣关系。非正规就业的企业大部分是私人企业、家庭服务业和私人农场，这些企业吸纳了大量劳动者，据国际劳工组织的统计，塔大约有50%左右的就业者属于非正规就业。非正规就业者不在塔《劳动法》和《劳动保护法》的保障之列。

妇女的劳动权未得到充分保障也是塔就业问题之一。在塔吉克斯坦，妇女在人口总数中的占比是 50% 以上，而在 1993 年至 2010 年间，女职工在职工总数中的占比只有 38%—39%；妇女失业者在总失业人口中的占比一直保持在 52%—56% 之间，最高年份达到 56.5%，在一些地区（如哈特隆州），1993 年的妇女失业人数在全州失业总人数中的占比达到了 80.6%。[1]

塔吉克斯坦是一个年轻人占多数的国家，内战结束以后，人口以每年近 12 万人的速度快速增长，劳动力供应十分丰富。在塔吉克斯坦，就业岗位跟不上人口增长的步伐，2013 年，需要就业的在塔年轻人大约有 270 万，其中 10% 的年轻人面临着就业困难的问题。[2] 相对于人口而言，塔经济的发展显得滞后，特别是工业的发展跟不上劳动力发展的速度。从目前的情况来看，塔工业要得到长足的发展必须吸引外国投资，否则一些大中型工业企业的技术改造和转产将寸步难行，因此，对外开放和引进外资是塔政府的主要经济任务。此外，劳动力素质有待提高也是就业难的一个问题，一些企业急需高素质、高技能的人才，而进入劳动力市场的高端人才不多，因此，培训年轻人的劳动技能，保证他们顺利就业也是塔政府不可忽视的工作。

第三节　以自费为主的医疗制度

苏联时期，塔吉克共和国的医疗保障体系由免费医疗和预防保

---

[1] 塔吉克斯坦共和国统计局：《塔吉克斯坦：国家独立 20 年》，2011 年，第 168—171 页，转引自蒲开夫：《塔吉克斯坦共和国的人口发展与劳动就业》，《俄罗斯中亚东欧市场》2012 年第 8 期。

[2] 刘景信编译：《塔吉克斯坦政府无力保障所有人员就业》，亚欧贸易网 2013-07-09。

健两部分组成,作为苏联的一个加盟共和国,塔吉克共和国在中央政府的支持下向国民提供全面的、免费的医疗服务。尽管医疗服务水平不是很高,但基本上满足了国民的看病需求。独立以后,塔吉克斯坦仍然沿用苏联时期的医疗保障制度,据有关法律规定,塔吉克斯坦卫生部主要承担医疗卫生和医疗政策的落实,由各州县具体实施,国家每年从财政向各级医疗机构拨给一定的财政援助。

由于独立初期爆发内战,塔吉克斯坦经济遭到严重破坏,塔政府对医疗领域的投入不足,直到2002—2006年,医疗卫生支出在GDP中的占比仍然在4.4%—5%之间徘徊(4.5%、4.5%、4.4%、5%、5%)。[1]

在继续为全体人民提供免费医疗服务的同时,塔政府采取对门诊医疗费和部分医疗服务实施个人自付的措施。一项针对免费基层医疗的调查报告显示,除门诊医疗费外,医院还向就医者收取看护费和额外的医疗设备费。目前,塔政府允许医院自行收费的项目涉及眼科、骨科、整容手术、放射、牙科、流产、泌尿和血液化验等。实际上,自费项目在不断增加,导致了贫困家庭出现负担不了看病费用的情况。在2002—2007年中,政府在医疗卫生上的支出占医疗卫生总支出的20.2%、20.4%、21.4%、22.7%、22.5%、23.8%,而个人在医疗卫生上的支出占医疗卫生总支出的79.8%、79.6%、78.6%、77.3%、77.5%、76.2%[2];有关研究表明,如果个人卫生支出的比重超过50%,有可能导致因病致贫的现象。据《2007年塔吉克斯坦生活水平调查报告》,46%的贫困人口无力承担医疗费用。

按世界卫生组织的建议,发展中国家对医疗系统拨款应达到

---

[1] 阿里木江·阿不来提:《中亚社会保障问题研究》,第136页表5-7。

[2] G. Khodjamurodov, B. Rechel, "Tajikistan: Health System Review", *Health Systems in Transition*, 2010, 12(2): 1-154, p.44.

GDP 的 5%。如前文所述，2005 年和 2006 年塔吉克斯坦医疗卫生支出在 GDP 中的比重已经达到发展中国家 5% 的要求。然而，与中亚其他国家相比，塔政府在医疗卫生方面的支出只是哈萨克斯坦的 1/3 和乌兹别克斯坦的 1/2。[1]

塔吉克斯坦医疗卫生系统的财政支持除了国家预算的少量拨款外，还依赖国际组织、非政府组织和个人的无偿援助。目前，向塔提供卫生医药援助的国际组织和机构有：伊斯兰发展银行、世界卫生组织、联合国儿童基金会、联合国人口活动基金会、日本减贫基金会、美国国际发展局，等等。2007 年，亚洲开发银行批准了向塔提供为期 32 年、总金额超过 1.9 亿美元的贷款计划，该贷款除用于发展塔农业基础建设外，还用于社会等领域的改革事业。[2]

据世界卫生组织统计，2011 年，塔政府在医疗卫生中的总支出占 GDP 的 5.8%；这一数字超过了发展中国家对医疗系统拨款占比 5% 的起码要求。然而，时至 2012 年，塔国人均卫生总费用 61 美元，其中，政府只支出了 18 美元，在卫生总费用中的占比为 29.4%，个人支出了 49 美元，在卫生总费用中的占比高达 70.6%。[3] 塔吉克斯坦人民自付费用在中亚国家中是最高的，国内普遍存在着看不起病的现象。塔吉克斯坦医疗卫生方面的主要问题是强制性医疗保险制度还未建立起来。

2008 年，塔政府对医疗保障进行了改革，开始实行自愿性的医疗保险制度。自愿医疗保险没有解决看病贵的问题，原因是职工平均工资水平低，人们参保的积极性不高。中亚其他国家在强制医

---

[1] 阿里木江·阿不来提：《中亚社会保障问题研究》，第 138 页。
[2] 王文光：《亚行批准向塔吉克斯坦提供近 2 亿美元的新贷款计划》，国际在线 2007-07-10。
[3] 马翠、张向阳：《中国与周边独联体国家医疗卫生状况的比较》，《卫生软科学》2016 年第 12 期。

疗保险和自愿医疗保险制度方面进行了积极的尝试，目前，塔吉克斯坦卫生部也在草拟《公民自愿医疗保险法》，强制性医疗保险制度正在建立中。

为了解决看病难的问题，塔吉克斯坦允许私人办医院。在现有的公立医疗机构和医疗资源不能满足人民需要的情况下，2002年，塔议会颁布法令，对私人从医合法化。此后，塔政府逐步批准了私人医院，并逐步放宽了私人从业条件。据塔卫生部统计，到2010年，塔有私人医院14家。此外，为了改变广大农村缺医少药的现象，塔政府加大了改善农村医疗服务的力度。近年来，加强了农村地区和初级医疗机构的建设，改造和重建了1000多家乡村门诊部。

尽管如此，医疗机构和医疗资源仍然不能满足需要，缺医少药的情况没有从根本上得到改善。

首先，医疗的情况没有大的改进。由于政府在卫生领域的投入少，医务人员工资低于全社会平均工资水平，医务人员流失的情况严重，加之医疗设施老化，大部分公立医院只能解决基础病、多发病，对疑难杂症的诊治缺乏有效治疗手段；私立医院收费极高，贫困人群无法在私立医院得到医治。

其次，药物的情况也没有发生根本变化。在塔吉克斯坦，除少数药品可以从医院和医疗机构无偿发放外，大多数药品需要到药店自费购买。塔吉克斯坦的制药厂是在原苏联杜尚别国有制药厂的基础上改制形成的，该厂生产的药品仅限于一般注射用安瓿制剂等。因此，塔市场上绝大部分是进口药品，进口的药品价格昂贵，2006年5月5日，塔政府宣布取消进口药品5%的关税和20%的增值税，药品价格有所下降。尽管如此，对于大多数老百姓来说，购买进口药仍然是高消费。有分析表明，个人自付的大部分是购买药品。因此，有学者认为，塔政府应该从控制药品价格方面降低个人自付的费用。

随着经济的稳步发展和医疗保障的深入改革,看病难和看病贵的现象在塔吉克斯坦会有一定程度的改善。

第四节 有待改善的教育保障制度

苏联时期,由于中央政府对教育的高度重视,塔吉克共和国已经形成了学前教育,初、中等职业技术教育和高等教育的完整体系。在中央政府的援助下,塔吉克共和国实行8年制义务教育。独立以后,塔吉克斯坦政府对教育高度重视,在宪法通过之前的1993年,塔吉克斯坦就颁布了《教育法》。2004年又出台了新的《教育法》,同时又陆续通过了《高等教育和职业教育法》、《国家2005—2010年发展教育法》等保障教育发展的一系列法律法规。

1993年《教育法》所确定的塔吉克斯坦教育体系基本上沿用了苏联时期三阶段(学前,初、中等和高等)的完整体系。然而,在独立后不久发生的内战和面临的经济危机中,塔政府减少了对教育的投入,资金缺乏影响了教育资源,破坏了教育体系的完整。

在教育体系中,受破坏最大的是以托儿所、幼儿园为主的学前教育。1991—1992年,152所学前教育机构倒闭,很多学前教育机构需要维修。学前教育机构的数量从1991年的944所一直下降到2001年的501所,2002—2006年,学前教育机构不足500所。[1] 这种状况长期未能得到根本改善,截至2014年,塔学前儿童人数有5.75万左右,而学前教育机构只有485所[2],远远不能满足入学

---

[1] 黄雅婷:《塔吉克斯坦文化教育研究》,外语教学与研究出版社,2021年,第114—115页。

[2] 邓皓东:《塔吉克斯坦高等教育发展状况研究》,《教育现代化》2017年第37期。

需求。

与学前教育相比，塔吉克斯坦初、中等学校的情况要好一些。独立以来，塔吉克斯坦初、中等学校的数量和在校学生的人数都呈现出稳定增长的趋势。1991—1992学年，全塔普通教育机构数量为3229所，2001—2002学年，这一数字为3557所，学生人数从132.54万人增加到150.44万人。[1] 苏联时期，塔吉克共和国内实行8年制免费义务教育；独立以后，塔吉克斯坦实行初、中等教育9年制义务教育。其中，初等教育分两个阶段，1—4年级为小学阶段、5—9年级为初级中学阶段。此外，塔吉克斯坦还为智障儿童和孤儿建立了特殊的学校。目前，塔94%的适龄儿童都有接受初、中等教育的机会。

独立以后，塔吉克斯坦高等教育呈稳定发展趋势。在独立前夕的1990年，塔吉克共和国有10所高等学校，在校大学生有6.5万余人；独立以后，塔吉克斯坦高等职业教育学校不断增加，截至2014年，全国共有各类高等学校33所（包括分校），大学生人数增加到15.17万人。[2]

苏联时期，塔吉克共和国实施俄式学位制；独立以后，塔吉克斯坦继续沿用这种学位制。从2014年起，塔吉克斯坦开始采用西方国家普遍使用的学士-硕士-博士三级学位制，建立了直属于总统的国家高等教育认证委员会。

塔吉克斯坦经济在稳步发展，政府在包括教育在内的社会领域的投入尽管是一笔很大的开支，但仍未达到有关机构的标准。一般来说，塔吉克斯坦每年投入的教育经费占GDP的3.8%—4%，在

---

1 黄雅婷：《塔吉克斯坦文化教育研究》，第142页。
2 邓皓东：《塔吉克斯坦高等教育发展状况研究》，《教育现代化》2017年第37期。

塔政府的努力下，2010年，塔政府支出的教育经费超过了11亿索莫尼，大约占GDP的4.7%。[1]根据世界银行2008年的报告，为了满足维持和发展教育体系的需求，政府每年财政投入应达到GDP的6%。由于经济发展的限制，截至2017年，塔政府在教育领域的投入还未达到这一标准。[2]

2008年，塔政府制定了2015年前教育制度改革的长期规划。在完善教育机构拨款和经费的同时，塔政府吸引私营机构参与社会教育，鼓励私人办学。目前，塔境内已经形成了公私学校并存的局面，截至2016年，全塔共有602所学前教育机构，其中61所是私立的。2011年，塔中小学校3817所，其中私立中小学校135所。首都杜尚别的两所私立学校是卡夫拉特私立中学和杜尚别国际学校，其中卡夫拉特私立中学建于2009年，现有中小学生550名，学生一学年的学费是1000美元；杜尚别国际学校分幼儿园、1—5年级的低年级和6—11年级的高年级，其中本国学生的学费是每学年4000美元，外国学生学费高达8000至10000美元。[3]

2012年，一个对2000个家庭的调查表明，只有22.5%的家庭对政府提供的教育服务满意。[4]对塔教育服务不满意的原因主要有以下几点：

一、贫困人群上不起学的现象仍然存在。塔宪法规定，"每个适龄孩子都可以享受免费的初等教育"。但因缺乏财政投入，有的孩子在初等教育中仍未能免费上学，一些教育机构向学生收取学费，致使贫困家庭的孩子因经济压力不能上学；高等院校的学生是

---

[1] 邓皓东：《塔吉克斯坦高等教育发展状况研究》，《教育现代化》2017年第37期。
[2] 黄雅婷《塔吉克斯坦文化教育研究》第94页；2015—2019年，教育投入占GDP的5.0%—5.7%。
[3] 同上书，第123页表4-1。
[4] 黄群：《塔吉克斯坦贫困问题探析》，《西伯利亚研究》2017年第1期。

全额自费上学，因此，高等教育成为上层社会孩子的特权，尽管有奖学金制度，贫困家庭孩子仍没有能力接受高等教育。

二、地区教育资源的差别较大，农村上学难。从学前教育来看，学前机构主要分布在塔北部和西南部，截至2017年，全塔共有615所，其中戈尔诺-巴达赫尚州只有26所，明显低于全国水平。中小学教育的情况虽然好一些，但仍然存在着农村女孩子上学难的问题。塔政府正在解决这一问题，如设立了总统奖励基金帮助农村女孩子入学，2004年接受总统基金的女孩有3116人，2006—2007学年，还有1000名女孩和儿童享受总统基金进行学习。[1]

三、师资不能满足需要，教育质量不能保证。由于经济的不景气，塔教职工待遇普遍低，导致教师外流和中小学教师人数急剧减少，教育质量不能保证。截至2017年，塔中等职业教育机构学生7.67万人，在编教师人数才5210人，师生之比接近15∶1。[2] 在2008年制定的2015年前教育制度改革战略中，提出了教学质量的改革举措，提到了教师工资的问题，目前教师工资为20索莫尼（相当于6.5美元）。

塔吉克斯坦加大对教育的投入以解决所存在的问题。2016年，塔政府在国家预算中拨款大约75亿索莫尼用于改善民生，其中有31亿多索莫尼用于教育领域。[3] 随着国家对教育投入的加大，相信塔公民在教育保障方面的问题会得到妥善解决。

---

1 祝鹏：《塔吉克斯坦中小学教育现状调查研究》，第9页。
2 黄雅婷：《塔吉克斯坦文化教育研究》，第212页表7-2与第213页表7-3。
3 《2016年塔吉克斯坦用于社会民生领域发展的预算将超过75亿索莫尼》，中华人民共和国商务部2016-01-05。

第十五章
对外关系与外交活动

独立以后，塔吉克斯坦确立了对外关系的发展层次：与中亚国家发展建设性的合作关系，共同应对地区威胁；与俄罗斯建立和发展战略合作伙伴关系，以保证边界安全；与美国等西方国家建立合作关系，以落实外交多元化原则；与中国发展互利关系是其亚洲外交的支点。塔吉克斯坦推行的多元平衡外交政策保证了塔吉克斯坦在独立建国的道路上稳步前行。

第一节 对话形式的中亚国家关系

苏联解体以后，塔吉克斯坦继承了原塔吉克共和国的领土。塔吉克斯坦位于中亚五国的东南部，东面和南面分别与中国和阿富汗相邻，西面和北面分别与中亚国家乌兹别克斯坦和吉尔吉斯斯坦接壤。1998年，塔吉克斯坦加入哈、乌、吉三国签署的《永久友好条约》，根据相关条约，四国将以和平友好方式解决任何双边和多边问题，在所有地区性和国际性问题上采取协调一致的政策。[1]

独立以后，塔吉克斯坦与周边邻国以和平方式解决了边界问题。塔吉克斯坦与乌兹别克斯坦之间有1304.88千米的边界线，独

---

[1] 刘庚岑、徐小云编著：《吉尔吉斯斯坦》，社会科学文献出版社，2005年，第274—275页。

立以后，塔乌两国也开始了边界划分工作。2002年10月5日，塔乌两国签署协议，对1102.20千米的边界线达成一致，此后，双方又确定了106.86千米的边界。[1]到2009年，塔乌政府间划界委员会对80%的边界划分达成一致，两国签订的《塔吉克斯坦-乌兹别克斯坦国家边境协议》也于2009年正式生效。

截至2014年，塔乌之间还有93.82千米边界未定。[2]未划定的九十多千米地段主要是塔粟特州的边界线，其中争议最大的地段是法尔哈兹水电站所在地。苏联时期，该地区属塔吉克共和国。1933年，乌兹别克共和国向塔吉克共和国租用法尔哈兹水电站所在地，租期40年。1944年，苏联中央政府决议将塔的部分地段划入乌，而将乌的部分领土划给塔作为补偿。1947年建成的法尔哈兹水利枢纽在塔境内，它控制了乌境内的法尔哈兹水电站大坝和运河，于是，乌对法尔哈兹水利枢纽所在地提出了要求。然而在苏联1960—1961年通过的划界决议中，法尔哈兹水利枢纽所在地仍属于塔。独立以后，法尔哈兹水电站及其占地的归属成为塔乌两国关系恶化的根源，也是两国边界划分的主要障碍。由于边界未划分，塔乌在边境地区的冲突时有发生。2012年9月上半月就发生了两起塔乌边防军的枪战，两国政府相互谴责对方违背了2009年的边境协议。2016年，乌兹别克斯坦领导人更替，两国关系开始向好的方向发展。

塔、乌、吉三国在费尔干纳盆地的三角形交界地带的边界存在着许多个争议区。其中，塔吉两国在此发生了领土之争。塔吉两国边境线总长度972千米。[3]1997年以来，双方政府就边界领土的划分举行了磋商，经过双方以副总理为首的划界与标界工作小组的共

---

1 李琪：《"冷战"与困境：乌兹别克斯坦与塔吉克斯坦关系走向》，《俄罗斯东欧中亚研究》2014年第1期。
2 同上。
3 另有塔吉边界长911千米之说。

同努力，已有一部分国境线得到确定，但仍有约 70 个争论地段未得以确定。[1]2012 年，塔吉边界问题讨论会在比什凯克进行；2013 年，塔吉两国对边界进行磋商，讨论了 36 处存在争议的问题，据吉副总理说：塔吉两国之间存在超过 400 千米的争议边境。对这些悬而未定边界的管理仍然处于真空或半真空状态，这是边境地区经常爆发冲突的原因。

在费尔干纳盆地，塔有两块飞地沃鲁赫和凯拉哈奇在吉境内。沃鲁赫面积 130 平方千米，飞地上的居民有 95% 是塔吉克人；靠近塔吉两国边境的凯拉哈奇面积不到 1 平方千米。沃鲁赫飞地及其附近地段已成为两国边境冲突的焦点，相互交错的飞地两边的居民经常因土地和水资源引发纷争，其中 2014—2016 年，塔吉边界上发生过数十次边境武斗事件。2014 年 1 月 11 日，在吉巴特肯州的阿克塞村，塔吉两国边防军发生交火，造成吉方 6 人受伤、塔方 2 人受伤。事件发生后，吉方单方面关闭了与塔的边境。冲突地区的局势很快稳定下来，两国边防部门和护法机关的领导人在吉巴特肯市会面，会上约定，在有争议的边境地区以综合的边防部门及内务部人员开始联合巡逻，并从边界冲突地区撤回军队和其他特种部队。塔总统拉赫蒙于当月 20 日在首都杜尚别会见独联体集体安全条约组织（集安组织）秘书长博尔久扎，双方一致认为，塔吉之间的边境问题能够通过政治和外交方式解决。2016 年 1 月，吉副总理卡拉舍夫在政府会议上宣布，塔吉两国就 520 千米争议边界达成了一致意见，据卡拉舍夫说，塔吉两国尚有 396 千米边境需协商界定。[2]

1　典鸿渤：《吉尔吉斯斯坦近年边境安全形势及其影响》，《俄罗斯学刊》2016 年第 2 期。

2　《塔吉克斯坦和吉尔吉斯斯坦就两国 520 公里争议边界达成一致意见》，中华人民共和国商务部 2016-01-19。

塔乌关系中的重要内容是水资源的分配和利用。中亚两条大河，即阿姆河和锡尔河都是跨界河流；塔位于两河的上游，拥有中亚地区 58% 的水资源。苏联时期，水资源在苏联中央政府的集中管理下，进行统一调配，制定了一些配套的补偿措施。在春夏两季，上游国家放水发电，既解决了本国的能源问题，又为下游国家提供了灌溉用水；在秋冬时节，上游国家蓄水，下游国家向上游国家提供其他自然资源作为补偿。苏联解体以后，调整机制丧失，原来的水资源分配模式难以为继，中亚国家对水资源的分配和利用产生了矛盾。为此，中亚国家召开多次会议。在 1992 年 4 月 19 日召开的中亚五国水利部长会议上，五国签署了水资源的保护利用和管理合作协议，协议中确立了水资源是中亚国家共同资源的原则。此后，在 1992 至 2002 年间，中亚国家召开了 8 次会议，塔吉克斯坦参与了以上会议。其中，2002 年会议在塔首都杜尚别召开，会后，五国发表了《杜尚别宣言》（即《中亚国家元首关于 2003—2010 年就改善咸海流域生态和社会经济状况采取具体行动的决定》）。然而，以上会议的召开和协议的签订并未解决塔乌冲突的实质性问题。

2008 年，中亚五国元首在吉首都比什凯克举行峰会，会上基本解决了下游国家向上游国家进行补偿的问题；2009 年的会议达成临时协议，下游国家保障对上游国家的电力和天然气供应，上游国家则保障下游国家的用水。[1] 2013 年，在塔首都杜尚别举行了"中亚水资源合作会议"。

在中亚五国共同磋商解决水资源分配和利用之时，塔吉克斯坦也与乌兹别克斯坦召开双边或多边会议磋商解决水资源的利用。目前，水资源的利用成为塔乌两国关系障碍的重要因素。乌坚决反对

---

1 齐云鸿：《金融危机——中亚国家摒弃前嫌求合作》，中评网 2009-07-25。

塔建设罗贡水电站和桑格图德水电站，这两个水电站建在跨界河流阿姆河的第二大支流瓦赫什河上。罗贡水电站的建设是塔乌矛盾尖锐化的导火线。塔认为，利用本国水力资源修建电站无可非议，这是本国经济发展的唯一保证，罗贡水电站投入使用后，可以巩固塔在阿富汗、巴基斯坦甚至印度电能市场的地位。塔要求国际组织的专家对此进行评估，经认定罗贡水电站不会影响乌兹别克斯坦的用水。

2013年3月22日，联合国举行了水资源合作问题互动对话，塔总理阿基洛夫阐明本国立场：在兼顾地区一切需求和环境的情况下，塔将继续本国的水电站建设项目，以保证国内居民和经济发展的用电要求。2018年3月9—10日，乌总统沙夫卡特·米尔济约耶夫访塔，两国元首就水资源利用和水电站建设达成共识，米尔济约耶夫表示乌方希望参与包括罗贡水电站等塔水电项目建设的意愿。[1]

另一个影响中亚国家关系的问题是非法移民。非法移民对输出国和接纳国来说都是一股不稳定的力量，在一定程度上影响了中亚地区的稳定。在中亚国家中，塔、乌、吉三国人口增长过快，失业问题严重，前往哈萨克斯坦打工的人很多，其中没有办理正当入境手续者被哈视为非法移民。2006年5月，在塔总统访哈时，两国签订了劳动移民协议的履行程序；同年10月，两国有关领导人商讨了非法移民和劳动移民的居留问题，提出了联合打击非法移民、取缔非法移民渠道、抓捕非法移民组织者等措施。[2] 以上措施一定程度地限制了非法移民，规范了中亚国家之间的劳务输出。

独立以后，中亚国家加强了经济合作，并且也尝试着建立中

---

[1]《从冲突到合作——近18年来乌兹别克斯坦总统首次访问塔吉克斯坦》，中华人民共和国商务部 2018-03-21。

[2]《哈塔两国关注劳动移民问题》，岳萍译，《中亚信息》2006年第11期。

亚国家经济一体化。1998年3月26日，哈、乌、吉、塔中亚四国首脑在塔什干开会，讨论了自由贸易区，关税同盟，支付和货币同盟，劳务商品和资本市场合作等问题。[1] 然而，这些尝试未能达到预期的目标，2005年10月6日，中亚一体化迈入了以俄罗斯为核心的独联体经济一体化的轨道。此后，塔吉克斯坦与中亚其他国家的经济合作以双边合作的形式进行。

在塔吉克斯坦对外贸易中，塔哈贸易排在塔乌、塔俄之后，处于第三位。[2] 尽管如此，塔哈两国的贸易呈现出逐年增加的趋势，从2000年的5730万美元到2008年的2.77亿美元，八年间翻了4.86倍[3]；2017年，塔哈贸易获得极大增长，塔哈贸易额接近8亿美元，比上年增长了近30%。[4] 在塔哈贸易中，哈对塔出口商品主要是粮食、能源、化工原料。

在经济合作方面，塔在哈萨克斯坦开办了合资和独资企业，2002年，塔在哈的合资和独资企业分别有16家。[5] 2008年5月12日，塔哈两国总统在哈首都阿斯塔纳举行了会谈，双方签署了《2008—2010年经济合作计划》，在会后举行的记者招待会上，双方宣布，决定成立法定资本为1亿美元的联合投资基金，为塔有前景的项目投资，优先扶持的项目主要涉及电力、农业和采矿业。[6] 塔哈经济合作主要反映在塔水利建设方面。哈积极参与罗贡水电站2

---

1 赵常庆主编：《十年巨变——中亚和外高加索卷》，第349页。
2 刘启芸编著：《塔吉克斯坦》，第134页。
3 《哈萨克斯坦国际贸易发展特点及与中亚国家贸易发展状况》，中华人民共和国商务部2009-08-13。
4 《哈萨克斯坦与塔吉克斯坦将扩大贸易合作》，中华人民共和国商务部2018-03-20。
5 赵常庆编著：《哈萨克斯坦》，第271页。
6 《哈、塔签署2011年前经济合作计划》，杨建梅译，《中亚信息》2008年第6期。

期和 3 期的建设，对泽拉夫善河梯级水电站建设项目也表现出极大的兴趣；此外，哈还研究了从塔北部的苦盏市向哈南部的奇姆肯特市修建一条输电线的可能性。[1]

此外，哈对塔提供了人道主义援助，2006 年以来，援助总额已达 3450 万美元，仅 2018 年，哈向塔提供的人道主义援助就有 390 万美元。[2]

乌兹别克斯坦是塔对外贸易的主要伙伴，在中亚国家中，乌在塔的对外贸易中排在首位。以 1998 年为例，在塔吉克斯坦对独联体的进出口贸易中，乌对塔的进出口额分别占塔进出口额的 55.5% 和 61%。[3]2017 年，塔乌贸易额增长幅度达到 85%，增加了 1.1 亿多美元。[4]2018 年，塔乌元首签署 27 项文件，主要体现在双方经贸合作及过境运输方面。拉赫蒙总统表示，两国政府计划将 2018 年双边贸易额提升到 10 亿美元（2017 年乌塔两国贸易额为 2.4 亿美元）。[5]

塔吉克斯坦与土库曼斯坦经济合作项目主要是修建塔吉克斯坦、阿富汗、土库曼斯坦三国铁路。2012 年 3 月，三国总统在土首都阿什哈巴德签署了修建土阿塔铁路（TAT 线）的协议，该铁路总长约 400 千米[6]；土阿塔铁路通车以后，将完善塔土之间的交通，推动两国的经贸合作。2017 年，土总统别尔德穆哈梅多夫访塔，双方

---

[1]《中亚上合组织成员国同俄罗斯及中国的经济合作态势》，聂书岭译，《中亚信息》2007 年第 4 期。

[2]《哈萨克斯坦向塔吉克斯坦提供 390 万美元人道主义援助》，丝路新观察 2018-02-21。

[3] 刘启芸编著：《塔吉克斯坦》，第 134—135 页。

[4]《塔吉克斯坦与乌兹别克斯坦的贸易额增长 85%》，亚欧网 2017-12-25。

[5]《从冲突到合作——近 18 年来乌兹别克斯坦总统首次访问塔吉克斯坦》，中华人民共和国商务部 2018-03-21。

[6]《土库曼斯坦、阿富汗和塔吉克斯坦跨境铁路开工》，人民网 2013-06-05。

签署了13个文件，其中包括了《战略合作伙伴关系协议》。至此，双方已经签署了70多个合作文件，它们涉及的领域广泛，必将促进塔土全方位的合作。

独立以来，除了塔乌关系外，塔吉克斯坦与其他中亚国家的关系基本上和睦。塔乌关系在近年来也开始松动。2016年底，新上任的乌总统米尔济约耶夫在对塔关系上做出努力，米尔济约耶夫于2018年对塔进行的国事访问，是时隔18年来乌总统首次对塔进行访问；两国总统表示，通过此次访问两国关系将提升到战略合作水平。

第二节 外交优先的塔俄关系

苏联1977年宪法第80条规定：加盟共和国有权与外国发生关系，同它们签订条约和互换外交代表、领事，参加国际组织的活动。然而，包括塔吉克共和国在内的中亚五国实际上并没有独立的外交权。独立以后，塔吉克斯坦行使了独立的外交权。苏联解体后，俄罗斯成为苏联唯一的继承国，由于在苏联时期长期形成的与苏联中央政府密不可分的经济和安全等方面的联系，因此独立以后塔吉克斯坦的外交政策将俄罗斯作为本国外交的重点，奉行亲俄政策。

1992年4月，塔吉克斯坦与俄罗斯建交。作为俄罗斯传统的后院，塔吉克斯坦一直是俄罗斯在中亚的可靠盟友，在国际和地区问题上，塔几乎与俄罗斯持有相同的立场。塔俄两国在政治上互相支持。在塔内战期间，俄罗斯一直对塔政府提供帮助。经济上，俄对塔提供了经济援助。1993—1995年间，俄向塔提供的贷款总额超过了1000亿卢布。[1]政治上，在俄的有力介入下，塔政府与联合反对派在1997年签署了《实现和平与民族和解的总协议》，结束了长达五年的内战；1999年4月16日，塔俄两国签署了《面向21世纪的联盟合作条约》和《俄罗斯在塔吉克斯坦军事基地的地位和驻扎条件条约》等重要文件，巩固了两国的同盟关系。塔吉克斯坦一直支持俄罗斯在中亚的活动，截至2009年初，塔总统拉赫蒙可能是唯一一位自始至终参加独联体国家会议、集体安全条约组织峰会和欧亚经济共同体峰会的领导人。[2]

安全防御领域的合作是塔俄两国关系的重点。独立初期，塔阿（阿富汗）边界一直由俄驻塔边防军"绿盔"部队保护，直到2006年，"绿盔"部队才把塔阿边境的防务移交给塔边防部队。时至今日，俄罗斯海外最大的军事基地——201军事基地仍在塔境内驻军。

201军事基地是在原驻塔的第201摩托化步兵师的基础上形成的。第201摩托化步兵师是苏联时期（1943年）在列宁格勒郊区组建的，为了守卫塔阿边境，于1945年进驻塔吉克共和国。苏联解体以后，第201摩托化步兵师继续留在塔境内。在塔内战中，第201摩托化步兵师曾帮助政府军挡住了联合反对派的武装力量，对塔的稳定起到了重要作用。在塔俄签署的《面向21世纪的联盟合作条约》中，双方决定加强军事技术合作，塔允许俄在塔境内建立军事基地。2004年10月16日，俄驻塔第201摩托化步兵师正式改建成俄军事基地。201军事基地的建立并非只是名称上的改变，基地增加了空军力量，在离杜尚别20千米的艾尼机场驻扎了5架歼

---

[1] 俄罗斯《金融消息报》1995-07-27，转引自马大正、冯锡时主编：《中亚五国史纲》，第321页。

[2] 《塔吉克斯坦总统取消访俄行程，俄塔两国关系恶化》，中新网2009-02-02。

击机和若干直升机；基地上驻有七千多名俄罗斯军人，分别部署在杜尚别、库尔干秋别和库洛布市三地。改建成基地以后，基地的装备不断更新和加强。2014年10月，201军事基地增配了包括"冰雹"多管火箭炮系统、无人机和特别狙击步枪（VSS）在内的新装备；2016年，大约100辆草原BTR-82A装甲运兵车和T-72BI主战坦克开进201军事基地。

2012年5月，塔俄两国签署了将201军事基地期限延长30年（即到2042年）的协议。届时，如果双方无异议，则每隔5年履行一次续约手续。俄国防部认为，俄驻塔军事基地是俄的前哨，俄准备帮助塔和集体安全条约组织成员国应对可能的恐怖袭击。201军事基地与吉尔吉斯斯坦的坎特空军基地相互呼应，成为打击毒品走私和集团犯罪的重要环节。

除201军事基地外，俄在塔的军事存在还包括苏联时期（1979年）始建的努列克光学电子站。该站建在海拔2200米的帕米尔桑格洛克山，安装了光学电子设备"窗口"导弹预警系统，能够侦察和识别太空目标，可以发现4万千米高的太空目标。独立以后，该站归塔吉克斯坦所有，俄方向塔租用，租期为49年，由俄航天兵第3导弹太空防御独立兵团驻守。为了回报塔租让努列克光学电子站，俄罗斯同意用该站抵消塔吉克斯坦欠俄罗斯的债务。[1]

塔俄之间的安全防御关系还表现在塔积极参与由俄倡导的独联体集体安全条约组织。1992年5月，俄与包括塔在内的中亚国家领导人在塔什干签署《集体安全条约》，条约的主要内容有：当任何成员国遭到其他国家或国家集团的侵略时，其余成员国都要向它提

---

[1]《俄陆军在塔吉克斯坦建立海外最大军事基地》，中国日报网 2004-10-22。

供包括军事在内的必要援助。[1] 塔不仅参与建立了集体安全条约组织的工作机制,而且参与了在此框架下组建的集体快速反应部队。2001年,塔、哈、吉三国各出一个营的兵力,构成了一支1.5万人的集体快速反应部队,这支部队有效遏制了极端势力的活动。通过深化与俄的战略防御合作,塔获得了可靠的安全保障。

塔总统拉赫蒙多次强调,除俄罗斯军事基地外,塔吉克斯坦不允许新建外国军事基地。因此,俄在军事和经济上对塔提供帮助。在军事上俄承诺为塔提供军事技术和后勤装备,增加塔军官在俄军事院校的培训名额,帮助塔实现军事现代化;在经济方面,俄与塔签署了部分石油产品的免税协议,每年给塔提供100万吨免税的石油产品以缓解塔能源短缺的局势;为了强化在塔的军事存在,俄允诺在塔投资20亿美元。[2]

塔吉克斯坦在独立之后不久即爆发内战,战争将本国经济拖到了崩溃的边缘。塔政府在恢复经济的过程中,积极参与到由俄罗斯主导的独联体框架下的关税同盟、欧亚经济共同体、欧亚经济联盟等多边经济合作。

在双边经济合作中,塔吉克斯坦目前与未来都优先发展与俄罗斯的合作关系。俄罗斯是塔吉克斯坦最大的进出口对象国,双边贸易额每年约占塔吉克斯坦外贸总额的三分之一。[3] 2012—2015年,塔吉克斯坦排在第一位的进口对象国是俄罗斯,其进口额占塔对外贸易进口总额的比重分别是25.4%、22.0%、27.6%、30.5%。[4] 在

---

1 柳丰华:《中亚与俄罗斯关系:20年间的演变》,孙力、吴宏伟主编:《中亚黄皮书:中亚国家发展报告(2012)》,社会科学文献出版社,2012年,第219页。

2 孙壮志:《独联体"颜色革命"的地缘政治解读》,邢广程等主编:《俄罗斯东欧中亚黄皮书——2005年:应对挑战》,社会科学文献出版社,2006年,第56—66页。

3 张真真:《塔吉克斯坦独立后的政治经济发展》,第161页。

4 同上书,第175页表7-3。

吸引外资方面，俄罗斯也是塔第一投资来源大国，截至 2014 年 6 月底，俄对塔投资 9.86 亿美元；中国是塔第二大投资来源国，中国对塔投资额为 4.67 亿美元。[1]

塔境内油气资源缺乏，石油产品主要由俄罗斯提供，俄在塔石油产品市场上的占比达到 70%—90%。在 1995 年至 2010 年间，俄轻质油等石油产品以零关税向塔出口；2010 年 5 月以后，俄才开始对塔征收出口税，每吨轻质油的出口关税为 276.4 美元；2012 年 4—10 月间，轻质石油产品的出口关税在原有基础上每吨又提高了 44.6 美元。[2] 2011 年 9 月 2 日，俄总统梅德韦杰夫访塔，两国元首决定于 2012 年第一季度对俄驻塔军事基地期限问题进行磋商，与此同时，两国签署了 2011 年至 2014 年塔俄经济合作计划；按计划，2012 年 10 月，两国签署了能源合作备忘录，据塔能源与贸易发展部测算，合作中有关免除出口关税一项将使塔市场上的石油产品降价 30%—40%，每年的直接获益可以达到 3.5 亿美元。[3]

除了贸易外，塔俄在水电和铝业领域进行的经济合作有利于塔经济的发展。2004 年，在塔铝厂进行私有化时，俄铝业股份公司出资 13 亿美元获得了对塔铝厂的控股权，并拟在塔建庞大的电力-冶金联合体，计划改造塔铝厂和建造一个新铝厂，以及帮助完成罗贡水电站的建设。[4] 同年 11 月，俄铝业股份公司工作组访塔，现场考察了罗贡水电站的建设情况后，答应为罗贡 1 期工程投入 5.6 亿美

---

[1]《数据解读：中国已成塔吉克第二大投资国第三大贸易伙伴》，中国经济网 2014-09-11。

[2] 徐海燕：《危与机：2012 年塔吉克斯坦国家发展评述》，《新疆师范大学学报》2013 年第 4 期。

[3] 同上。

[4] 赵华胜：《俄罗斯与中亚国家的双边关系》，《和平与发展》2008 年第 2 期。

元的资金，并在 5 年内完成建设。[1] 然而，塔与俄铝业公司的合作并不顺利，2007 年 8 月，塔取消了与俄铝业公司的合作。同年 10 月，塔与俄统一电力公司合作，签署的协约规定水电站由俄方负责经营，并将俄方的股份从 50% 提高到 75%。塔俄在水电工程上的合作还有在瓦赫什河建设桑格图金 1 号水电站。2005 年 2 月，塔与俄统一电力公司成立桑格图金 1 号水电站股份公司，建设费用全部由俄方承担，俄占股 75%。2007 年 12 月，该水电站第一个发电机组投入使用。

劳务输出是塔俄经济合作的重要内容之一，塔俄两国之间互相承认双重国籍的制度为塔公民出国务工创造了便利的条件。在塔 700 万人口中，至少 100 万在俄罗斯和哈萨克斯坦工作，打工所得的外汇源源不断地进入塔境内。有关资料反映，塔从国外汇回国内的务工收入在最高年份曾达到 30 亿美元，占塔 GDP 的 54%。[2] 出国务工不仅促进了塔吉克斯坦经济的发展，而且还减少了社会的不稳定因素，有学者认为，塔境内的不稳定因素被成年人的迁移所淡化。[3]

在塔俄两国关系中，曾经因为俄罗斯对乌兹别克斯坦的支持而产生过一些矛盾。俄总统梅德韦杰夫在一次出访乌时曾发表声明说，如果周边国家不同意的话，俄不会参加中亚地区水电站的建设。这一声明暗指，如果乌不同意的话，俄将不参与塔的水电站建设。对此，塔外交部发出照会，表达对俄总统的声明不理解，接着塔总统拉赫蒙取消了 2009 年初出访莫斯科的行程。然而，从此后

1　陈杰军、徐晓天：《2004 年的中亚形势》，《国际资料信息》2005 年第 2 期。
2　蒲开夫：《塔吉克斯坦共和国的人口发展与劳动就业》，《俄罗斯中亚东欧市场》2012 年第 8 期。
3　Richard Pomfret, "The Economic Future of Central Asia", *The Brown Journal of World Affairs*, Fall/Winter 2012, Vol. XIX, ISSUE 1, p. 62.

的情况来看，这一事件并未影响到双方关系发展的大方向。

实际上，在北约从阿富汗撤军以后，由于塔吉克斯坦国家实力较弱，拉赫蒙政府依然离不开与俄罗斯在安全领域的国际合作。2012年6月5日，塔政府与俄签署协议，把俄方租用201军事基地的协议延长至少30年。[1]

拉赫蒙曾在国情咨文中指出，塔吉克斯坦同180个国家建立了外交关系，在外交政策中，塔吉克斯坦一贯重视同独联体国家、战略伙伴国家——俄罗斯和中国，以及其他伙伴的关系。[2]

第三节 多元化安全保障的塔美关系

苏联解体当天，1991年12月25日，美国在第一时间承认了塔吉克斯坦的独立，1992年2月双方正式建立外交关系。从塔吉克斯坦的角度考虑，塔美关系的建立一方面可以实现塔安全防御的多元选择，减少对俄罗斯的依赖；另一方面塔与以美为首的西方经济大国搞好关系可以争取到经济援助。因此，美成为塔对外关系中的重点。从美国方面来看，苏联解体后独立出来的中亚地区是美实现全球霸权战略的重要组成部分，与中亚国家建立良好关系，可以拉近与中亚国家的距离，实现在中亚地区的战略利益。然而，在2001年"9·11"事件之前，塔美关系不是美外交的重点，塔成为美关注的对象是从反恐怖主义开始的。

"9·11"事件前夕，塔吉克斯坦开始进入美国外交的视野。2000年，美国务卿奥尔布赖特宣布了新的《中亚边界安全倡议》，为中亚国家提供300万美元的额外安全援助，这笔援助款最初只提

---

[1]《俄续租海外最大军事基地30年》，《南方日报》2012-10-07。
[2]《塔吉克斯坦总统拉赫蒙：重视发展同中国、俄罗斯关系》，光明网2021-12-22。

供给哈、乌、吉中亚三国，按此安全倡议，塔也被列入其中。2001年5月，美军中央司令部司令汤米·福兰克斯将军访塔，将塔定位为"战略上重要的国家"，并承诺为塔提供安全援助。

在美发动反恐战争（2001年10月7日）的当年，11月初，美国防部长拉姆斯菲尔德访塔，得到可以继续使用该国美军基地的保证。[1] 为了回报塔提供的帮助，2002年，美向塔提供了3980万美元无偿援助和大量的军事装备[2]，以及5000万美元贷款和食品援助[3]；此外，美军将在塔建立边防体系，并在培训塔吉克斯坦军官和更新通讯设备等方面提供专项援助。

在美反恐战争中，美国还利用北约组织与塔进行军事合作。苏联解体以后，为了吸收新独立国家的参与，北约建立了北大西洋合作委员会。"9·11"事件以后，北约将国际恐怖主义、大规模杀伤性武器及其运载工具的扩散定为首要威胁，反恐斗争成为北约一切工作的重心。在此时期，塔向北约开放了库利亚布、杜尚别、艾尼三个机场；其中艾尼机场由法国帮助维修，其余机场的设施和跑道维修费用由美负责。

2001年以后，塔美关系仍继续加强。2002年2月20日，塔正式加入了以美为主导的北约"和平伙伴关系计划"；2003年5月，塔美双方在塔首都杜尚别举行双边会谈，两国领导人讨论了军事援助和技术合作，拟定了美国军事院校免费为塔培训军官的计划，讨论了在塔建立真正意义上的塔吉克斯坦军队等问题。2002年以来，美向塔边防部队提供了价值170万美元的物资及技术援助，到2003

---

1 郑奇峰：《美国不准备从中亚军事基地走人》，《中国青年报》2005-07-29。

2 吴大辉：《美国对中亚的军事安全政策》，《俄罗斯中亚东欧研究》2008年第2期。

3 孙壮志：《独联体"颜色革命"的地缘政治解读》，邢广程等主编：《俄罗斯东欧中亚黄皮书——2005年：应对挑战》，第56—66页。

年底，美对塔的军事援助总额将达到400万美元。[1]2005年，美国防部长拉姆斯菲尔德在访塔期间表示，美将投入2800万美元，在塔和阿富汗之间修建一座新的大桥；同年，塔外长宣布塔愿意提供领空和领土用于支持美在阿富汗的联合行动。[2]

随着军事合作取得成效，美国开始在中亚传播西方价值观。在塔美两国的政治交往中，美希望在塔促进西方化民主。为此，在2002—2003财政年度中，美为塔提供了540万美元用于支持"民主"，以及健全法制等事业；在2003年财政年度，美给予塔"民主"事业的支持更大，对其用于"民主"和"人权"的经济援助增到750万美元。[3]美在塔促进"民主"进程的计划于2005年遭受了挫折。

2005年初，美国总统布什在他的就职演说中说："将'自由'扩展到整个世界"；3月，吉尔吉斯斯坦推翻现政权的"颜色革命"成功，以美国为首的西方国家对中亚国家进行"民主改造"的步伐加快，美认为只有所谓政治变革才是维持稳定的最有效手段[4]；5月，美参议院通过了一项议案，要求美总统、国务卿和国防部长等高官在与中亚国家政府要员的会晤中敦促后者高度尊重"人权"和"民主自由"；8月，全球总共有2914家非政府组织在中亚注册，在塔注册的有595家，其中大多数组织有美国背景，它们以参与政治为目的，受到美国国际发展局等机构的资助或直接领导。[5]美方企图借

1　祝政宏：《试论"9·11"后美国对中亚地区安全作用的多重性》，《新疆社会科学》2005年第6期。
2　徐晓天、陈杰军：《2005年的中亚形势》，《国际资料信息》2006年第2期。
3　祝政宏：《试论"9·11"后美国对中亚地区安全作用的多重性》，《新疆社会科学》2005年第6期。
4　徐晓天、陈杰军：《2005年的中亚形势》，《国际资料信息》2006年第2期。
5　闫文虎：《浅析俄罗斯和中亚非政府组织》，《俄罗斯研究》2007年第1期。

助被称为"美外交特洛伊木马"的非政府组织,对包括塔在内的中亚国家进行西方价值观的渗透。

在危及独立国家政权的形势下,中亚国家要求美在中亚撤军的呼声高涨。2005年7月5日,包括塔在内的上海合作组织成员国元首在阿斯塔纳举行会议,在中国和俄罗斯联手推动下,本次会议的联合宣言中明确提出,西方国家必须确定在中亚驻军的最后期限。从2005年下半年起,美军先后从乌、吉、塔三国撤离。

此后,美国调整了对中亚的外交政策,放缓了所谓民主改造的目标,通过访问和对话缓和了与中亚国家的关系。美对塔的援助侧重于人道主义和经济领域。美驻塔大使馆设置了负责民生事务的工作小组,通过该小组的工作,美大使馆与美国际开发署在塔农村援建了学校、医疗诊所、清洁饮用水系统等。

美对塔提供援助还包括经济援助。为了将中亚地区纳入西方市场经济体系,美对中亚国家的经济援助在中亚各国独立后不久已经开始。1992年1月,美与一些西方国家在华盛顿召开了援助独联体国家的国际协调会议;5月,美在葡萄牙首都里斯本再次召开了对独联体国家实施援助的国际会议;10月24日,美国会批准《支持自由法案》,开始在各个领域对中亚国家实施援助。据塔方公布的资料,塔吉克斯坦独立以来的近二十年间(1992—2011),美向塔提供了总计超过9.84亿美元的援助,主要用于经济、卫生和教育等社会领域。[1]

除经济援助外,美与中亚各国建立了正式的双边贸易关系和相互投资关系。1993年7月1日,塔美两国签署了《双边贸易协

---

[1] 陈柯旭、石婧:《中美欧援助塔吉克斯坦比较研究——关于援助资金、领域分配和效果评估》,《新疆师范大学学报》2014年第3期。

定》，开始了两国之间的直接贸易。2001 年双方贸易额达 6000 万美元。[1]2004 年 6 月 1 日，美与中亚五国签署了贸易和投资框架协议，美贸易代表罗伯特·佐利克与中亚五国大使出席签字仪式。根据协定，双方将成立美国-中亚贸易委员会。[2]协定的任务是：联合地区资源，建立统一的商品和服务市场，实现商品贸易自由化，推动与国际经济和金融体制的整合。[3]2011 年 2 月，塔总统战略研究中心专家尼亚特别科夫表示，美在支持中亚国家发展方面实施差别政策；美国与其他国家开展具体项目的经济合作，而对塔吉克斯坦和吉尔吉斯斯坦更多的是提供旨在发展公民社会的技术援助和开展边境安全合作，无意对经济领域进行投资。[4]

可见，美在塔境内获得军事存在以后，对塔实施了人道主义和经济援助，塔从美俄的战略争夺中获取了经济利益。应该指出的是，塔依托美的主要意图是保障国家安全，特别是塔阿边境安全。通过美反恐战争，中亚地区的三股势力受到遏制。与阿富汗毗邻的塔吉克斯坦多年以来一直受到"基地"组织的威胁，美对阿富汗的军事行动打击使"基地"组织等遭到重创，包括"乌伊运"在内的极端组织和非法武装也遭到震慑和打击，保证了塔阿边境的平静局势，这在很大程度上解除了塔吉克斯坦长期所面临的外部威胁。

1　陈新明：《美国因素及其影响》，《现代国际关系》2005 年第 2 期。
2　陈杰军等：《2004 年的中亚形势》，《国际资料信息》2005 年第 2 期。
3　〔俄〕С. И. 切尔尼亚夫斯基：《变革时代的中亚》，《国外社会科学》2007 年第 6 期。
4　廖成梅等：《吉尔吉斯斯坦与美国关系转冷的影响因素分析》，《安徽职业技术学院学报》2015 年第 4 期。

第四节　强调安全的塔欧关系

苏联解体以后，欧洲联盟（简称"欧盟"）国家很快承认了塔吉克斯坦的独立，为了扩大国际影响，欧盟积极发展与包括塔在内的中亚新兴国家的关系。欧盟组织是在欧洲共同体的基础上形成的。欧洲六国（法国、联邦德国、意大利、荷兰、比利时、卢森堡）1952年组建了欧洲煤钢共同体，1958年组建了欧洲经济共同体和欧洲原子能共同体；1965年4月8日，上述三个共同体融为一体，统称欧洲共同体（又称欧洲共同市场）；1991年12月，欧洲共同体成员国通过了《欧洲联盟条约》。《欧洲联盟条约》于1993年11月1日生效，欧盟正式成立。

塔吉克斯坦与欧盟的关系（以下简称"塔欧关系"）最初只是经济领域的合作，其本质主要是以欧盟经济援助为主的合作方式。在欧共体时期，苏联政府曾与欧共体签署了《1989年贸易和合作协定》；1991年苏联解体，欧共体依据《1989年贸易和合作协定》继续与中亚国家发展关系，并将合作协定改名为"对独联体国家的技术援助计划"（即塔西斯计划）。[1] 塔西斯计划的宗旨是保持独联体国家的社会稳定，促进它们按照西方标准进行改革。

独立初期，塔吉克斯坦加入了欧盟的"塔西斯计划"。在该计划框架下援助的中亚国家主要是哈乌两国，1991—2006年的十多年间，欧盟对塔提供的援助只有6925万欧元[2]；2007年，欧盟以发展合作工具取代了"塔西斯计划"，2007—2013年，欧盟在发展

---

[1] 塔西斯计划（TACIS，即 Technical Assistance for the CIS）的援助对象为苏联地区12个国家，包括中亚五国、外高加索三国，以及俄罗斯、白俄罗斯、乌克兰和摩尔多瓦。

[2] European Community Regional Strategy Paper for Assistance to Central Asia for the Period 2007-2013, http://eeas.europa.eu/central_asia/rsp/07_13_en.pdf.

合作框架下对塔的援助为 1.28 亿欧元，位居欧盟对中亚国家援助首位。[1]

与此同时，欧盟在中亚国家中还实施了人道主义援助计划、食品安全计划、缩减贫困战略文件、灾难预防计划。[2] 在中亚五国中，塔是以上计划帮助的重点。在塔吉两国实施的消除贫困、提高抗灾能力的援助项目有二十多个，其中此两项的投入超过了 700 万欧元。[3]2009 年，塔发生洪涝灾害，欧盟委员会驻塔代表处表示，欧委会决定向塔提供 30 万欧元无偿援助，以保障灾区医疗和供水设施。[4]1992—2011 年间，欧盟通过各种方式向塔政府提供的援助总额超过 5.64 亿欧元[5]，援助重点领域是经济转型和社会保障。2011 年 3 月 17 日，在欧塔合作委员会的首次会议上，欧盟代表表示：欧盟将在 2011—2013 年度地区战略框架内援助塔吉克斯坦 6200 万欧元，用于保健和社会保障领域的社会改革。[6]

除援助外，塔欧之间的贸易合作规模很小。2010 年 1 月 1 日，塔欧签署了《伙伴关系与合作协定》，塔欧贸易总额从 2010 年的 2 亿欧元，增至 2014 年的 3 亿欧元，其中进口增加 1.8%，出口增加 10.5%。[7] 塔总统拉赫蒙认为塔欧贸易还有发展空间，他说："虽然

---

[1] 陈柯旭、石婧：《中美欧援助塔吉克斯坦比较研究——关于援助资金、领域分配和效果评估》，《新疆师范大学学报》2014 年第 3 期。

[2] 赵会荣：《欧盟的中亚政策》，《俄罗斯中亚东欧研究》2008 年第 6 期。

[3] 贾文华：《欧盟对中亚发展援助述论》，《俄罗斯研究》2007 年第 4 期。

[4] 《欧盟向塔吉克斯坦提供 30 万欧元救灾援助》，中华人民共和国商务部 2009-06-26。

[5] 陈柯旭、石婧：《中美欧援助塔吉克斯坦比较研究——关于援助资金、领域分配和效果评估》，《新疆师范大学学报》2014 年第 3 期。

[6] 《欧盟将在近三年援助塔吉克斯坦 6200 万欧元》，中华人民共和国商务部 2011-03-18。

[7] 根据欧盟统计局网（Eurostat）数据库"2010—2014 年欧盟与中亚五国进出口额与增幅"计算。

现在欧盟是塔吉克斯坦五大贸易伙伴之一，但是，目前双方经贸合作水平还不符合彼此的实际潜力，今后双方应该继续扩大彼此间的经贸合作。"[1]

除经济援助外，塔欧关系还反映在政治层面上。塔欧之间的政治关系从独立初期开始。1994 年 7 月，欧盟制定了《走向亚洲新战略》，主张与亚洲国家进行广泛的对话，建立一种建设性、稳定和平等的伙伴关系。同年，欧盟委员会在哈阿拉木图设立了大使级代表处，此后又在塔首都杜尚别设立了代办级代表处。

1999 年，中亚地区的安全形势恶化，维护中亚地区的安全成为欧盟中亚政策的优先目标。"9·11"事件以后，欧盟支持并参加了美国的反恐联盟，美国和北约实现在塔、乌、吉中亚三国的驻军，欧盟成员国法国获得了在塔杜尚别空军基地驻军的权利。2001 年 12 月 10 日，欧盟部长理事会决定进一步强化欧盟与中亚国家的关系。2002 年 10 月 30 日，欧盟出台了第一份有关中亚的战略文件——《欧盟与中亚：2002—2006 年战略文件暨 2002—2004 年指导计划》，文件指出，欧盟在中亚战略目标是促进中亚国家的稳定与安全，支持中亚国家实现经济稳定发展以及削减贫困。[2] 截至 2007 年初，法国驻扎在杜尚别空军基地的部队达到了 370 人。[3]

2002 年以后，欧盟将与中亚国家共同应对非传统安全威胁，其中特别注意毒品走私问题。在欧盟的援助项目中，制定了专门针对中亚国家的打击毒品犯罪和边界管理的项目。两个项目于 2002

---

[1] 殷亮：《塔吉克斯坦希望与欧盟继续加强经贸和安全领域合作》，国际在线 2012-11-30。

[2] 赵会荣：《欧盟的中亚政策》，《俄罗斯中亚东欧研究》2008 年第 6 期。

[3] Jim Nichol, *Central Asia: Regional Developments and Implications for U.S. Interests*, Washington D.C. CRS Report Order Code RL33458, Library of Congress, Undated July 5, 2007, n. 19.

年启动,对于前者,欧盟的目标是支持中亚国家以制度建设为基础制定毒品控制战略,以保证毒品的消费和贩卖行为持续缩减;对于后者,欧盟专家工作组建议受援国政府新建统一的边界管理机构,于是,在塔成立了直接向总统负责的边界管理部长级委员会。

2007年4月下旬,欧盟通过了《2007—2013年欧盟援助中亚战略文件》和《2007—2010年中亚指导计划》,战略计划体现出欧盟要求中亚国家稳定的现实需求超过了对所谓民主人权的追求;同年6月22日,欧盟理事会审议并通过了由德国起草的《欧盟与中亚:新伙伴关系战略》。[1]

2011年3月,中亚边境安全会议在塔杜尚别举行,会上,塔国家边防总局副局长法伊祖洛耶夫表示,苏联时期遗留下来的边防设施和装备严重老化,这一问题亟待解决,希望欧盟协助加强塔阿边境地区的防务。与会的欧盟中亚事务特别代表摩尔说,加强中亚国家与阿富汗的边境安全极其重要,欧盟将与塔加强防务合作,进而巩固中亚地区的边境安全。[2] 截至2012年,欧盟在塔援助中有165个以上的项目投入了政治领域,主要涉及所谓民主政治制度改革、行政能力建设和能源利用,占欧盟2002—2006年中亚援助战略的60%。[3]

2012年11月29日,欧盟外交与安全政策高级代表阿什顿访塔,向塔总统拉赫蒙介绍了欧盟计划制定的《2014—2020年中亚新战略》方案。在新战略中,为了巩固塔阿边界防务和军力,有效打击恐怖主义、极端主义、毒品走私等跨国犯罪,欧盟在《2014—

---

1 赵青海:《欧盟的新战略评析》,《国际问题研究》2007年第5期。
2 赵宇:《塔吉克斯坦希望欧盟协助加强塔阿边境防务》,新华网2011-03-16。
3 陈柯旭、石婧:《中美欧援助塔吉克斯坦比较研究——关于援助资金、领域分配和效果评估》,《新疆师范大学学报》2014年第3期。

2020年指导计划》中将向塔资助 2.51 亿欧元[1]，该指导计划将成为双方发展双边、多边关系，强化伙伴关系的重要举措。塔总统拉赫蒙表示，塔对欧盟中亚新战略非常感兴趣，希望欧盟能够在新战略框架下建立新的合作机制，特别是安全对话机制。[2]

除政治和经济合作外，塔欧在人文领域也加强了合作。欧盟援助塔高等教育领域项目之"坦普斯计划"（Tempus）于1990年发起，塔于2004年加入计划。该计划的三个优先和工作重点是教学课程改革、大学管理改革以及促进高等教育与社会的联系。"坦普斯计划"为促进高等教育领域创新机制与强化高等教育与生产部门合作奠定了基础。塔欧高等教育领域合作的另一项目是欧盟的教育、培训、青年和体育计划（2014—2020）（伊拉斯谟计划），欧盟希望通过该计划推动国际合作及第三国高等教育事业的发展，促进跨文化交流与理解。

塔总统拉赫蒙表示，欧盟是其重要的合作伙伴之一，塔方非常重视发展与欧盟的长期稳定关系。

---

[1]《欧盟将资助塔吉克斯坦 2.51 亿欧元》，中华人民共和国商务部 2017-07-14。
[2] 殷亮：《塔吉克斯坦希望与欧盟继续加强经贸和安全领域合作》，国际在线 2012-11-30。

第十六章
国际组织与国际地位

独立以后，塔吉克斯坦积极加入国际或区域性组织，以获得国际社会的承认和扩大本国在国际上的影响。1992年以来，塔吉克斯坦加入的国际组织有联合国、欧安组织、独联体、上合组织、经济合作组织、欧亚经济共同体、伊斯兰会议组织等30多个国际和地区性组织。其中，塔吉克斯坦在联合国、欧安组织、独联体、上合组织中发挥了积极作用。

第一节 积极配合联合国、欧安组织的活动

1992年3月2日，联合国接纳塔吉克斯坦为正式成员国。塔吉克斯坦在加入联合国的当年10月，由总统率领的代表团参加了联合国大会第47届会议。此后，塔派代表团出席了历次联合国大会，自觉地履行了联合国的各项决议，主动承担了联合国的各项义务，配合联合国的工作和支持联合国的决议。

1990年2月，联合国通过的《全球行动纲领》呼吁各国采取更加积极的措施和行动加强国际禁毒合作，并宣布1991—2000年为"联合国禁毒十年"；塔吉克斯坦积极配合联合国打击毒品走私的活动；2003年，联合国制定的《联合国打击跨国有组织犯罪公约》生效，塔吉克斯坦加入了联合国反毒品的有关公约。

2008年，塔吉克斯坦在联合国的帮助下建立了一支"移动部署小组"，小组成员接受了联合国提供的举报处理、情报鉴别、搜查技巧、卧底行动等特殊训练，加强了塔阿（阿富汗）交界地区的毒品走私的防控、监察、阻击。自2008年起，该小组的行动已经取得了显著成绩，据联合国禁毒办报道，当年接受过专门培训的塔缉毒人员，在12月的一次行动中缴获了530公斤大麻和27.7公斤海洛因，在中亚国家中创造了新的历史纪录。[1]

1993年，乌总统卡里莫夫在联合国大会第48届会议上提出中亚无核区的设想，1997年3月，包括塔吉克斯坦在内的中亚五国首脑在哈阿拉木图城会晤，通过了建立中亚无核区的决议；这一决议于当年召开的第52届联合国大会上获得通过，联合国成立了五国专家组负责无核区条约的起草。1998年7月9—10日，塔吉克斯坦参加了由联合国国际原子能机构、五个合法拥核国家[2]、中亚国家代表在吉首都比什凯克召开的讨论中亚无核区条约草案的会议。2006年9月8日，塔与其他中亚四国在哈东部城市塞米巴拉金斯克正式签署《中亚无核武器区条约》，该条约于2009年3月21日正式生效。包括塔吉克斯坦在内的中亚国家在中亚无核区问题上的不懈努力，为地区和平与安全做出了重要贡献。联合国秘书长潘基文指出：该条约的生效将推动加强全球核不扩散机制，彰显无核武器区的战略和道义价值，并显示出在实现无核武器世界方面取得更大进展的可能性。[3]

2000年，在第55届联合国大会上，联合国接受了塔总统拉赫蒙的提议，宣布2003年为"国际淡水年"。是年，联合国在塔首都

---

[1] 《塔吉克斯坦缉毒部门查获500多公斤毒品》，国际在线 2008-12-03。
[2] 五个合法拥核国家为：美国、俄罗斯、法国、英国、中国。
[3] 《潘基文欢迎〈中亚无核武器区条约〉生效》，央视网 2009-03-21。

杜尚别召开国际水论坛，把扩大灌溉面积、冰川融化和咸海干涸变浅等问题列为本次会议的重要议题；2005年，联合国宣布《"生命之水"的国际行动十年（2005—2015）》的决议；2008年，联合国开发计划署准备在塔召开以"生命之水"为主题的研讨会，讨论跨界河流沿岸地区的合作问题，尤其是加强中亚国家边境地区和跨界河流沿岸地区进行合作的可能性。[1]

2009年12月，联合国在哥本哈根举行气候变化大会，塔总统拉赫蒙在会上建议国际社会成立保护冰川基金会。他指出：中亚国家面临着保护冰川的任务，塔境内的冰川面积超过了8000平方千米，约占中亚地区冰川总面积的60%，最近几十年，冰川面积的减少超过了三分之一。拉赫蒙指出：中亚国家利用的60%的水资源都来自于塔吉克斯坦，冰川融化速度的加快在短期内将增加河流流量，但最终将导致河流来水量的减少甚至干涸，直接影响到中亚居民的生活水平和国家的持续发展。[2]

塔吉克斯坦支持联合国的反恐行动。2006年9月，联合国大会通过了协调和加强世界各国反恐力量的《全球反恐战略》；2010年4月1日，联合国秘书长潘基文开始了对中亚五国的访问。在访问中，潘基文高度肯定了中亚各国在促进阿富汗稳定方面做出的贡献；同年9月7日，联合国宣布了一项帮助中亚五国加强反恐战略的新计划，主要目标是帮助中亚五国按照联合国《全球反恐战略》建立地区性的反恐战略。

独立初期，联合国有效地解决了塔吉克斯坦内战，帮助塔走上重建的道路。1994年11月30日，联合国秘书长在安理会上的报告

---

1 《联合国实施援助塔吉克斯坦的新计划》，塔吉克斯坦旅游商务网 2008-01-28。
2 《塔吉克斯坦总统呼吁保护中亚冰川》，国际在线 2009-12-21。

中提到设立联合国驻塔吉克斯坦观察团,敦促内战双方严格遵守它们承担的义务,监督双方不采取任何可能加剧目前局势或妨碍民族和解进程的行为。

民族和解达成以后,联合国开始关注塔的重建工作。2005年,联合国开发计划署开始实施期限为五年(2005—2009)的援助塔吉克斯坦的新战略计划,计划目标如下:一是调整政府职能。联合国开发计划署认为调整政府职能主要是促进权力的分散,建立起有效的管理机制,以及改革安全部门和议会的工作机制。二是发展经济、消除贫困。计划扶持塔有潜力的企业,发展地区金融服务市场,提供小额贷款服务,改善小企业的经营环境和改善安全用水条件。三是帮助塔加强预防自然灾害的能力,联合国开发计划署提出了关于提前预防自然灾害并减少风险的方案。为此,塔政府出台了一系列文件,配合在这方面的计划。

2004年4月,在联合国亚洲及太平洋经济社会委员会第60届会议上通过了《上海宣言》,宣言中的一个项目是《中亚经济体特别方案》;2005年4月,在哈阿拉木图召开的有关会议上,制定了《2005—2006年中亚经济体特别方案》。2007年3月,在杜尚别召开了运输和边境口岸工作组第12次会议,审议了中亚特别方案区域道路路边设施指南的编写工作进展情况以及4个中亚特别方案运输数据库的建设情况。与会者认为,目前中亚地区的公路、航空和铁路运输网络的情况已经不能满足地区经济贸易合作的发展要求,复杂而费时的通关手续、高额的关税不利于地区贸易发展,需要制定统一的通关标准和规章。

2009年12月17日,联合国开发计划署驻塔代表处在首都杜尚别宣布,联合国和塔吉克斯坦经济发展部签署了一项框架行动计划,按此计划,塔在2010—2015年间将获得联合国提供的总计近4.5亿美元的扶贫援助[1]，用以提高管理效率，减少国内贫困人口，确保粮食、食品安全和饮用水的清洁，维护生态环境的稳定，保障电力供应及基本服务等。在联合国的援助中，联合国世界粮食计划署做出了贡献，俄罗斯将通过世界粮食计划署向塔吉克斯坦无偿提供一批价值550万美元的粮食。[2]

独立初期，塔吉克斯坦加入了欧安会。20世纪70年代初，为了处理欧洲安全事务和欧洲国家在经济、科学、技术和环境方面的合作，欧洲25国于1972年在芬兰首都赫尔辛基召开大使级会议，会议草拟了《赫尔辛基最后建议蓝皮书》；经过几年酝酿，1975年8月，以上国家签署了《赫尔辛基最后文件》，该文件的签署标志着欧安会正式成立；1995年1月1日，欧安会更名为"欧洲安全与合作组织"（简称"欧安组织"）。

1991年，苏联解体，塔吉克斯坦独立。1992年1月30日，欧安会部长理事会在捷克共和国的首都布拉格举行，会上决定吸收包括塔在内的中亚五国为欧安会正式成员国。欧安组织领导人和代表多次访问包括塔在内的中亚国家。

1993年，欧安会办公室主席和秘书长访问了中亚五国。1996年12月，塔等中亚国家领导人出席欧安组织里斯本高层会晤，里斯本会议声明，欧安组织重视中亚地区，其工作主要是保持这一地区的稳定性和阻止这一地区冲突发生。欧安组织轮值主席国波兰外长盖莱梅克在访问塔期间（1998年4月14—20日），强调中亚国家是欧安组织的重要组成部分；1999年6月，欧安组织前总秘书长维姆·汉克访问中亚五国。

---

[1]《联合国将向塔吉克斯坦提供总额约4.5亿美元扶贫援助》，新华网2009-12-18。
[2]《俄罗斯将向塔吉克斯坦提供粮食援助》，人民网2010-01-08。

为了促进欧安组织标准的实施，欧安会于1993年12月1日在罗马召开部长会议，此次会议决定在塔建立欧安组织的杜尚别中心，中心于1994年2月19日开始工作。1995年7月6日和1997年6月5日，欧安组织常设理事会先后在库尔干秋别、沙尔图兹、苦盏等地建分支办公室。此后，塔吉克斯坦与欧安组织的联系和行动由以上办公室负责。除了在中亚其他国家进行的所谓推进民主进程和保护人权等活动外，中心在塔的主要活动都是围绕当地的宗教情况展开的。

杜尚别中心在塔吉克斯坦促进所谓民主化的主要活动是举办辩论会和创办学校。中心认为，民主化主要的障碍是缺席的辩论，中心希望这些学生将学校里学到的知识和技能用于实践，成为塔民主化的驱动力。为此，中心举办了多次教育夏令营，据参加者说："辩论将帮助我们得到知识和技能，这是在成为民主的社会全球性家庭的不可缺少的一部分。"中心在苦盏大学开办辩论俱乐部，向学生介绍诸如民主、政党和国家结构，增强青年人参政信念，鼓励学生参与有关国家发展的政治运动。

中心的另一工作是促进司法改革。2006年8月11日，在杜尚别举办"瓦萨"项目。"瓦萨"项目与塔政治学家组成的全国协会和美国律师协会合作，安排塔政府和司法当局代表与非政府组织和国际组织代表见面，讨论司法改革的方式以及如何提高司法透明度和司法民主化等问题，包括塔司法系统如何进一步符合国际人权标准。

中心还就民间社团的发展做了一些工作，如邀请塔州政府的大约70名代表与政党和非政府组织、国际组织和学术机构在杜尚别讨论民间社团问题并提出一些建议，以确保在公众组织和国家机构之间展开更加广泛的合作。中心在提高妇女地位方面做了一些工作。苦盏办公室开展了有关改变歧视妇女的研讨会。中心领导者汉克·胡尔肖夫在研讨会上说："塔吉克斯坦的社会中有侵害妇女权利的现象，在某种程度上对妇女产生影响，而使她们不能意识到她们与男人一样享有平等的权利。"欧安组织在塔鼓励妇女参与政治，2012年，塔内务部历史上第一次任命一名女性为内务部顾问，这名女性是"欧安组织-内务部"工作组性别问题监督的一名成员。[1]

在经济方面，杜尚别中心与当地官员一起举办经济夏令营，如2006年8月在杜尚别举办"青年人发展企业精神和企业的领导技能"夏令营。经济夏令营旨在启发参加者了解商业的基本原则和经济规则，提高他们的公民责任意识，培养自由企业的精神。

第二节 积极参与独联体的活动

独立国家联合体（简称"独联体"）是塔吉克斯坦参与创建的区域性组织。独联体由原苏联12个加盟共和国组成，现有10个成员国。中亚五国独立前夕已经在谋求建立地区组织以应对国际形势的变化。1991年12月8日，俄罗斯、乌克兰和白俄罗斯三国总统在白俄罗斯首都明斯克签署了成立独立国家联合体的协议；12月13日，在土库曼斯坦首都阿什哈巴德召开的中亚五国领导人会议上，五国领导者就以创始国身份加入独联体达成共识；12月21日，包括塔吉克斯坦在内的原苏联11个加盟共和国元首在哈首都阿拉木图签署了《阿拉木图宣言》，独联体正式成立。

在独联体中起核心作用的是俄罗斯。俄罗斯在独联体成立之后不久即提出了以集体安全条约为基础的军事一体化设想，即在独联

---

[1] 杨恕、蒋海蛟：《欧安组织在中亚的活动及评价》，《新疆师范大学学报》2015年第2期。

体内建立一个拥有统一军事力量的防御联盟，其主要内容是：任何一个缔约国一旦面临侵略，其他几国要根据联合国宪章第 51 条的规定行使集体防御的权利，向受侵略国提供包括军事援助在内的必要援助，并用各种手段援助受难国。[1] 1992 年 5 月 15 日，塔吉克斯坦在乌首都塔什干召开的独联体元首峰会上签署了独联体集体安全条约，开始了参与独联体国家军事一体化的进程。

在独联体国家之间的军事合作中，塔吉克斯坦积极参与了集体安全条约组织框架下举行的军事会议和军事演习。塔有关领导人出席的会议有：1992 年 8 月 14 日在白俄罗斯首都明斯克召开的独联体七国首脑会议，签署了建立维持和平部队的议定书；同年 10 月 7 日在吉比什凯克召开的独联体国家国防部长会议，签署了"军事安全构想"协定；1993 年 8 月 24 日在莫斯科召开的独联体国防部长理事会会议，会上决定在塔组建联合防御部队；1994 年 2 月 24—25 日在莫斯科召开的独联体国防部长理事会会议，会上签署了关于稳定塔阿（阿富汗）边界局势措施的决议草案；同年 3 月 16 日在莫斯科召开的独联体外长理事会和集体安全条约组织成员国国防部长理事会联席会议，会上讨论了塔阿边界局势和提高在塔的独联体维和部队的效力问题；同年 7 月 18 日在莫斯科举行的独联体国家国防部长理事会会议，会上通过了《独联体国家集体安全构想》，构想认为，俄罗斯可动用战略核力量以制止可能对集体安全条约组织成员国发动的侵略；1995 年 2 月 10 日在哈阿拉木图召开的独联体国家首脑会议，会议通过了集体安全构想，签署了建立独联体国家防空联合体系的协定，塔对俄关于共同保卫外部边界的构想表示赞同；同年 4 月 19 日在莫斯科召开的独联体国防部长理事会，会

1　潘德礼主编：《俄罗斯》，第 540 页。

议讨论了塔局势，并通过了将独联体维和部队驻塔的时间延长至本年12月31日的决定；同年5月26日在明斯克召开的独联体国家元首理事会和政府首脑理事会，会议讨论了解决塔阿边界局势的一揽子计划，会议还决定在塔派驻一名独联体特使以解决塔内部冲突的问题；同年11月2日在莫斯科召开的独联体国家国防部长理事会，讨论了恢复独联体对空防御系统的文件草案，文件提出帮助塔等国家建立对空防御系统；1996年1月19日在莫斯科举行的独联体国家首脑会议，会议在1992年签署的集体安全条约基础上，就独联体国家边界合作以及防止和解决独联体境内武装冲突等签署了协议，并决定将塔内由俄方统帅的2.5万独联体多国部队的维和行动延长6个月；同年5月14日在亚美尼亚首都埃里温举行的独联体国家边防军司令会议，会议讨论了保护独联体外部边界的原则宣言草案；同年10月17日在莫斯科举行的独联体成员国外交部长理事会会议，通过了《关于确立和维持外部边界秩序原则的声明》，通过了延长《关于稳定塔阿边界局势的措施》有效期的决定；1999年4月2日在莫斯科举行的独联体国家元首理事会上，塔政府续签了独联体集体安全条约。

1999年下半年以后，国际恐怖主义、宗教极端势力和民族分裂主义三股势力波及独联体的许多国家，中亚国家政权面临着三股势力的威胁，因此集体安全条约组织成员国的主要任务是抵抗三股势力，并通过集体安全条约共同战略条例，决定建立共同的集团军，此后，在集体安全条约框架下组织了多次军事演习，塔吉克斯坦参与了这些军演。

塔吉克斯坦参加的军演有：1999年10月26日—11月2日在比什凯克举行的军事协调指挥作战演习；同年10月27—28日在代号为"首长司令部"的独联体防空部队联合军事演习；同年10月

29日—11月2日在乌兹别克斯坦举行的代号为"99独联体南部盾牌"的联合指挥作战军事演习;承办了2000年3月28日—4月3日代号为"独联体南部盾牌2000"的首长司令部演习;2000年8月下旬在俄阿斯特拉罕地区举行的"战斗协作2000"大规模防空作战演习;2001年4月2—7日,代号"独联体南部盾牌2001"的联合军演。

塔吉克斯坦参与了独联体国家的政治合作。1992年3月27日独联体七国议会首脑在阿拉木图签署了《成立独联体国家跨国议会大会的协定》,塔在协定上签字,议会大会由成员国派出的议会代表组成;1993年9月15—16日,塔出席了在吉比什凯克举行的独联体跨国议会第一次会议,大会决定建立独联体各国议会的合作机制,还决定成立法制、经济、财政、环境保护等专门委员会;1994年6月8日,塔出席了在圣彼得堡举行的独联体跨国议会大会理事会,讨论了独联体成员国之间社会和经济合作问题。

1993年1月22日,塔吉克斯坦出席了在明斯克举行的独联体十国元首和政府首脑会晤,就一系列政治、军事和经济问题进行讨论,与其他六国一起签署了《独联体章程》;8月7日,塔出席了在莫斯科举行的关于解决塔阿边界地区冲突问题的会议,签署了《边界不可侵犯宣言》;9月8日,塔出席了在明斯克举行的独联体国家外长会议,塔签署了一项关于独联体国家与中国边界相互削减武装力量、在军事方面加强信任并与中国进行联合谈判的协议。

1999年下半年,塔吉克斯坦参加了独联体国家关于打击恐怖主义的合作。1999年9月30日—10月1日,塔出席了在基辅举行的独联体国家内务部长理事会会议,会议的目的是协调各国同有组织犯罪斗争的行动,交流这方面的经验和有关情报,建立一个临时机构以组织和协调在独联体范围内打击恐怖主义活动的斗争。2000

年1月25日，塔出席了独联体元首会议，会议通过了《独联体国家联合反对国际恐怖活动纲领》和《独联体反恐怖中心章程》，会议还决定成立国防部长俱乐部。会上，塔总统拉赫蒙倡议选举俄罗斯代总统普京为独联体国家元首理事会主席，得到与会者的支持。[1] 此后，塔先后出席了1999年10月8日在乌克兰雅尔塔举行的独联体国家外长理事会会议，11月5日在吉比什凯克举行的独联体国家安全会议，12月21日在莫斯科举行的独联体国家国防部长理事会会议。还出席了2000年1月25日在莫斯科举行的独联体国家首脑会议，4月21日在乌塔什干召开的会议，5月24日在白俄罗斯明斯克举行的独联体集体安全理事会会议；在5月24日的独联体集体安全理事会会议上成立了以俄罗斯为首的"联合反恐怖中心"，签署有打击恐怖主义和宗教极端主义，打击跨地区有组织犯罪等威胁地区安全的诸多条约。

塔吉克斯坦参与了独联体国家的经济合作。独联体在成立之初就开始构建独联体国家的经济一体化。1993年1月4日，塔在乌首都塔什干与其他中亚四国首脑会晤，讨论中亚五国在政治和经济方面进行合作以及建立统一的中亚市场等问题；1993年5月14—15日，塔出席了在莫斯科举行的独联体国家首脑会议，并在建立独联体经济联盟的宣言上签字，决心走深入一体化和建立共同市场的道路。此宣言的发布标志着独联体经济一体化的开始。

由于独联体国家对经济一体化存在着不同认识，它制定的许多协议得不到有效的执行。在此形势下，在独联体国家中形成了中亚经济共同体、俄白关税同盟、古阿姆集团和四国统一经济空间等区域性经济组织。哈萨克斯坦和吉尔吉斯斯坦随后加入俄白关税同

---

[1] 刘启芸编著：《塔吉克斯坦》，第193页。

盟,塔吉克斯坦于 1998 年 4 月 28 日加入该联盟,以后,俄、白、哈、吉、塔五国被称为关税同盟五国。截至 1999 年 10 月,关税同盟五国已有 60% 的关税税率实现统一,涉及 1.1 万种商品。[1]

2000 年 10 月 10 日,关税同盟五国首脑在哈阿斯塔纳开会,决定将其改组建成"欧亚经济共同体",在共同体内实行统一的关税税率、统一的非关税调节措施,还准备制定针对第三国的五国统一贸易制度,建立统一关税区。2001 年 5 月 31 日,欧亚经济共同体跨国委员会第一次会议在白俄罗斯首都明斯克举行,会议宣布欧亚经济共同体正式成立。[2]

欧亚经济共同体的最高领导机构是由五国元首和政府总理组成的跨国委员会,其常设机构是由成员国副总理组成的一体化委员会,其下设立了海关分委会,负责海关领域规范,制定关税税率的原则,取消非关税壁垒,简化、协调和统一成员国的海关业务,以及协调与非成员国的关系等。据不完全统计,截至 2002 年底,俄罗斯与塔吉克斯坦统一了 60% 的进口关税税率。[3]2007 年 10 月 6 日,在塔首都杜尚别召开的峰会上,俄、白、哈三国领导人成立了关税同盟委员会,签署了统一关税的协议。

在独联体框架内建立的协调机制对成员国之间的政治、经济、安全方面的传统联系起到了纽带作用,对中亚五个加盟共和国向独立国家的平稳过渡、经济恢复和发展发挥了重要作用。然而,随着独联体各国政治、经济独立性的加强,成员国之间相互依存的关系在逐渐减弱。随着土库曼斯坦和格鲁吉亚先后退出独联体,2006 年

---

[1] 潘德礼主编:《俄罗斯》,第 542 页。

[2] 《欧亚经济共同体在地区合作中的作用和发展前景》,中华人民共和国商务部 2008-05-19。

[3] 张宁:《中亚一体化合作机制及其对上海合作组织的影响》,《俄罗斯中亚东欧研究》2006 年第 6 期。

以来，独联体内部出现危机。尽管如此，在面对恐怖主义等安全威胁的时候，塔吉克斯坦仍然离不开由俄主导的独联体国家的支持，因此，塔吉克斯坦将继续参与独联体的活动，并在其中发挥一定的作用。

塔吉克斯坦在独联体中发挥了积极作用。塔政府承办了1996年4月16—18日召开的独联体国家内务部长理事会首次会议，会议签署了一份关于在2000年之前独联体国家联合打击有组织犯罪、恐怖活动以及毒品和武器走私活动的议定书；承办了1996年10月29日独联体国家国防部长理事会会议，会议主张延长在塔的独联体维和部队的期限，并要求有关部门研究加强集体维和行动的问题；承办了1999年独联体国家边防军司令理事会第33次会议，会议就独联体各国边防军协调行动和建立统一信息空间等问题达成协议；承办了2000年4月7—9日独联体集体安全条约组织成员国安全委员会秘书工作会议，会议讨论了如何加强打击国际恐怖主义，并审议了独联体各国安全委员会加强协作的具体措施，与会者一致认为：制定独联体国家反国际恐怖主义和极端主义纲领以及建立联合反恐怖主义中心的条例具有重要意义，必须进一步协调独联体国家在这一领域的行动。[1] 以上会议的召开协调了成员国打击恐怖主义的行动，对国际反恐怖主义做出了应有的贡献。

第三节　积极支持上合组织的活动

苏联解体以后，国际和地区形势发生了很大变化，为了解决苏联解体遗留下的边境问题，1996年4月26日，塔、哈、吉与中俄

---

[1] 《独联体集体安全条约组织成员国安全委员会秘书会议在哈举行》，中国新闻网2018-05-25。

两国（下文称"上海五国"）首脑在中国上海签署了《关于在边境地区加强军事领域信任的协定》；1997年4月24日，上海五国首脑在莫斯科签署了《关于在边境地区相互裁减军事力量的协定》，协定对双方边界军事力量的规模、武器配置、活动方式、相关信息等方面做了具体规定。[1] 此后，上海五国首脑年度会晤的形式被固定下来。2000年7月5日，上海五国首脑在塔首都杜尚别举行第五次会晤，会上就五国首脑会晤机制发展成多层次、多方面的合作机制进行了磋商[2]，会上还决定建立协调行动的"反恐怖中心"，会后发表了《杜尚别声明》。

2001年6月15日，塔与哈、吉、乌中亚三国以及中俄两国总统在上海会晤，发表了《上海合作组织成立宣言》，上海合作组织（简称"上合组织"）正式成立。2002年6月7日，在俄圣彼得堡举行的上合组织第二次峰会上，六国元首签署了《上海合作组织宪章》；宪章规定了上合组织的原则：相互尊重国家主权、独立、领土完整及国家边界不可破坏，互不侵犯，互不干涉内政，在国际关系中不使用武力或以武力相威胁，不谋求在毗邻地区的单方面军事优势；所有成员国一律平等，在相互理解及尊重每一个成员国意见的基础上寻求共识；在利益一致的领域逐步采取联合行动；和平解决成员国间分歧；等等。以上原则被称为"上海精神"。

1999年下半年，中亚国家政权面临着国际恐怖主义、宗教极端势力和民族分裂主义三股势力的威胁，塔吉克斯坦积极参与到上合组织成员国之间的反恐怖主义行动中。2001年，在上合组织成立会议上，塔总统在《打击恐怖主义、分裂主义和极端主义上海公

---

[1] 邢广程：《中国与中亚国家的关系》，第22页。
[2] 赵华胜：《上海五国机制的形成及特点》，《国际观察》2001年第2期。

约》上签字。该公约不仅为联合打击"三股势力"奠定了法律基础，并提出了成员国合作的方向和形式。2002年6月，在上合组织第二次峰会上，塔总统在《上海合作组织成员国关于地区反恐怖机构的协定》上签字，决定在安全、司法和执法领域启动包括国防部长、总检察长、安全会议秘书、最高法院院长等会晤机制。在2003年5月29日召开的上合组织成员国第三次峰会上，塔总统在《上海合作组织成员国元首宣言》上签字，宣言决定在上合组织建设两个常设机构，即上海合作组织秘书处和地区反恐怖机构；其中地区反恐怖机构建在乌首都塔什干，其下设理事会和执行委员会，理事会是地区反恐怖机构的协商决策机关，由成员国反恐主管部门负责人或代表组成，执行委员会是常设执行机关。[1]

在上合组织框架内，包括塔吉克斯坦在内的国家制定了合作反恐的文件，包括年度合作纲要、联合反恐的程序协定、切断恐怖主义渗透渠道的协定等。[2] 这些文件有效地协调了成员国之间打击恐怖主义的行为。

除了制定文件外，为了协调打击恐怖主义的行动，上合组织成员国举行了联合反恐演习。塔吉克斯坦派武装力量参与了2003年8月6—12日在哈乌恰拉尔市机场举行的代号为"联合2003"的军事演习。[3] 参加军演的部队对彼此的指挥体系、指挥方式、指挥手段有了初步了解，探索了多国协同联合反恐、维护地区安全稳定的途径和手段。2008年9月，塔参加了在俄举行的代号为"伏尔加格勒反恐2008"的反恐演习；2009年4月，塔承办了代号为"诺拉克

---

[1] 根据《历届上合组织峰会回顾》（国际在线 2006-06-09）整理。

[2] 孙壮志：《上海合作组织反恐安全合作：进程与前景》，《当代世界》2008年第11期。

[3] 《上海合作组织各领域的合作》，《大陆桥视野》2005年第4期。

反恐 2009"的反恐演习；2011 年 5 月，塔派武装力量参加了在中国新疆喀什举行的"天山-2 号（2011）"联合反恐演习，这次演习提高了各方反恐怖技战术水平和成员国之间执法安全合作的水平，有效震慑了本地区的"三股势力"。

上合组织成立之初，成员国之间就开展了经济合作。2001 年，上合组织在《上海合作组织成立宣言》中提出，利用各成员国之间的资源潜力开展区域经济合作，启动贸易投资便利化进程；2002 年，上合组织六国先后建立起经贸部长和交通部长会议机制，2002 年 5 月 28—29 日，上合组织成员国经贸部长在上海举行首次会晤，部长们签署了《上海合作组织成员国政府间关于区域经济合作的基本目标和方向及启动贸易和投资便利化进程的备忘录》的议定书[1]，议定书规定了区域经贸合作的目标、重点领域和实施机制。在 2003 年峰会上，六国首脑指出，与现代威胁斗争的胜利，在很大程度上取决于贫困、大规模失业、文盲、种族歧视、民族歧视和宗教歧视这些社会经济问题的解决。[2] 时任中国国家主席胡锦涛指出：经济合作是上海合作组织的重要基础和优先方向，要以明确坚定的政治意愿、切实可行的政策思路和锲而不舍的实干精神推动这项工作。[3] 2003 年 9 月 23 日，塔总理出席了在北京举行的政府首脑（总理）理事会第二次会议，通过了《上海合作组织成员国多边经贸合作纲要》，规定了区域经贸合作的目标、重点领域和步骤以及实施机制[4]，提出争取至 2020 年实现商品、服务、资金和技术自由流动

---

[1] 凌胜利：《地缘关系变动与上海合作组织的发展》，《战略决策研究》2015 年第 2 期。

[2] 邱乐安：《新疆反恐研究》，《上海公安高等专科学校学报》2004 年第 2 期。

[3] 许涛：《第三次上海合作组织元首会议的成果》，《国际资料信息》2003 年第 6 期。

[4] 《上海合作组织成员国政府首脑（总理）理事会会议联合公报》。

的目标;《纲要》等文件的出台标志着上合组织区域经济合作步入了机制化轨道。2004年9月23日,在上合组织成员国总理第三次会议上通过了《关于〈上海合作组织成员国多边经贸合作纲要〉落实措施计划》等9个决议,计划涵盖了贸易和投资、海关、质检、交通、能源、信息等11个领域、127个项目,重点突出了能源、交通、通信和农业等领域的合作。[1]2005年11月16日,上合组织在莫斯科会议上正式成立了上合组织银行联合体(简称"银联体"),银联体取代了过去的财政和捐赠等融资方式,为该成员国经济合作项目提供资金支持。[2]

此后,上合组织成员国之间彼此经济依存度极大提高,成员国之间贸易额逐年上升。据统计,2001年,上合组织成员国外贸总额占世界贸易总额的8%,这一比例在2011年增加到13%[3],2015年上合组织成员国贸易总额超6万亿美元,占世界贸易总额的18.3%[4]。

在投资方面,截至2010年5月底,中国国家开发银行在上合组织成员国的贷款余额为314.42亿美元[5];俄罗斯向上合组织某些成员国(即欧亚经济共同体成员国哈、吉、塔)提供了75亿美元的危机应对资金;中国国家开发银行在银联体机制内提供和承诺的资金,以及俄罗斯对吉等国的承诺,总额高达600亿美元。[6]

除了政治和经济方面的合作外,文化合作也在上合组织成员国

---

[1]《上海合作组织各领域的合作》,《大陆桥视野》2005年第4期。

[2] 张宁:《中亚一体化合作机制及其对上海合作组织的影响》,《俄罗斯中亚东欧研究》2006年第6期。

[3]《上海合作组织11年发展回眸》,新华网2012-06-05。

[4]《哈萨克斯坦专家:上合组织15年发展成就巨大前景广阔》,国际在线2016-11-02。

[5]《国开行在上合组织成员国的贷款余额为314.42亿美元》,财经网2010-06-04。

[6] 李新:《上合组织经济合作十年成就、挑战与前景》,《现代国际关系》2011年第9期。

之间展开。上合组织文化部长第一次会议于 2002 年 4 月 12 日在北京召开，会议通过了联合声明，以法律的形式保障成员国之间的文化合作。联合声明规定，成员国之间举办音乐节和互办文化节，组织文艺团体巡回演出，在文物保护、博物馆和图书馆、电影、电视、广播、出版和体育运动等方面进行合作。[1]

2005 年在上合组织内成立的上海合作组织 - 阿富汗联系小组对在塔吉克斯坦消除与阿富汗边界地区的安全隐患产生了积极作用，在这一地区建立良好的地区安全秩序。[2] 在成员国的共同努力下，塔吉克斯坦经受住了各种安全威胁与挑战，维护了地区的安全和稳定。

在上合组织成员国之间的经济合作中，水资源利用是重点讨论的问题。在 2002 年的第二次峰会上，塔总统在《上海合作组织宪章》上签字，宪章将利用地区水资源作为成员国之间合作的方向。此次会议指出：在上合组织框架下解决中亚地区水资源利用具有资金和技术方面的优势，上合组织成员国可以汇集以俄罗斯为主要来源的各国资金，为水资源问题的解决提供经济帮助；俄罗斯和中国有研究水利专家、水资源管理专家可以帮助中亚水资源的有效利用。

---

[1] 〔塔吉克〕P. 阿利莫夫：《塔吉克斯坦与中国的文化合作——起因、现状和前景》，《俄罗斯中亚东欧研究》2008 年第 4 期。

[2] 王桂芳：《上海合作组织与地区安全》，《俄罗斯中亚东欧研究》2008 年第 4 期。

参考书目

中文书目

甘肃师范大学历史系编:《帕米尔资料汇编》,甘肃师范大学历史系,1978年。
王治来:《中亚史纲》,湖南教育出版社,1986年。
魏良弢:《西辽史研究》,宁夏人民出版社,1987年。
曾问吾:《中国经营西域史》,《民国丛书》第1编,上海书店出版社,1989年。
黄宏、纪玉祥主编:《原苏联七年"改革"纪实》,红旗出版社,1992年。
王沛主编:《中亚五国概况》,新疆人民出版社,1997年。
蔡鸿生:《唐代九姓胡与突厥文化》,中华书局,1998年。
赵常庆主编:《中亚五国概论》,经济日报出版社,1999年。
许序雅:《中亚萨曼王朝史研究》,贵州教育出版社,2000年。
李景阳:《基本经济制度转变中的社会冲突——对俄罗斯的实证分析》,东方出版社,2002年。
王欣:《吐火罗史研究》,中国社会科学出版社,2002年。
许新主编:《转型经济的产权改革》,社会科学文献出版社,2003年。
赵常庆主编:《十年巨变——中亚和外高加索卷》,东方出版社,2003年。
马大正、冯锡时主编:《中亚五国史纲》,新疆人民出版社,2005年。
冯绍雷、相蓝欣主编:《俄罗斯经济转型》,上海人民出版社,2005年。
潘德礼主编:《俄罗斯》,社会科学文献出版社,2005年。
刘启芸编著:《塔吉克斯坦》,社会科学文献出版社,2006年。
董全瑞:《收入分配差距因素论》,中国社会科学出版社,2008年。
邢广程主编:《俄罗斯东欧中亚国家发展报告(2009)》,社会科学文献出版社,2009年。
杨进:《贫困与国家转型:基于中亚五国的实证研究》,社会科学文献出版社,2012年。
李淑云:《中亚转型研究》,经济科学出版社,2013年。
阿里木江·阿不来提:《中亚社会保障问题研究》,企业管理出版社,2013年。

译著

苏联科学院经济研究所编:《苏联社会主义经济史》第1卷,复旦大学经济系和外文系俄语教研组部分教员译,生活·读书·新知三联书店,1979年。

苏联科学院经济研究所编:《苏联社会主义经济史》第4卷,马文奇等译,生活·读书·新知三联书店,1982年。

〔苏联〕帕·彼·伊凡诺夫:《中亚史纲》,《中亚史丛刊》1983年第1期。

苏联科学院经济研究所编:《苏联社会主义经济史》第5卷,周邦新等译,生活·读书·新知三联书店,1984年。

〔苏联〕Б. Г. 加富罗夫:《中亚塔吉克史》,肖之兴译,中国社会科学出版社,1985年。

〔苏联〕И. К. 加姆布尔格等:《伏龙芝传》,刘俊山等译,中国对外翻译出版公司,1985年。

苏联科学院历史研究所编:《苏联民族-国家建设史》(上),徐桂芬等译,商务印书馆,1997年。

〔美〕塞缪尔·亨廷顿:《文明的冲突与世界秩序的重建》,新华出版社,1999年。

〔英〕约翰·马歇尔:《塔克西拉》第1卷,秦立彦译,云南人民出版社,2002年。

〔巴基斯坦〕A. H. 丹尼、〔俄〕V. M. 马松主编:《中亚文明史》第1卷,芮传明译,中国对外翻译出版公司,2002年。

〔伊朗〕志费尼:《世界征服者史》(上),J. A. 波依勒英译,何高济汉译,商务印书馆,2004年。

〔美〕W. M. 麦高文:《中亚古国史》,章巽译,中华书局,2004年。

〔法〕沙畹:《西突厥史料》,冯承钧译,中华书局,2004年。

〔美〕马丁·N. 麦格:《族群社会学》,祖力亚提·司马义译,华夏出版社,2007年。

中国现代国际关系研究院民族与宗教研究中心编著:《周边地区民族宗教问

题透视》，时事出版社，2008年。

〔美〕约翰·L.埃斯波西托、〔美〕达丽亚·莫洛海德：《谁为伊斯兰讲话：十几亿穆斯林的真实想法》，晏琼英等译，中国社会科学出版社，2010年。

外文书目

T. E. Gordon, *The Roof of the World: Being the Narrative of a Journey over the High Plateau of Tibet to the Russian Frontier and the Oxus River Sources on Pamir*, Edmonston & Douglas, 1876.

Geoffrey Wheeler, *The Peoples of Soviet Central Asia*, The Bodley Head, 1966.

V. Minorsky, translated and explained, *Ḥudūd al-'Ālam*, E. J. W. Gibb Memorial Trust, 1970.

V. V. Barthold, *Turkestan Down to the Mongol Invasion*, Porcupine Press, 1928, rpt. 1977.

Frances Henry Skrine and Edward Denison Ross, *The Heart of Asia – A History of Russian Turkestan and the Central Asian Khanates from the Earliest Times,* Adamant Media Corporation, 1981.

Edward Allworth, ed., *Central Asia: 130 Years of Russian Dominance, A Historical Overview*, third edition, Duke University Press, 1994.

John R. Perry, "From Persian to Tajik to Persian: Culture, Politics and Law Reshape a Central Asian Language", *Non-Slavic Languages 8, Linguistic Studies in the Non-Slavic Languages of the Commonwealth of Independent States and the Baltic Republics*, H. I. Aronson ed., 1996.

R. Sharma, *State Building in Tajikistan: Problem and Prospects*, Dialogue Quarterly, 2002.

Chabryar Adle, Infran Habib, eds., *History of Civilizations of Central Asia*, Vol. 5, UNESCO Publishing, 2003.

Zvi Lerman, David Sedik, *Sources of Agricultural Productivity Growth in Central Asia: The Case of Tajikistan and Uzbekistan*, FAO Regional Office for Europe and Central Asia, 2009.

John Heathershaw, *Post-Conflict Tajikistan: The Politics of Peacebuilding and the Emergence of Legitimate Order* (Central Asian Studies Series), Routledge, 2009.

后　记

　　继六卷本《中亚史》之后，五卷本《中亚五国史研究》的付梓，标志着本人历时四十多年的中亚史研究完成了。如果将储备各种知识的二十多年的学习阶段也算在内的话，那么本人一生只做了梳理中亚地区历史这一件事。在完成《中亚史》和《中亚五国史研究》的撰写之后，作者理应对它们的价值做一点反思。

　　关于这两套书针对的读者人群和写作初衷有以下几点：

　　一是让初学中亚史的读者能够在较短时间内对中亚历史有一个提纲挈领的了解。为达到这一目标，两套书必须具有系统性，应该做到结构合理完整、内容详略得当、表达措辞准确。我认为《中亚史》这一目的已经达到了。网上有人评价说，这是一套非常好的中亚入门史书，整体看下来就可以了解中亚史的框架。

　　对于初学者，还应该了解这两套书的以下情况。第一，关于中亚人名。书中出现的人名，几乎无一例外地采用了中国古籍的记载，以及以往著作使用的、人们所熟悉的人名，而没有按外文的发音规律新造人名，如库泰拔、俾路支、阿布杜拉等等。这样做的目的是避免给本已觉得中亚历史难读的初学者制造新的障碍。第二，关于中亚地名。书中出现的地名，基本上也是采用中国古籍的记载和约定俗成的地名，即采用了当时著作所赋予的名字，而不是如今的称谓，如元朝时期的报达（今巴格达）、不花剌（今布哈拉）、忽毡（今苦盏）等等。有的地名在第一次出现时标出或加注了今地名，在总体阅读中可能会给初学者带来一些不便。尽管如此，采用各时代文献所记地名既是一部历史著作展现历史感所需要的,也是初学者积累历史地理知识所必需的。

二是让已经进入中亚史领域的读者,对中亚历史有一个全面的了解。因此两套通史性著作讲究面面俱到,让这部分读者或丰富自己的中亚知识,或将已有的散乱知识系统化,对中亚形成一个全貌的认识。我认为《中亚史》的这一目的也基本达到了。有人评价说,这套书的好处有三:条理清晰,体系完整;史料涉及浩如烟海;文笔通俗,浅显易懂。

三是给中亚史研究的学者提供一些可能性。两套书是通史性著作,不可能对每一个问题都信马由缰地铺开来论述或深入探讨,因此存在着许多再研究的空间,如阿姆河和锡尔河对中亚历史、对中亚民族关系的影响,如联合国十分重视的咸海问题,如独联体、上合组织的系统研究以及中亚国家在其中所发挥的作用等等。我认为《中亚史》的这一目的也部分达到了,它的出版激起许多研究者探讨中亚朝代和中亚文化的热潮。

如果将两套书分别比作一幢建筑的话,那么它是一幢中式建筑而不是西式建筑;它的外观和内部结构都是作者按中国著书立说的方式独立设计和执行的。如果你从不同角度观察这一建筑,会发现它与其他建筑存在着不一样的地方。因此,以上三类读者在宏观的视野下都会产生一种崭新的、与其他著作不一样的感觉。但是,如果你将建筑物推倒,你看到的只是人们所熟悉的、没什么新意的、令人大失所望的砖头。不可否认的是,这幢建筑的材料来自人们所熟悉的,有些甚至是被广泛使用的中外著作。作者从各类中英文文献中搬来了这些"砖头",经过主观的甄选、细致的整理、认真的辨识,最终用来构建了自己的"建筑"。读者将在这一"建筑"中了解系统和全面的中亚历史知识。

对于《中亚五国史研究》，以下情况需要向读者交代：

一是研究资料方面的缺憾。在《中亚五国史研究》的上篇中，由于资料的缺乏，研究尚处于起步阶段，还存在一些不足。如丝绸之路的研究很多，但它在中亚五国境内的走向却未见研究；如中亚民族形成的研究也不少，但除塔吉克族外的中亚四个民族是如何从欧罗巴人种演变成蒙古利亚人种突厥族群的，以及地域、政权在中亚五国的民族形成过程中的作用如何，哪些部落对民族的形成起着关键的作用等等问题，除了介绍苏联时期的考古资料外，国内的研究很少；再如中亚五国今天的国土是如何形成的，作者见到的大多数研究只是笼统地说苏联划界，几乎没有见到追根溯源的、系统的研究。以上是一部通史性著作不能回避的问题，作者做了一些尝试。尽管作者对它们的考察和研究着力不少，但仍然不太满意，这些问题的研究还有待完善。

在《中亚五国史研究》的中篇和下篇中，有关独立国家政权的构建、国家意识形态的构建，独立以后的宗教和民族问题的处理等问题，由于中亚五国独立建国时间不长，学界对它们的研究还未能做到深入剖析和宏观概括，因此，《中亚五国史研究》对各国政体的变化、宗教和民族政策的变化，主要依据各国历年来颁布的宪法和宪法修正案的条款，以及各国不同时期颁布的政令来推导和论述，推论中不免带有主观性，只能起到抛砖引玉的作用。

二是最新研究成果的使用情况。《中亚五国史研究》的撰写始于2010年，2018年交稿。习近平主席于2013年提出的建设"丝绸之路经济带"的倡议掀起了中亚研究的热潮，学界在经过一段时间的研究之后陆续发表了一些研究成果。但本书只采用了2017年以前的研究成果，在日新月异的研究面前，这部通史性著作难免挂一漏万，会出现成果使用不全面，甚至所用数据说明问题的力度不够的情况。

三是中亚形势的新变化。2016年以后，中亚形势发生了一些新变化，主要是一些国家的新老领导人进行了权力交接。2016年乌兹别克斯坦总统卡里莫夫突然病逝，2019年哈萨克斯坦总统纳扎尔巴耶夫宣布辞去总统职务。两位中亚强国总统的变动引起研究者对前任统治者的执政理念、政府的方针政策的重新审视，2019年以后的研究可能有更加细致入微的分析，可能会对权力的运作有更加准确的观察，因此评价也可能会更加客观。

《中亚五国史研究》的出版，要感谢关心和帮助我的很多人。特别是浙江大学博士王凤梅，在大半年的时间里，几乎每天晚上都在帮助本书完善和核对注释。还要感谢以商务印书馆编辑程景楠女士为首的编辑团队，他们勤奋敬业的工作态度和认真负责的精神让我钦佩。

两套书的出版，如果一石激起千层浪，好评、差评如潮都是好事，说明它们激发了读者对中亚的兴趣，是有价值的；如果石沉大海、无人问津，那才是作品和作者最大的悲哀。欢迎读者批评指正。

蓝　琪

2024年3月1日